밀교적 생활의 지혜
밀교 보리심론
金剛頂瑜伽中發阿耨多羅三藐三菩提心論

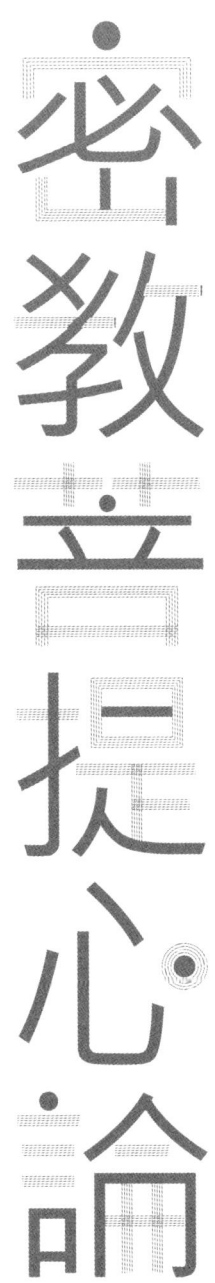

밀교적 생활의 지혜
밀교 보리심론
金剛頂瑜伽中發阿耨多羅三藐三菩提心論

혜정(崔鍾雄) 강석

수정판을 내면서

밀교《보리심론》의 수정판을 내게 된 것은 2000년 1월에 처음 출판한 이후 한 번도 재판하지 않아서 절판이 되었던 것을 구하고자 하는 분들이 있어서 지금 다시 수정판을 내고자 합니다. 초판은 도서출판 해인행에서 출간하였습니다만, 당시 본판을 찾지 못하여 부득이 출판사를 옮겨 책을 펴 내게 되었습니다. 출판 과정에서 잘못된 부분이 있으면 모든 것을 저의 허물로 생각하며 참회하려 하오니 양해해주시기 바랍니다.

초판을 출판한 이후에도 항상 《보리심론》을 옆에 두고 독송하는 가운데 밀교의 진수를 새롭게 알게 되었으며, 진각성존의 밀교 창종의 본의까지도 약간 맛보게 되었습니다. 이 한 권의 론에는 밀교의 교리의 흐름과 수행의 단계까지 잘 나타나 있는 불교 논서 중에 최고의 논서임을 알게 되었습니다. 맑은 물 속을 들여다보듯 일상생활에 화복은 물론이요 삼세의 행위까지도 알 수 있어 몸과 언어와 행동을 부처님처럼 할 수 있는 수행의 가장 좋은 지침서였습니다.

이 논에서는 신심을 돈독하게 하고 법신불이 삼라만상을 통하여 설법하시는 당체법문(當體法門)을 알게 하였으며, 대 신심과 대자비심과 대분심을 일으키는 수행으로 금강본성(金剛本性)의 자리에 오르게 하여 법계(法界)의 주인공이 되게 하는 논입니다. 그리고 자연스럽게 육자선정(六字禪定)의 삼밀관행의 정법을 닦게 하는 한 권의 수행서이기도 합니다.

보리심이란 깨달음의 지혜로서 부처님의 본래 성품이며 곧 우리들의 성품입니다. 이것이 부처님께 있으면 청정법성(淸淨法性)이요, 삼라만상에 있으면 법계법신(法界法身)이요 중생에게 있으면 자성법신(自性法身)이 됩니다. 생활 속에서 깨달음의 지혜를 얻고자 하는 수행자들에게 일상생활 속에서 일어나는 법계의 모든 작용. 그 속에서 자신의 마음으로 지혜의 점을 찍어 일체중생을 이익하게 하고 해탈하게 하는 선약이 되어 대 생명의 지혜를 얻게 하는 것이 이 논을 설하는 목적입니다.

일상생활에서 접할 수 있는 불교, 밀교의 가르침이므로 인연이 있는 분들은 누구나 다 보았으면 하는 마음으로 출판을 맡겼습니다. 당시의 오자와 탈자가 있음을 수정하였습니다. 내용이 바뀐 것은 아닙니다. 다만 조판을 새롭게 하다 보니, 문맥에 약간 차이가 있을 뿐입니다. 그래도 혹 잘못된 부분이 있으면 자비하신 질책 내리시기 바랍니다.

2022(진기 76)년 봄
용인 행원마을에서 혜정 합장

깨달음의 문을 두드리는 글

　　깨달음이란 부처님의 본래 성품이다. 그리고 곧 우리들의 성품이다. 이것이 부처님께 있으면 청정법성(淸淨法性)이요, 중생에게 있으면 자성법신(自性法身)이 된다. 이제 이《보리심론》을 이야기하고자 하는 것은 우리의 일상생활과 회당 대종사께서 깨달으신 당체설법(當體說法)과 연결하여 부처님의 본심을 보지 못하고 문자에만 치우친 분들에게 해탈의 선약이 되게 하고자 할 뿐이다.

　　중국 당나라 때 백장 스님의 제자 신찬(神贊) 스님이 자기의 축발스승을 제도하는 일화를 보면, 스승인 계현(戒賢) 스님이 조실방에서 한적하게 평소와 같이 경을 보고 있을 때 벌 한 마리가 날아 들어와서 닫혀 있는 창문에서 밖으로 나가려고 몸을 탕탕 부딪치며 애를 쓰고 있었다. 이때 자기의 곁을 떠나 10년 동안 백장의 문하에서 공부하고 돌아온 제자 신찬에게 벌을 내보내라 하였다. 신찬은 옆에 있는 창문을 열었다. 그러나 벌은 먼저 창문에서 계속 몸을 부딪치고 있을 뿐이나. 이것을 본 제자 신찬은 스승에게 들으라는 듯이 게송을 읊었다.

　　"아! 어리석은 벌이여!
　　활짝 열어 놓은 저 문은 어찌하여 마다하고,
　　굳게 닫힌 창문만 안타깝게 두드리는고?

백 년을 쉼 없이 경서를 뚫어지게 본들
아! 어느 날 어느 때에 깨치기를 기약할 손가?"

이 게송을 들은 스승은 보던 경을 덮고 지금까지 경전의 문구에 집착한 자기의 수행 모습이 잘못 되었음을 알고 제자를 향하여 말씀하시기를 "네가 비록 나의 상좌이나 마음 깨친 것을 보면 네가 곧 나의 스승이다. 지금부터 백장 스님을 대신하여 나에게 심법(心法)을 설하여다오" 하며, 자세를 정중하게 하고 앉으면서 간절하게 부탁을 하였다는 백년찬고지(百年鑽古紙)의 설화가 있다.

이《보리심론》을 지상(紙上)을 통하여 심법을 펼친다고는 하지만, 그 자체가 행여나 문자에 치우치는 병을 고치기는커녕 도리어 병들게 하지는 아니할지 걱정되며, 또 한 깨침이 부족한 필자로서는 두렵기까지 하다. 그러나 회당 대종사께서 "현교(顯教) 하나만 있으면 불교가 겉만 있는 것이요. 밀교(密教)는 불교가 안에 있다는 것을 드러내는 것"이라 하셨으며, 또한《진각교전》에 "현종교리(顯宗教理) 응용하여 이를 점점 법불교(法佛教)에 취향하게 할지니라"라는 법의 말씀을 새기면서 지금까지 배우고 습득한 것을 당체법문(當體法門) 보는 법에 맞추어서 자연스럽고 부드러운 어구를 사용하여 한 구절 한 구절 풀어나가고자 한다.

《보리심론》은 진각종의 유일무이한 소의론서이다. 창종 초기에는 스승님들께서 옆에 두고 독송을 하여 거의 외우다시피 하였을 뿐 아니라, 내용에 또한 맑은 물속을 들여다보듯 하여 일상생활에 지침서로써 수행의 근원으로 삼기도 하였다. 이처럼 소중하게 간직하여 오던 것을 출간하게 된 것은 불교방송〈교리 강좌〉편의 교재로 사용하기 위하여 고려대장경을 저본(底本)으로 하여 불각(不覺) 중에 발간하게 되었다. 원 해석서는 지금부터 8년 전에〈진각종보〉에 연재물로 게재되었던 '보리심 이야기'를 다시 서적 형태로 변형하여 발간하는 것이다.

밀교의 법은 '망심을 없애고 보리심을 일으켜서 곧 성불하는 것'이라 하며, 또한 '구경의 방편으로써 과거의 문자를 가지고 운운하는 것이 아니라, 현재 깨닫고자 하는 간절한 마음을 가지고 깨닫는 것이 그 목적이다' 하였다. 회당 대종사의 말씀에 "가까이 곧 내 마음에 있는 것을 먼저 알라." 하신 것에 용기를 얻어 최선을 다할 뿐이다. 즉신성불 하고자 하는 수행자들에게 일상생활 속에서 일어나는 이 법계의 모든 작용 그 속에서 자신의 마음에 깨달음의 지혜의 점을 찍어 일체중생을 이익 되게 하고자 심혈을 기울여 이론을 해석하고자 하는 것이다. 제방의 눈 밝은 선지식들의 많은 질책 있기를 바란다.

끝으로 돈독한 신심으로 이 논을 출판할 수 있도록 법보시를 해 주신 많은 분들과 출판 관계자 여러분들에게 현실 생활의 원만함은 물론이요, 나아가 법신 비로자나불 전에 성불의 서원을 진심으로 기원합니다.

眞紀 54(2000)년 1월 1일
六和亭 相應室에서 혜정 삼가 씀

차례

수정판을 내면서 · 5

서문_깨달음의 문을 두드리는 글 · 7

I. 해석에 들어가는 준비 글 · 15

서강

1. 보리심론의 제명과 저자 · 16

2. 보리심의 위치 · 17

3. 보리심의 의의 · 18

II. 보리심 이야기 · 21

제1강. 논제의 해석

1. 논제의 의미와 역자 · 22

제2강. 발심

2. 발보리심_깨달음을 얻고자 마음을 일으키는 지혜 · 25

    1) 대아사리란 무엇인가? · 25

    2) 정법수행의 마음을 일으켜라 · 31

    3) 서심 결정하면 마궁이 진동한다 · 38

    4) 항상 인천에서 승쾌락을 받는다 · 43

    5) 유가 중에 보살의 몸을 이루고자 원하는 자의 할 일 · 47

    6) 발심의 이유 · 52

제3강. 보리심의 행상

    7) 보리심의 행상을 삼분으로 분별한다 · 57

　　　　8) 진언법 중에서만 즉신성불과 삼마지법을 설한다 · 61

제4강. 행원보리심

3. 행원보리심_깨달음을 얻고자 하는 마음에 원을 세우는 자비 · 67

　　　　1) 행원보리심 · 67

　　　　2) 무상보리에 안주케 함이 진정한 이익을 주는 것 · 72

제5강. 이익과 안락

　　　　3) 화엄경의 비유 · 78

　　　　4) 진정한 안락은 무엇인가 · 83

　　　　5) 중생을 제도하는 다섯 가지 방법 · 87

제6강. 승의보리심

4. 승의보리심_깨닫고자 하는 마음에 수승한 뜻을 가지는 용기 · 94

　　　　1) 승의보리심 · 94

　　　　2) 범부는 명문 이양 자생을 구하는 데 집착한다 · 99

　　　　3) 외도의 법은 환몽 양염과 같다 · 110

　　　　4) 성문·연각, 이승인이 집착하는 것 · 115

　　　　5) 대승보살의 수행 · 130

　　　　6) 대승을 초월하여 불위에 듦 · 136

제7강. 법공을 밝힘

　　　　7) 일체법은 자성이 없다는 것을 지진으로 해석한다 · 142

　　　　8) 제불의 자비는 진으로부터 용을 일으킨다 · 147

9) 모든 법은 무상이며 허공의 상이라 · 152

제8강. 심공을 밝힘

    10) 일체의 법은 공이라 · 159

    11) 망심이 쉴 때 심원공적 하리라 · 164

제9강. 제경의 인증

    12) 화엄경의 인증 · 170

    13) 화엄경 십지의 인증 · 181

    14) 무량수관경의 인증 · 187

    15) 열반경의 인증 · 193

    16) 대일경의 인증 · 206

제10강. 삼마지보리심

5. 삼마지보리심 - 깨닫고자 하는 마음에 비밀스런 수행 · 212

    1) 삼마지보리심 · 212

    2) 일월륜관 · 219

    3) 허공에 두루 찬 법신불의 청정성 · 225

제11강. 월륜관

    4) 월륜관 · 231

    5) 만월원명의 체는 보리심이라 · 236

제12강. 37존

    6) 오방불 위에 각각의 일지를 표한다 · 242

7) 사바라밀보살의 출생 · 248

8) 십육대보살의 출생 · 254

9) 십육공의 · 265

제13강. 아자관

10) 아자관 · 277

11) 대일경소의 아자관 · 282

12) 법화경의 개시오입 · 288

13) 금강지권의 모습 · 300

14) 무엇을 식이라 하는가? · 311

제14강. 오상성신관

15) 삼밀수행과 오상성신 · 317

16) 오상성신의 체 · 326

17) 대일경의 보현색신 · 334

제15강. 삼마지보리심의 공덕

18) 일체법은 자성이 없음을 다시 확증함 · 338

19) 삼마지보리심의 공덕 · 348

20) 실지는 무엇인가 · 359

제16강. 수행증과

21) 마음을 결정하여야 정진 공덕이 쉽게 일어난다 · 372

22) 본래의 모습으로 돌아가는 것 · 377

I

해석에 들어가는 준비글

序文

1. 보리심론의 제명(題名)과 저자(著者)

《보리심론》 원명은 《금강정유가중발아뇩다라삼먁삼보리심론(金剛頂瑜伽中發阿耨多羅三藐三菩提心論)》이며, 또한 《유가총지교문설보리심관행수지의(瑜伽總持敎門說菩提心觀行修持義)》라고도 한다. 이것을 간략하게 《보리심론》이라 한다. 대개 경전의 제목에는 그 경의 뜻이 함축되어 있다. 《보리심론》도 여느 경전과 마찬가지이다.

　이 논은 당나라 대흥선사 사문인 대광지(大廣智) 불공삼장(不空三藏)이 번역하였으며, 저작자는 알 수 없으나 전해오는 대장목록에서는 용수(龍樹)가 짓고, 불공이 직접 설하였다고 되어 있다. 하지만, 경전의 내용으로 보면 불공의 직설은 믿을 수 있으나, 용수가 지었다는 것은 믿을 수 없다. 이유인즉 논에 인용된 경전 중에 한가지 경을 예를 들면, 《대일경(大日經)》 즉 《대비로자나성불신변가지경(大毘盧遮那成佛神變加持經)》의 성립 연대가 서기 6세기 중반 서인도에서 성립되었고, 용수가 세상에 있었던 시기는 서기 2~3세기 경이라 본다면, 이 《보리심론》은 용수보살 이후가 된다. 때문에 불공삼장의 직설만이 성립된다. 그러나 확실성은 아직 그에 대한 문헌의 빈곤으로 알 수가 없다. 이러한 문제는 연구가들에게 넘기고 여기서는 더 이상 논하지 않기로 한다.

2. 보리심론의 위치

부처님 말씀 모두를 팔만장경이라 한다. 이 팔만장경 속에는 부처님께서 교리를 말씀하신 경장(經藏)과 승가의 질서와 위의를 제정한 율장(律藏)과 많은 선지식들이 서술한 논장(論藏)이 있어 이것을 삼장이라 한다. 이 삼장은 다시 부처님의 법을 수행하는 사람들이 교리의 핵심인 삼학에 배대하여 경을 정학(定學) 율을 계학(戒學) 논을 혜학(慧學)이라고 하였다. 이와 같이 구분되어 전하여 내려오는 과정에 중생들의 근기 차별과 교화의 방편으로 종파가 나누어져서 종파마다 각각의 소의경전(所依經典)을 정하여 교리의 이해와 수행은 물론이요, 신앙의 본으로 삼고있다.

소의경전의 제정에 관하여 알아보면, 법화 계통은 《법화경》을 화엄 계통은 《화엄경》을 정토 계통은 미타삼부경(彌陀三部經)을, 열반 계통은 《열반경》 등을 소의경전으로 하였으며, 밀교는 경은 《대일경》과 《금강정경(金剛頂經)》이요, 율은 《수실지경》과 《소피호동자경》으로, 논은 《보리심론》과 《석마하연론》 등을 소의경론으로 삼고 있다. 한국 밀교의 한 종단인 진각종은 경을 《대일경》, 《금강정경》, 《대승장엄보왕경》으로, 논은 《보리심론》과 종조법전인 《실행론》을 소의경론으로 삼고 있다.

논 중에 《석마하연론》은 《대승기신론》의 주석서에 불과하나 《보리심론》은 밀교의 유일무이(唯一無二)한 논으로서 그 내용을 살펴보면, 먼저 경전 인용으로는 현교에서 대승경전이라 일컬어지는《화엄경》,《법화경》,《열반경》,《반야경》,《무량수관경》 등의 제경전의 중심사상을 이끌어 수행하는 계위를 설명하였다. 교리면으로는 현교와 밀교를 총망라하여 가장 수승한 교리체계와 수행의 모든 계위를 모두 인용하였다. 그 내용을 대강 열거하면, 자성법신, 사종법신, 5승, 5상성신, 십법계, 삼십칠존, 52계위 등으로 불교 전반의 중심교리가 모두 들어 있다. 이처럼《보리심론》은 논 중에 가장 빼어난 것이라 할 수 있다. 그 뜻을 묘사하는 데도 가장 간결하면서도 깊이가 있으며, 그러면서도 짧은 문장으로 되어 있다. 이《보리심론》한 권으로 8만장경의 모든 내용을 다 엿볼 수 있으니, 무엇이라 더 말할 것인가? 탐독하면 할 수록 탐독하는 자만이 그 뜻을 알고 법열을 맛볼 수 있을 것이다.

3. 보리심의 의의

보리란 '깨달음', '깨달음의 지혜', '깨달음의 길', '아는 것' 등으로 직역한다. 깨달음의 지혜란 생명이 있는 모든 것에 공통으로 가지고 있는 지혜이다. 십법계의 지혜를 보면, ① 부처의 지혜, 보살의 지혜, 연각의 지혜, 성문의 지혜이다. 이것은 사성(四聖)의 지혜라 하며, ② 천상의 지혜, 수라의 지혜, 인간의 지혜, 축생, 아귀, 지옥 중생들의 지혜를 육범(六凡)의 지혜라 한다. 부처의 지혜는 이미 깨달은 지혜, 즉 최고 최승의 지혜로서 무상정등정각의 지혜요, 보살의 지혜는 위로는 부처의 자리를 구하고 아래로는 중생을 제도코자 하는 바라밀다의 지혜요.〈佛智〉성문과 연각의 지혜는 사제법(四諦法)과 십이인연법(十二因緣法)을 깨달아 자기만의 해탈을 구하는 지혜요.〈法智〉육범의 지혜는 탐진치(貪瞋癡)의 무명 번뇌에 가리어 있는 마음을 발심(發心)과 조복(調伏)의 수행을 통하여 깨달음의 경지에 이르고자 하는 지혜이다.〈僧智〉

깨달음의 지혜〈菩提〉에 대하여 제종(諸宗)과 제경(諸經)을 살펴보면, 《화엄경론》에서는 진리의 그 자체, 영원한 이법(理法)의 깨달음의 지혜인 법신보리(法身菩提)와 수행의 과정을 거쳐 깨닫는 지혜인 보신보리(報身菩提)와 중생근기에 응하여 몸을 나타내어 수행방편을 통하여 깨닫는 지혜인 응신보리(應身菩提) 등이 있다. 《지도론》에서는 깨달음을 구하기 위한 발심보리와 번뇌를 누르고 바라밀다를 행하는 복심(伏心)보리와 제법의 실상을 깨닫는 명심(明心)보리와 일체지에 이르는 출도(出到)보리와 불과를 얻는 무상보리 등 5종을 말하고 있다.

다시 불법승 삼보를 알아보면, 불(佛)과 승(僧)은 생명이 있는 것이다. 즉 자성(自性)이 있음이요, 법은 생명이 없는 것이다. 즉 자성이 없다. 부처님은 이미 깨달은 지혜요, 승은 깨닫고자 하는 지혜이다. 법은 불이나 승의 깨달음의 지혜를 표본적으로 서술해 놓은 것에 불과하다. 다만 이 법계 속에 그대로 존재하여 있을 뿐이다. 부처님이나 승은 모든 것에서 자유자재할 수 있으나, 법은 그렇지 못하다. 다시 말해서 부처님이나 승(自性體)은 그것을(法相) 가지고 쓸(根機用) 수 있다는 것이다. 이 법계에 충만하여 있는 법을 바탕으로 체를 삼아 수행하게 하고자 하는 것이《보리심론》의 내용이다.

II

보리심 이야기

제 1 강
논제의 해석

1. 논제의 의미와 역자

> 金剛頂瑜伽中發阿耨多羅三藐三菩提心論
> 開府儀同三司特進試鴻卿肅國公食邑三千戶賜紫贈
> 司空謚大鑒正號大廣智大興善寺三藏沙門不空奉詔譯
> 惠淨 謹懸吐 編譯

금강정 유가(金剛頂瑜伽)

밀교의 경론에서만 금강정이라는 두어(頭語)를 붙인다. 물론 그렇지 않는 밀교경도 있다. 그러나 현교의 경전에는 금강정이라는 두어를 붙이지 않는다.

세상에서 가장 견고한 것이 금강이며, 또한 우주 만법이 생겨나기 이전 진리 속에 존재하는 법계의 구성체가 금강이다. 그러므로 법신 비로자나불의 궁전도 금강법계궁이라 하였다. 법신불의 금강법계궁은 중생의 눈으로는 볼 수 없다. 부처의 눈을 가져야 볼 수 있다. 부처의 눈을 얻으려면 부처의 마음을 알아야 한다. 부처의 마음을 표현한 것이 진언이다.

진언은 법신 비로자나불의 자내증에서 유출된다. 이를 얻기 위해 중생은 몸의 최고 부분인 이마(頂)를 부처님의 발에 조아려야 한다. 이때 법신불은 중생의 본래심에 진언의 말씀을 전하게 된다. 이것이 불의 가지(加持)이며, 이 말씀에 따라 수행하여 법신불과 수행자가 하나로 조화를 이루는 것이 곧 유가(瑜伽)이다.

유가는 범어로 상응(相應)이라 한다. 많은 상응 중에 진언으로써 법신불과 수행자가 이룬 상응이 최고의 경지이다.

중발아뇩다라삼먁삼보리심론(中發阿耨多羅三藐三菩提心論)

이 말을 줄이면 발심(發心)이다. 발심이란 법신불의 경지인 무상정등정각(無上正等正覺, 阿耨多羅三藐三菩提)을 얻고자 하는 마음을 일으킴을 말한다. 즉 성불의 인(因)으로 구경에는 무상정등정각을 이룰 것이다. 보리심은 부처님의 마음이며, 일체 유정들의 마음에도 보리심이 있다.

그러나 중생은 탐진치와 교만심과 의심(疑心)이 가득하여 본래의 보리심을 보지 못하고 있다. 중생은 법신불만이 가지고 있는 본래의 불심인 무상정등정각을 얻으면 윤회 없는 삶을 살게 된다.

그러므로 무상정등정각을 얻기 위하여 마음을 일으키는 것이 밀교의 보리발심(菩提發心)이다.

개부의동삼사특진식홍경숙국공(開府儀同三司特進試鴻卿肅國公)

삼사는 문관으로서 삼정승에 해당하는 벼슬이며, 특진은 공덕이 많은 제후에게 내린 명예의 칭호이다. 765년에 임금으로부터 외국의 빈객에게 내리는 홍로경의 칭호와 함께 개인 및 사원에 식읍삼천호(食邑三千

戶)를 하사받을 때 함께 받은 불공(不空)스님의 칭호이다.

사자증사공시대감정호대광지(賜紫贈司空諡大鑒正號大廣智)

나이 70세(774)에 입적한 뒤 왕으로부터 사공(司空)이란 벼슬로 추증받았고, 다시 대변정광지불공삼장화상(大辨正廣智不空三藏和尙)이라는 시호를 받았다.

대흥선사(大興善寺)

당나라 당시 역경 도량으로 유명한 곳이며, 인도에서 온 승려는 대부분 이곳에 머무르면서 역경에 종사하였다. 대광복사와 함께 중국의 불교경전의 번역사에 중요한 사원이다. 특히 밀교의 많은 고승이 이곳에 머물었었다. 또한 밀교경전 대부분 이곳에서 번역되었다.

삼장 불공(三藏不空, 705-774)

삼장은 경·율·논장의 이치를 통달한 큰 스승에게 붙여주는 불교 최고의 직함이다. 불공삼장은 법신 비로자나불과 금강살타와 용수보살 과 용지보살 과 금강지삼장 의 법을 잇는 밀교부법(密敎付法)의 제6조이다.

중국밀교의 제2기를 맞이하는 큰 인물이며, 〈불공금강〉이라고도 한다. 북인도 사자국 사람으로 바라문의 아들이다. 아버지를 따라 남양에 와서 금강지삼장의 제자가 되었다. 720년 16세에 스승 금강지를 따라 중국에 건너왔다. 광복사 계단에서 일체유부의 계율을 받고 밀학(密學)을 닦아 태장계(胎藏界)와 금강계(金剛界) 양부(兩部)의 대법(大法)의 깊은 뜻을 계승하였다. 774년 70세에 입적(入寂)하였다.

제 2 강
발심

2. 발보리심 _ 깨달음을 얻고자 마음을 일으키는 지혜

1) 대아사리란 무엇인가?

《논문(論文)》

大廣智阿闍梨云호되 若有上根上智之人하야 不樂外道二乘法하고 有大度量하야 勇銳無惑者는 宜修佛乘이니라

《역(譯)》

대아사리 이르시되, 만약 상근상지의 사람이 있어서 외도 이승법을 즐기지 않고 큰 도량으로 용예하여 혹이 없는 자는 당연히 불승을 닦을지니라

《의역(意譯)》

육대(六大) 법신의 진리와 사만(四曼) 상대(相大)의 현실을 삼밀(三密) 용대(用大)로 상응시켜 일상생활에 그 씀을 잘함에 있다. 대아사리께서 말씀하시기를 만약 신심이 돈독하고 지혜가 밝은 사람이 자성 청정심

을 밝히는 수행에 방해되는 모든 외도와 아집과 법집을 여의야 하며, 또한 스스로 자기의 것만을 즐기는 이승법(二乘法)을 즐기지 아니하고, 대자비심이 충만한 큰 도량으로 대 분심(忿心)을 일으켜야 하며 현실과 진리를 꿰뚫을 수 있는 용단을 가지고, 자신의 종지를 굳게 세워 정법에 그 마음을 맞추어 한치라도 의심함이 없는 대신심의 경지에서 얻어 당연히 일상생활 그 자체가 곧 부처님의 법임을 체득하는 실천적인 행의 불승을 닦아야 마땅 할 것이다.

《강설(講說)》

대아사리란 무엇인가

아사리는 범어로 Acarya, 제자를 교수하고, 제자의 행위를 바르게 하며, 모든 것에 모범이 될 수 있는 스승이며, 정행(正行)이라 번역한다. 아사리를 보다 크게 논하면, 모든 부처님, 모든 보살들을 아사리라고 할 수 있다. 밀교에서는 관정아사리(灌頂阿闍梨)로써 전계(傳戒), 갈마(羯摩), 교수(教授), 전법(傳法), 교법(敎法), 행법(行法), 금강(金剛), 의지(依支) 아사리 등이 있다. 생활불교를 주창하는 진각종에서는 육대(六大)를 체(體)로 하고 사만(四曼)을 상(相)으로 하고 삼밀(三密)을 용(用)으로 하는 이 삼대(三大)의 이치를 깨달아 그것을 잘 운용하는 사람을 대아사리라 한다.

이제 그 뜻을 살피면 육대(六大)란 법계를 형성하고 있는 근본 자체인 여섯 성품을 말한다. 즉 단단한 성품,〈地性〉눅눅한 성품,〈水性〉따뜻한 성품,〈火性〉움직이는 성품,〈風性〉비어있는 성품,〈空性〉아는 성품〈識性〉등을 말한다. 사만은 이러한 여섯의 성품 등이 인연에 의하여 모이기도 하고 헤어지기도 하면서 모양을 나타내는 것이 만다라(曼茶羅)이다. 이 만다라는 생명이 있는 것과 생명이 없는 것과 이에 주어진 명칭, 성명, 그림, 문자 등과 변천하는 동작 등으로 나누어진 것을 사만(四曼)이라 한다. 삼밀은 근본 자체인 육대와 구성체인 사만의 작용으로 몸을 움직이고, 입으로 말을 하고, 뜻으로 생각하여 육대법신(六大法身)의 본래 성품으로 되돌아가고자 하는 것이 삼밀작용(三密作用)의 용대(用大)이다. 이와 같은 삼대의 원리를 일상생활에서 가장 원만하게 사용하시는 분을 대아사리라 한다.

육대법신(六大法身)의 체(體)와 사만상대(四曼相大)의 모습과 삼밀용대(三密用大)를 현실 생활에 씀을 잘하여 불퇴전(不退轉)의 원력으로 중생을 위하여 설법하시는 대아사리께서 말씀하시는 모든 법을 바로 받아서 실천에 옮기는 사람이 상근(上根) 상지(上智)의 사람이다. 상근은 5종 근력 가운데 신근력(信根力)이며, 상지는 혜근력(慧根力)을 말한다. 이것을 쉽게 설명하면, 복이 원만한 사람이 상근의 사람이요, 지혜가 원만한 사람이 상지의 사람이다. 회당 대종사(悔堂大宗師)께서는 대아사리가 가진 공능(功能)을《진각교전(眞覺敎典)》〈교리참회(敎理懺悔)〉편을 통하여 다섯으로 구분하였다.

① 유위 무위의 일체 일과 이치에 지혜가 밝은 자

보이는 세계이든 보이지 아니하는 세계이든 어느 세계를 막론하고 그 세계의 현실과 진리의 세계에 일어나는 상황들을 환하게 아는 자성청정심(自性淸淨心)의 지혜를 가진 자를 대아사리라 한다. 여기서 지혜란 십법계의 지혜로서 중생의 지혜와 이승의 지혜와 불보살의 지혜를 말한다.

중생들의 지혜에 여섯이 있고, 이승의 지혜에 둘이 있으며 불보살의 지혜에 다섯이 있다. 불보살의 지혜는 법신불이 지닌 법계체성지(法界體性智)와 아축불이 지닌 대원경지(大圓鏡智)와 보생불이 지닌 평등성지(平等性智)와 아미타불이 지닌 묘관찰지(妙觀察智)와 불공성취불이 지닌 성소작지(成所作智)가 있다. 대아사리는 법계체성지를 제외한 모든 지혜를 지닌 자이다.

② 큰 도량으로 용예하여 혹이 없는 자

큰 도량이란 대 자비심을 말하며, 가장 평등한 부처님 마음이 대 자비심이다. 이 넓은 마음을 가짐으로써 대분심(大忿心)을 일으킬 수 있다. 대분심이 용맹심이며 여기서는 용예심(勇銳心)이다. 이 대분심이 있어야 불법(佛法) 수행의 세 가지 지(智)·비(悲)·용(勇)의 마음이 성취된다. 중생이 부처이지 못한 것에 대하여 대분심을 일으켜 자신을 대신하는 삼보의 법 앞에 지심으로 귀명하여 모든 의혹을 끊는 것이다. 의혹을 끊는다는 것은 어리석음을 사라지게 하는 것을 말한다. 이와 같은 세 가지의 마음을 지닌 자가 대아사리이다. 또한 반야 중에는 관조반야(觀照般若)에 밝은 자로서 법계의 모든 법이 허공의 상인 줄 알고 그곳에 집착하지 아니하고 물들지 아니하며, 최대의 노력을 기울이면서도 의심하지 아니하는 대신심을 일으킨 자를 대아사리라 한다.

③ 육행으로 내 종지를 굳게 세우는 자

행(行)의 경지를 말하는 것이다. 상구보리(上求菩提)하는 대보살도를 실천하는 것도 육행이요, 법신불의 법을 굳게 세워 하화중생(下化衆生)의 원력으로 일체중생으로 하여금 모두 피안(彼岸)의 저 언덕으로 옮겨주고자 하는 대서원을 발하는 것도 육행이 근본이다. 이것을 바로 실천하는 자를 대아사리라 한다. 현교(顯敎)에서 종지를 세운다는 것은 믿음을 표하는 것이라면 밀교에서 육바라밀(六波羅密)로써 종지를 세운다는 것은 일상생활에서 의궤(儀軌)를 분명하게 한다는 뜻이다. 의궤를 분명하게 함으로써 일체중생들의 본보기가 된다. 이것이 곧 대아사리이다.

④ 외도 이승법 즐기지 않는 자

부처님의 가르침을 제외한 모든 법이 외도법(外道法)이다. 하늘에 나기를 바라거나 주술(呪術)이나 약물로써 삶을 도우려 하거나 자신의 운명을 스스로 노력하여 찾으려고 하지 아니하고 그 어떤 힘이나 모양에서 찾으려 하는 것은 모두 외도이다. 즉 모든 법과 일상생활에 어긋난 모든 행위가 외도법이 된다. 이승법(二乘法)은 불법을 수행하지만. 부처님법 중에 아집(我執)에 머물거나 법집(法執)에 머물면서 보살도를 행하지 아니하는 것이다. 성문(聲聞)과 연각(緣覺) 등이 이에 속한다. 정법을 닦아 불위(佛位)에 들고자 하는 데는 외도보다도 법상(法相)이 있는 성문과 연각이 더 큰 마군(魔軍)이다. 자기의 아는 것이 전부인양 착각하는 그것이야말로 진정 외도며 이승이다. 외도 이승법을 즐기지 않는다는 것은 대발심(大發心)을 한다는 뜻이다. 수행하는 데는 발심이 중요하다. 옳은 발심을 하면 다른 어떤 방해되는 것에 눈과 마음을 돌리지 아니한다. 그러므로 대발심자(大發心者)가 대아사리이다.

⑤ 오로지 불승만을 닦는 자

불승(佛乘)은 부처의 위치로써 부처의 성품을 보아 그 경지에 오른 자란 뜻이다.〈교리참회문〉'구경성불(究竟成佛) 하겠나이다.' 하는 것과 같은 것이다. 본래 가지고 있는 불성의 그 체상(體相)을 바로 보아 이미 깨달음의 경지에 있으나, 무명 번뇌에 가리어져 있음을 알고 제불보살의 보문대일(普門大日)의 과(果)의 입장에서 굳게 종지를 가진다는 뜻이다. 대신심, 대분심, 대자비심을 가진 자만이 오를 수 있는 경지이다. 이러한 경지에 오른 자가 대아사리이다.

불승의 해석은 경전과 종파마다 다르다. 그 가운데 현교와 밀교를 구분하면, 현교는 교리적인 이불승(理佛乘)이요, 밀교는 실천적인 행불승(行佛乘)을 말한다. 회당 대종사의 《실행론(實行論)》의 〈법신불(法身佛)〉편에 '밀(密)은 색(色)을 이(理)로 하여 일체 세간 현상대로 불(佛)의 법(法)과 일치하게 체득함이 교리이다.' 하였다. 같은 불승이라도 깨달음에 머물러 있는 것은 이불승이요. 그 깨달음을 일상생활 가운데 체득하여 실지 생활에 응용하는 실천적 불승이 행불승이다. 이러한 행불승을 닦는 것이 곧 밀교의 삼밀관행(三密觀行)이다. 삼밀관행은 자신 속에 있는 불승을 법신의 불승과 상응시켜서 그 불승의 빛을 현실에 나타내어서 무명과 탐진치의 번뇌를 제어하여 인과법에 어둡지 아니하는 삼마지보리심의 즉신성불(即身成佛)를 이루는 것이다.

이상이 이론의 전체적인 개요(槪要)를 밝히는 첫 구절이다. 회당 대종사의 〈교리참회문〉의 내용의 뜻이 이와 같다. 두 법을 배대하면 다음과 같다.

보리심론과 교리참회문과의 관계	
보리심론	교리참회문
대아사리 이르시되 →	육대사만삼밀 우주 본체인 지수화풍공식 육대를 체로 하고 대만다라 삼매야만다라 법만다라 갈마만다라 사만을상으로 하고 신어의 삼밀을 용으로 하여
만약 상근상지의 사람이 있어서 →	유위 무위 일체일과 이치에 지혜가 밝고
외도 이승법을 즐기지 않고 →	마군을 항복 받고 외도를 제어하여
큰 도량으로 용예하여 →	대비 결정코 용예하여
혹이 없는 자는 →	육행으로 내 종지를 굳게 세워
당연히 불승을 닦을지니라 →	구경성불 하겠나이다

2) 정법수행의 마음을 일으켜라

《논문(論文)》

當發如是心하라 我今志求阿耨多羅三藐三菩提하고 不求餘果하리라고

《역(譯)》

마땅히 이와 같은 마음을 발하라. '내 이제 아뇩다라삼먁삼보리를 오로지 구하고 여과(餘果)를 구하지 않겠다.'라고

《의역(意譯)》

　　대 비로자나부처님이 삼라만상을 통하여 중생들의 근기에 따라 설법하시는 당체법문을 알고자 대 신심과 대자비심과 대분심을 일으켜 깨달음의 지혜를 얻고자 하여 활동을 시작하는 금강본성(金剛本性)의 자리에서 마음을 일으켜 법계(法界)의 주인공이요 부처의 성품을 지닌 우리들이 법계체성지(法界體性智)를 지닌 대선지식(大善知識)을 만나고 다시 불과(佛果)의 제1위인 위와 아래가 없는 무상의 지혜인 대원경지(大圓鏡智)의 깨달음과, 불과(佛果)의 제2위인 남녀노소 빈부귀천이 없는 평등성지(平等性智)의 깨달음과, 불과의 제3위인 모든 법에 신묘(神妙)하고 정(正)과 사(邪)가 분명하여 모든 의혹을 끊는 묘관찰지(妙觀察智)의 깨달음과, 불과의 제4위인 일체방편에 능통하며 가장 옳고 바른 정각(正覺)의 지혜인 성소작지(成所作智)의 깨달음으로 오로지 그 뜻을 구하며, 이와 같은 다섯 지혜를 제외한 그 어떤 것에도 현혹됨이 없으며, 그 어떤 망상에도 사로잡히지 않는 가장 굳건한 마음으로 육자선정(六字禪定)의 삼밀관행으로 정법만을 구하겠다고 나의 주인공인 자성심에 다짐하는 것이다.

《강설(講說)》

정법 수행의 마음을 일으켜라

　　앞의 구절은 보리심의 대의(大義)를 설한 것이요. 이하의 글은 발심과 수행을 밝히는 부분이다.
　　정법을 수행하고자 하는 자는 대 비로자나불의 총지(總持)와 총덕(總德)을 총괄하여 일체중생들의 근기에 따라 법을 설하는 당체법문을 알아야 한다. 논에서 마음을 발한다는 것은 초발심(初發心=아뇩다라삼먁삼보리심)을 말하는 것으로 깨닫고자 하는 마음을 처음으로 일으킴을 뜻한다. 원래 용어는 초발보리심이라 한다. 이 초발심은 대신심(信心)과 대자비심(大慈悲心)과 대분심(忿心)을 가지고 깨닫고자 하는 마음을 일으키는 것이다. 대승불교에서는 초발심은 크게 다루는 법문 중에 하나이다. 《화엄경》에 '처음 마음을 일으키는 때가 바로 정각(正覺)을 이루는 것이다.' 하여 발심과 깨달음을 같은 경지로 보고 있으며, 《대일경》에서는 '처음 마음을 일으키는 것은 법신 비로자나불의 금강본성에서 수행하고자 하는 마음의 싹이 돋아나는 때'라 하였으니, 여기서 수행의 싹이란 자성불성(自性佛性)의 싹으로써 중생의 경지에서 비로소 부처님의 경지를 얻을 수 있는 첫 관문을 통과하는 하나의 의식과도 같은 것이 발심이다.

또한 회당 대종사께서도 "발심이란 보리심을 일으키는 것이며, 이것은 모든 부처님의 법을 행하여 진실과 같이 자심을 아는 지혜인 불과(佛果)를 구하고자 하는 마음이라" 하여 자성의 불성을 알아 진실된 행을 행하는 첫 단계임을 말씀하신 것이다. 발심에는 크게 두 가지 뜻이 있다.

① 중생 고를 멸하여 세상을 이익 되게 하기 위함이요,
② 일체의 번뇌를 조복(調伏)하여 보리를 증득하기 위함이다.

이 두 법 속에 우리들의 일상생활에서 자신의 이익만을 추구할 것이 아니라, 그 이익을 일체중생들에게 회향하라는 뜻이 담겨있다. 보살수행의 회향법(廻向法)에 보면, '위로는 깨달음을 구하고〈上求菩提〉아래로는 중생을 교화하는 것〈下化衆生〉이 보살행이라.' 하였으며, 회당 대종사께

서도, "5대서원(五大誓願)을 세워 생사의 바다를 윤회(輪廻)하는 중생들로 하여금 그 틀을 벗어나게 하기 위하여 보리심을 일으키게 하고 즉신성불의 불도를 행하게 한다" 하였으니, 이른바 초발심은 회향심(廻向心)이 된다. 회향심은 깨달음을 얻지 않고는 원만하게 행할 수 없기에 초발심은 곧 성불을 의미하기도 한다.

지극한 마음으로 아뇩다라삼먁삼보리를 구하라

수행의 첫발을 내딛는 제2의 결심구로써 '인(因)이 연(緣)을 만나는 때'를 말한다. 좀더 구체적으로 말하면, 부처의 성품(性品)을 지닌 우리들이 깨달음을 얻고자 발심한 후 수행문에 들어서고자 하는 그때를 당해서란 뜻이다. 이때 나 자신은 곧 법계 주인공이 된다. 이제 자신이 법계 주인공으로써 법계를 자유자재 하려면, 먼저 정법(正法)을 만나 바른 수행으로 바른 깨달음을 얻어야 하기 때문에 이제 다행히 정법을 만난 환희한 마음과 물러남이 없는 정진을 하고자 다짐하는 뜻이 담겨져서 있기에 이 논에서 '내 이제'라는 용어를 사용하고 있다. 고려 때 야운(野云)비구는 아침저녁으로 자신을 향하여 경책(警策)하는 〈자경문(自警文)〉에 '주인공아 나의 말을 들어라. 많은 사람들이 부처님의 문안에서 마음의 깨달음을 얻었거늘 너는 어찌하여 아직도 괴로움 속에서 헤매고 있는가?'라고 하면서 불법(佛法) 만남의 다행스러움과 번뇌에 빠지고자 하는 자기를 향하여 경책(警策)하였다고 하는 일화가 있다. 우리도 이제 육자진언(六字眞言)의 정법을 만났으니, 불퇴전(不退轉)의 용맹심으로써 부지런히 닦아 깨달음을 얻는 것이 부처님의 은혜와 창종주의 무진서원(無盡誓願)에 보답하는 것이 된다. 이제 발심한 이상 잠시도 마음을 쉬지 말고 정진할 것을 굳게 결심하여야 할 것이다.

아뇩다라삼먁삼보리란

아뇩다라삼먁삼보리는 번역하여 무상정등정각(無上正等正覺)이라 한다. 대승보살의 발심을 말하는 것으로 이것을 나누어 해석하면, 무상(無上)이란 모든 더러움이 없는 청정한 마음으로써 법계에 이보다 더 크고 더 높은 것이 없으며, 능히 견줄 데가 없는 대 비로자나불의 무상보리를 말한다.

여기서 상이라 하면 위와 아래를 논하는 위치적인 것도 되지만, 또 하나는 사상(四相)을 말하기도 한다. 사상이란 '나'라는 생각,〈我相〉교만으로 남을 멸시하는 생각,〈人相〉나는 아직도 생존하고 있다는 안일한 생각,〈衆生相〉오래 수행하여 아는 것이 많다는 생각〈壽者相〉등 이와 같은 상(相)은 진실한 수행을 외면하고 달팽이 뿔과도 같은 권세와 아침 이슬과도 같은 재산에 마음이 집착하여 버리지 못함이라. 이러한 것을 버리고, 바른 수행할 때 비로소 부처의 과(果)인 대원경지를 얻어 한 점 티끌만큼도 부족함이 없는 가장 명료한 깨달음을 얻을지니 이것이 무상이다.

신라의 원효(元曉)스님은 해골이 담긴 물을 마시고, '일체가 오직 마음의 지음이다.〈一切唯心造〉'하는 깨달음을 얻고 당나라 유학을 포기하고 서라벌로 돌아와서 당시 법의 상이 높은 승려들의 교만심(驕慢心)을 끊기 위하여 파계 아닌 파계를 하면서 복성거사(卜姓居士)라 자칭하고 무애가(無碍歌)를 지어 부르면서 촌락을 유행하였다. 여기서 원효는 자기를 낮추면 낮출수록 상대로부터 존경을 받고 자기를 높이면 높일수록 상대로부터 멸시를 받는다는 이치를 이름에서 잘 말해주고 있다. 복(卜)자의 이치를 보면, 자기를 낮춘다는 뜻에서 밑에 선을 그으면 복(卜)자가 상(上)자가 되고, 자기를 높여서 위에다 선을 그으면 하(下)자가 되니, 이 복성이야 말로 부처님의 가르치심인 중도(中道)의 의미를 가장 잘 나타낸 것이라 하겠다. 원효는 비웃음과 손가락질을 받으면서까지 귀족불교(貴族佛敎)를 서민대중불교로 만들었으며, 후세에 해동공자(海東公子)라는 칭호까지 얻었으니, 이것이 어찌 무상의 깨달음이 아니겠는가?

다음 정등(正等)이란 진정하고 평등하다는 뜻이다. 일체법을 깨달음에 그 지혜가 삿됨이 없음을 정(正)이라 하고, 어느 한 곳에도 치우침이 없음을 등이라 한다. 차별의 현상계에서 피차의 모양을 없애고 평등일여(平等一如)한 동체대비(同體大悲)의 지혜로써 일체중생을 이익 되게 하는 것이다. 이것이 평등성지(平等性智)의 깨달음이다. 우리는 아직도 너와 나의 옳고 그름을 따지면서 지나간 과거를 들추어내어 용서할 줄 모르고, 시기심과 질투심으로 수원심(讐怨心)에 수원심을 더하는 한 이 정등의 깨달음은 얻지 못할 것이다. 무상이 원만정대한 것이라면 정등은 대자대비한 것이다.

다음 정각(正覺)이란 외도의 삿된 깨달음이 아닌 진정한 옳은 깨달음을 말한다. 정(正)에 세 가지 뜻이 있다.

① 하나에서 그친다〈一 + 止〉는 뜻이요.
② 바르게 한다(正)는 뜻이요.
③ 처음이다〈글의 모든 획은 一획에서 시작〉는 뜻이다.

하나에서 그친다는 것은 오직 진리는 하나뿐이라는 것이요. 바르게 한다는 것은 위와 아래가 바르며 좌와 우가 바르다는 것으로 곧 중심을 의미함이요. 처음이라는 것은 시작을 뜻한다. 이러한 뜻을 종합하여 바른 깨달음은 단 하나이며, 그것은 곧 법신불의 깨달음이요. 진리의 문이 오직 이에서 열리니 이것이 바른길이요, 이 이상 다른 것이 없는 처음이자 마지막의 깨달음을 정각이라 한다.

오로지 뜻으로 〈무상정등정각〉만을 구한다는 것은 일체법은 모두 마음의 작용이다. 그러므로 법의 자성을 깨닫는 것은 신묘(神妙)한 자기의 마음을 관찰하여 어떠한 것에도 의혹을 품지 않고 오로지 수행에만 자기의 마음을 굳건히 한다는 것이다.

수행자여! 성불이외는 그 어떤 것도 구하지 말라

여과(餘果)란 아뇩다라삼먁삼보리를 제외한 모든 것을 말한다. 부처님의 지혜인 다섯 깨달음을 제외한 모든 것은 여과이다. 회당 대종사의 말씀에 "일체 망상 모두 끊고 다만 오직 관하기를 육도중생 무시이래 생사의 바다 가운데서 윤회하고 있는 것을 원하건데 이제 모두 보리심을 발하게 하고 보살행을 행하게 하여 벗어남을 얻어지이다." 하셨다. 우리들이 생사의 바다에서 윤회하는 것은 모두 삿된 법에 집착했거나 개인의 이익과 안락만을 구한다든지 일시적 즐거움으로 친성에 태어나기를 구하는 이것 때문이다. 이러한 구함이 모두 여과이다. 이제 우리는 그러한 것을 구하려고 하지 말고 가장 원만하고 가장 평등하며, 가장 바른 깨달음을 구하여 일상생활 그 자체가 곧 부처의 생활이라는 즉신성불을 얻겠다고 다짐하여야 할 것이다.

3) 서심 결정하면 마궁이 진동한다

《논문(論文)》
誓心決定故로 魔宮震動하고 十方諸佛이 皆悉證知하시니라

《역(譯)》
서심 결정한 연고로 마궁 진동하고 시방 모든 부처다 증지 하시느니라.

《의역(意譯)》
자신 속에 본래부터 갖추어져 있는 청정심을 깨닫고자 마음을 일으켜서 이제 수행문으로 전환하고자 굳게 다짐할 때, 경계마다 물들여지고 길들여진 여섯 가지 습관의 번뇌궁이 함께 일어나게 된다. 번뇌는 누겁을 통해서 깊숙이 자리잡은 단단한 윤회의 쇠사슬로 이리 묶고 저리 굴려 안팎을 구분할 수 없도록 뒤흔들어서 자성을 진동케 하고 있다. 이에 중생계의 상근 상지의 선지식들이 이구동성으로 불퇴전의 용맹심으로 마궁에 휩쓸리지 아니하는 힘이 불심(佛心)에 있음을 말씀하여 윤회의 사슬을 끊게 하는 법을 보이신다. 이와 같은 법이 진실로 내가 사는 이 세계에 가장 가까이 있으며, 또한 나의 마음에 있음을 증명하여 발심한 자로 하여금 알게 하시는 것이다.

《강설(講說)》

서심 결정하면 마궁이 진동한다

이 부분은 법신불로부터 가지(加持)를 입는 것을 말한다. 깨닫고자 하는 마음을 일으키고 나서 그 마음을 어떻게 편안하게 머무를 것이며, 그에 따라 일어나는 망령된 생각을 어떻게 항복(降伏)시켜야 할 것인가?

제법의 실상을 제외한 모든 것과 불도수행을 방해하는 모든 것을 마군이라 하며 또는 마장(魔障)이라 말하고 있다.

발심한 이후에는 그 마음을 수행으로 전환하여야 할터인데, 미처 전환하여 편안하게 머물기도 전에 습관(習慣)의 번뇌가 먼저 고개를 들고 있다. 발심 전에는 바깥 경계인 일체 만물에서 나오는 외도 이승의 마(魔)들을 물리치면 되지만, 발심 후에는 자기 내면에서 꿈틀거리는 자심마(自心魔)를 물리쳐야 하는 것이다. 이 자심마에는 여러 가지가 있다. 여기서는 지금까지 익혀온 습관의 마만을 이야기한다. 눈은 일곱 빛깔의 찬란한 형체를 보고 차별을 일으키며, 귀는 오음칠성(五音七聲)으로 소리의 높낮이와 경중(輕重) 고하(高下)에 따라 움직이며, 코는 익혀온 향취에 따라 동요하고, 입은 여섯 가지 맛에 집착하여 미추(美醜)를 따지게 되며, 몸은 편함과 불편함에 따라서 움직이고 있으며, 마음은 의혹에 의하여 신심이 없어져서 모두를 불신(不信) 하고자 하는 것 등이다. 이와 같은 여섯 가지 습관에 맛 들여지고 길 들여져서 누겁을 집착하여 왔다. 이것이 어찌 하루아침에 이슬이 사라지듯 하겠는가? 이제 선지식을 통하여 자심 속에 부처가 될 성품이 있음을 알고 좋은 마음으로 용기내어 수행을 하고자 하면 함께 있던 인식과 습관의 중생심도 뛰쳐나오게 된다. 그것이 곧 번뇌이며 마의 장난이다. 타화자재천(他化自在天)의 마왕궁전만이 마궁이 아니다. 바로 우리들의 내면세계의 습관이 되어 남아있는 눈, 귀, 코, 입, 몸의 훈습(薰習)이 곧 마의 궁전일 수 있다. 이 마궁이 고개를 들고 깨어나서 가로 뛰고 새로 구르며 온갖 장난을 하면서 정법을 수행하는 자를 방해하고 있다. 이와 같은 방해는 강하면 강 할수록 이겨나가면 증과(證果)는 더욱 크게 된다.

이제 진언행자(眞言行者)는 법신의 설법을 듣기 때문에 강한 방해도 막을 수 있는 힘이 충분히 갖추어져 있음을 알아야 한다. 보리심을 발하는 마음과 그것을 방해하는 마음이 곧 하나인 만큼 우리는 그것을 잘 다스려야 할 것이다. 그러나 그것이 쉬운 것은 아니다, 수 없이 많은 생을 살면서 익혀온 습기가 어찌 한순간에 사라지겠는가? 부처의 성품을 찾고자 발심한 것이 오히려 고요하던 호수에 돌을 던진 격이다. 하지만 발심하였다는 그것만으로도 부처님께서는 훤하게 알고 계실 것이며, 반대로 마왕은 분노를 일으킬 것이다. 그러나 부처님의 환희가 마왕의 분노를 잠재우게 된다.

시방의 모든 부처는 수행자가 증득한 법을 인증한다

부처님의 설법에 나오는 어떠한 세계나 어떠한 비유 방법을 쓰더라도 그것은 인간세계를 중심으로 하여 설해지고 있다. 회당 대종사께서 "석가불이 출세하신 것은 현실 떠난 다른 이상세계를 설하시지 아니하고, 세간을 떠나 출세간을 설한 일이 없었으니, 다만 인간 도덕생활을 하게 함이 목적이라" 하셨듯이, 그 목적이 인간세계에 있는 만큼 여기서 시방이란 곧 중생계를 중심으로 말씀하신 것이다. 중생계는 이제 석가와 같은 부처님은 없다. 석가불은 2500여 년 전에 역사 속으로 사라져간 한 분의 화신불일 뿐이다. 그렇다면 현재 부처님은 존재하는가? 존재한다면 그는 누구인가? 이에 대하여 회당 대종사께서는 이것을 《실행론》에서 이렇게 풀고 있으니, '이 육자(六字)의 다라니(陀羅尼)는 부처와 및 제보살과 중생들의 본심이라' 하였으니, 이 말씀은 곧 중생의 마음은 불보살의 마음과 같은 마음을 지니고 있기 때문에 누구나 진언을 염송하면 부처가 될 수 있다는 뜻이다. 《화엄경(華嚴經)》에서도, '마음과 부처와 중생, 이 셋은 차별이 없음이라' 하였으니, 이도 또한 마음이나 부처나 중생들은 어느 분야에서나 차별이 없다고 하였다. 이것은 곧 나 자신의 자성이 부처와 같다는 뜻이다. 이와 같이 차별 없는 진리를 아는 자가 곧 상근상지의 사람이며 부처인 것이다. 이와 같이 《실행론》이나 《화엄경》에서 불과 중생, 그리고 마음은 같다는 것으로 불심(佛心)이라 인증(認證)하고 있다. 인증에 관하여 알아보면, ① 불심(佛心)이 무엇인가? ② 중생과 보살 그리고 부처에게 동일하게 있다는 불심은 무엇인가? ③ 그것은 또한 무엇을 말하는가? 이러한 것을 다른 용어로 표현하면,

① 어떤 특수한 현상을 짖지 아니한다. 이것을 참된 존재라 하여 진여(眞如)라 하며,
② 마음에 변화를 짖지 아니한다. 이것을 법의 그 자체라 하여 법성(法性)이라 하며,
③ 마음은 어떤 것에도 묶이지 아니한다. 이것을 해탈(解脫)이라 하며,
④ 마음은 스스로 막힘이 없이 자유자재한다. 이것을 깨달음이라 하

며,

⑤ 마음은 고요하게 머무름이다. 이것을 열반(涅槃)이라 한다.

이와 같은 다섯 마음을 불심(佛心)이라 한다. 이 불심은 누구나 다 가지고 있지만, 다만 중생은 경계를 보아 마음을 일으키기〈見物生心〉때문에 진실의 본성을 보지 못할 뿐이다. 다시 회당 대종사께서는 심인(心印)이라 표현하고 있다.《실행론(實行論)》에 '심인(心印)은 곧 다라니를 내 마음에 새겨있는 불심인(佛心印)인 삼매왕(三昧王)을 가리켜서 말함이요' 하셨으니, 진언(眞言)을 마음속에 깊이 새기면서 삼밀관행에 의하여 삼매에 들어 모든 것이 행자의 것으로 될 때, 그것이 심인이라. 이 심인은 수행자가 삼밀관행에 의하여 부처님께서 인증하신 마음이라 하였다. 즉 관행자의 마음이 법계에 통합하여 부처와 하나로 상응이 되었음을 증명하는 것으로 중생의 번뇌 습관인 오관(五官)의 마궁이 아무리 진동한다 하여도 시방의 모든 부처님은 오히려 진동하는 그 자체가 깨달음을 이를 수 있음을 증명하여 알았다고 하는 것이다.

증지(證知)는 발심 후에 수행의 문에 들어가도 된다고 하는 관문 통과의 승락서와 같은 것이다. 이제 자연 속에 두두물물과 자신 속에 청정심이 하나가 되어 한 치의 오차(誤差)도 없이 진리법에 계합할 수 있다는 것이다. 마궁의 법계에도 계합할 수 있다는 것이다. 마궁이 아무리 성을 낸다 하여도 그것은 진뇌망상일 뿐, 발심과 인증이 하나가 된 심인의 경지에서는 두려울 것이 못 된다. 회당 대종사의《실행론》에 '심인(心印)은 곧 부처님이 인증(認證)하신 마음이다. 심인 깨쳐 경(經)을 믿고 그 스승의 말을 믿고, 인(因) 지어서 과(果) 받음을 굳게 믿고 행하는데 모든 고통 물러가고 서원대로 되느니라.' 하셨다. 이 말씀처럼 부처님으로부터 인증을 받은 마음에 다시 대신심을 일으켜서 오히려 내면에서 진동하는 인식과 습관의 중생심을 스승 삼아 중단 없는 정진을 하여 모든 집착을 떠나는 것뿐 아니라, 마궁까지 제도하여야 할 것이다.

4) 항상 인천에서 승쾌락을 받는다

《논문(論文)》
　常在人天하야 受勝快樂하고 所生之處에서 憶持不忘하나니라

《역(譯)》
　항상 인천에서 승쾌락을 받고, 소생처에서 생각하여 잊지 않느니라.

《의역(意譯)》
　윤회하는 육범(六凡)의 세계 가운데 인(因)과 과(果)가 분명하게 공존(共存)하며, 누겁(累劫)의 생을 결정 짓는 인간계에서 그 어떠한 즐거움보다도 깨달음을 얻고자 발심하여 수행하는 것을 최고 최승(最勝)의 즐거움인 줄을 알고 기꺼이 받으면서도, 선의 과보는 치성하고 악을 짓는 인(因)이 희박한 즐거움을 받는 천상도(天上道)와 투쟁만을 업으로 하는 수라도(修羅道)와 어리석음으로 뭉쳐진 축생도(畜生道)와 탐욕이 가득한 아귀도(餓鬼道)와 괴로움만이 있는 지옥도(地獄道) 등에 태어나서 무한한 고락을 받을 때도 항상 인간계에서 맛보았던 초발심의 법열(法悅)을 생각하고 잠시도 잊지 아니해야 하느니라.

《강설(講說)》

항상 인천에서 승쾌락을 받는다

인천(人天)은 천상과 인간세계를 말한다. 육도 가운데 즐거움이 있는 곳은 이 두 곳뿐이다. 그러나 즐거움만이 있을 것 같은 천상도 고통은 있고, 고통이 많은 인간세계에도 수승(殊勝)한 즐거움은 있다. 천상은 다만 그 고통이 미세하여 괴로움을 느끼지 못할 뿐이요, 인간계는 수승한 즐거움이 무엇인지 알지 못할 뿐이다. 인간계에 수승한 즐거움이란 물질에 있는 것이 아니라, 정신세계에 있다. 이것은 감인(堪忍)의 세계답게 고행(苦行) 후에 비로소 맛볼 수 있다. 우리가 사는 이 세계를 사바세계라 하는 것은 곧 사바(裟婆)란 감인이란 뜻이다.

이제 여기서 육도 윤회에 대하여 좀더 자세하게 설명하고자 한다. 바른 이해로 오해가 없기를 바란다. 《화엄경》에서 십법계를 사성(四聖)과 육범(六凡)으로 나누고 있다. 사성은 성문, 연각, 보살, 불세계를 말함이요. 육범은 천상, 수라, 인간, 축생, 아귀, 지옥을 말한다. 사성의 세계는 윤회가 없는 세계요. 육범의 세계는 윤회하는 세계이다. 사성 가운데 비록 지혜가 협열(挾劣) 하다고 하는 성문이나 연각 등의 이승도 윤회는 하지 아니하며, 육도 가운데 복이 수승하고 무상한 즐거움을 받는 천상이라 할지라도 윤회의 틀을 벗어난 것은 아니다. 천상에서 언제든지 그 받는 업과가 다하면 육도 중에 다른 세계에 태어나는 것이다. 그러기에 이 육도의 중생은 윤회의 바퀴에서 벗어나고자 정법을 찾아 수행하는 것이다. 그럼 어떠한 수행을 어디서 하는가? 그곳은 곧 인간세계이다. 천상이나 지옥 등의 곳에서는 결정된 인(因)에 의하여 과보를 받는 세계일 뿐이다. 그 속에서도 새로운 인을 지을 수는 있으나, 그러나 한 생을 바꿀만한 인(因)은 짓지 못한다. 다만 인간세계에 있을 때 인을 지어서 결정된 업과를 받으면서 천상에서 수라로 혹은 축생이나 지옥 등으로 생을 옮겨 다니다가 그 업과가 다하면 다시 인간세계에 태어나서 새로운 인을 짓게 되는 것이다. 이처럼 인간을 제외하고는 그 어떤 곳이라 할지라도 업보를 받는데 모든 것이 소요되는 것이지 생을 초월한다든지, 윤회를 벗어난다든지 하는 방향 제시나 수행의 방법도 그 속에서는 쉽게 찾아 접할 수가 없다.

다시 《화엄경》에 보면 부처님께서 보드가야 적멸도량(寂滅道場)에서 정각을 이루시고 난 후에 삼매에 들어 삼칠일(三七日)간 화엄을 설하시고, 그 후 45년 전법하던 중에 천상 세계에 올라가서 어머님 마야부인과 천신들을 제도하기 위하여 법을 설하는 장면이 나온다. 이를 보고 반문하는 사람도 있다. 그러나 그것은 어디까지나 중생들로 하여금 은혜를 알게 하고 또 천상계도 윤회의 바퀴 속에 있다는 것을 알리는 하나의 방편에 불과한 것이다. 이것 역시 보리수 아래 인간세계에서 행하여지고 있다는 사실을 알아야 할 것이다. 즐거움에 도취하여 있는 천상의 중생들은 그 즐거움 때문에 수행할 마음이 일어나지 아니하며, 수라는 투쟁하고, 축생과 아귀와 지옥계는 고통을 받느라 역시 수행할 마음의 자세가 되어 있지 않다. 인간계는 고락이 서로 병행하고 있기 때문에 윤회를 벗어나는 인을 얼마든지 지을 수도 있고, 또 다음 생까지도 자유자재할 수 있는 새로운 인도 지을 수 있다. 《진각교전》〈육대무애상유가(六大無碍相瑜伽)〉편에 '이 육대(六大)의 연기(緣起)로써 우주 본체 이뤘으며, 불교 원래 인간으로 근본 삼는 교이므로 이와 같은 연기설(緣起說)도 그 중심은 인간이다. 사람들은 누구라도 육대로써 된 것이라.' 하였다. 십법계의 구성이 모두 육대이며, 그 작용에 있어서는 윤회연기설을 말하고 있고, 이 연기설의 중심은 인간이다. 여기서 인간을 근본 삼는다는 것은·인간만을 위하여·란 뜻이 아니라, 육도 윤회의 근본 처가 인간계라는 뜻이다. 또 부처님 법을 수행하는 선지식들도 '인생난득(人生難得)이요, 불법난봉(佛法難逢)이라' 하여 윤회하는 중생들이 다시 생을 결정지을 수 있는 인간에 태어나는 것이 마치 바다의 눈먼 거북이가 백년에 한번 지나가는 구멍 뚫린 판자에 머리를 내미는 것과 같고, 윤회를 벗어나는 깨달음의 법인 불법 만나기는 마치 높은 하늘에서 바늘을 떨어뜨려 땅에 있는 겨자씨를 맞히는 것 같다. 하였으니 이 얼마나 어려운 일인가? 이것은 모두 육도 중에 인간계를 중심으로 하는 사상들이다. 이러한 차제에 대승불교에서는 한 걸음 더 나아가서 지혜가 협열한 성문과 연각까지도 벗어나는 보살도의 수행을 원하고 있다. 이제 우리는 다행하게 인간으로 태어났고, 또 정법까지 만났으니 이 좋은 시기를 버리지 말아야할 것이다.

태어나는 곳마다 부처님의 정법을 잊지 말지니라

우리가 어느 곳에 태어나도 그곳에서 가져야 할 마음의 자세에 대하여 말씀한 것이다. 다시 말하면, 육도 중에 어디에 태어나더라도 인간계에 있을 때 발심한 그 마음을 잊지 말아야 한다는 것을 다짐하고 있다. 어떠한 즐거움이나 괴로움을 만나도 그곳에서 윤회를 벗어나서 무상보리에 안주할 때까지 항상 발심의 순간들을 생각하며 희망을 가지고 모든 괴로움을 감인(堪忍)해야 한다. 육도 중생들은 자기가 지은 과보는 어떠한 어려운 것이라 할지라도 자기가 행한 인(因)이기에 그 과보도 충분히 이겨낼 수 있다. 이것이 윤회계에 사는 중생들의 업보인 것이다. 만약 받아넘길 수 없는 업은 절대로 짓지 않기 때문이다. 업이란 지을 때의 힘이 곧 받을 때의 힘이다. 이러한 이치를 깨달아서 보다 대승적인 생각을 가져야 한다. 회당 대종사의《실행론》에 "육도 중생 무시이래 생사해 중 윤회함을 원하건데 이제 모두 보리심을 발케하고 보살행을 행하여서 벗어남을 얻어지이다." 하였다. 진언을 관행하는 자는 나만이 육도를 벗어날 것이 아니라 일체중생이 다 같이 벗어나도록 대 서원을 세워야 한다. 만나기 어려운 인생과 불법을 만났으니, 이생에 깨닫지 아니하고 또 어느 생을 기다리리오. 참구하고 또 참구할지어다.

5) 유가 중에 보살의 몸을 이루고자 원하는 자의 할 일

《논문(論文)》

若願成瑜伽中에 諸菩薩身者도 亦名發菩提心이라하나니라 何者오 謂次는 諸尊도 皆同大毗盧遮那佛身이니라

《역(譯)》

만약 유가 중에 모든 보살의 몸을 이루고자 원하는 자도, 또한 발보리심이라 하느니라. 어찌하여 그런가 하면 그 다음에 제존이 다

대 비로자나불신과 같으니라.

《의역(意譯)》

만약 수행자가 중생의 신구의(身口意) 삼업을 실천적 삼밀관행으로 상응하려면, 그 위에 부처님의 삼밀 세계가 다시 섭입하여서 삼밀 행법이 성취한 금강계만다라(金剛界曼茶羅) 세계에 보살의 몸을 이루게 된다. 이렇게 원하는 자의 수행 방법과 목적이 부처님 생명의 빛을 가지 받는 발심으로부터 이루어진다고 하였다. 어찌하여 그런가 하면, 그 마음에 제2 권속인 제존들도 하물며 무상정등의 보리심을 일으킴으로써 삼매의 체득과 보살의 내증(內證)을 얻어 대 비로자나불의 보문총덕(普門總德)에서 일문별덕(一門別德)을 가지 받을 수 있다. 보살의 몸은 동체대비의 빛으로 만다라세계를 이룬 대 비로자나불의 원력의 몸과 같기 때문이니라.

《강설(講說)》

유가 중에 보살의 몸을 이루고자 원하는 자의 할 일

보살이 발심수행(發心修行)하여 얻는 일문(一門)의 과를 말하는 것이다. 유가(瑜伽)란 상응의 뜻이다. 유가 중에 보살이란 곧 부처님의 삼밀 세계가 서로 상응하는 것을 상징하는 금강계만다라 보살이다. 밀교에서는 삼밀유가(三密瑜伽)를 설하여 그 관행을 종지로 하며, 자신의 삼밀과 부처의 삼밀이 서로 상응하는 것으로 삼밀상응의 행법성취(行法成就)를 이룬다. 이러한 행법성취의 세계가 곧 만다라세계다. 이 세계는 우리가 사는 이 세계를 뜻한다. 그것을 교리적으로 도상화(圖上化)하여 나타낸 것이 현도만다라(現圖曼茶羅)이다. 이 현도만다라는 크게 금강계(金剛界)와 태장계(胎藏界)로 그림화 하였다. 그중에 금강계만다라는 모두 비로자나불의 시현(示現)이며 그 중심은 삼십칠존이다. 이 글은 삼십칠존의 불보살의 몸을 이루고자 하여 수행자는 삼밀유가(三密瑜伽)의 체득으로 내증의 과를 원하는 것을 말한다.

성불은 보리심을 발하는 것으로 시작이 된다

내증의 과를 얻어 유가 중의 보살이 되고자 함에 또한 발심이 그 ① 다. 깨달음을 얻고자 하는 지혜의 마음이 없이는 삼밀유가도, 체득도, 내증의 과도 맛볼 수 없다. 모든 진리와 현실의 법, 특히 불법의 수행은 모두 발심으로 비롯됨을 알아야 한다.

《금강정경(金剛頂經)》의 발심(發心), 수행(修行), 보리(菩提), 열반(涅槃), 방편(方便) 등의 오전이 설해져 있다. 해석하면, 깨달음을 얻고자 하여 지혜의 마음을 일으킨 연후에 수행하고, 깨닫고, 그로부터 열반의 해탈을 누리고, 다시 방편으로 중생계를 제도한다는 것이다. ① 발심의 의미는 곧 방향과 목적을 바로잡는 것이다. 방향과 목적이 바르지 아니하는 수행은 헛된 것이요, 설사 그곳에서 깨달음을 얻었다 할지라도 옳은 깨달음이 아니다 진언행자는 여가를 구하지 아니하고 오로지 무상정등정각만을 구하는 것이기에 더욱 정도의 방향을 제시받아야 한다. 그러기에 대아사리가 여기에서 다시 한번 발심의 중요성을 강조하는 것이다.

발심 이후 제존이 다 대비로자나불신과 같음을 알라

유가(瑜伽) 중에 보살이 삼십칠존이라면, 제존은 갈마회의 현겁 천

불과 외금강부의 이십권속과 사섭금강이다. 마하 비로자나불은 법계진신(法界眞身)을 나타내는 총칭으로 신광(身光)과 지광(智光)이 이사무애(理事無碍)하여 법계에 충만하며, 보문총덕을 지닌 마하 비로자나불이다. 마하 비로자나불의 보문총덕에서 일문별덕의 제존 보살들이 출생하게 된다. 해인본존(海印本尊)만다라의 삼십칠존을 보면, 비로자나불이 중생을 제도하고자 하나 몸을 나타낼 수 없다. 이제 방편으로 보문총덕의 공능을 나타내고자 할 때, 먼저 4방위의 불로 시현하니, 이것이 일문별덕의 시현이다. 그 차제를 보면, 법신불이 먼저 4방위에 각각의 공능을 지닌 불을 탄생시키고, 4방불은 일문의 능력으로 사바라밀 보살을 출생하여 비로자나불께 공양한다. 공양받은 비로자나불은 십육대보살을 출생시켜 각각의 불위에 4보살을 공양한다. 공양받은 사불은 다시 팔공양보살을 출생하여 비로자나불의 안팎으로 배치하여 공양을 올린다. 비로자나불은 다시 답례로 4섭보살을 출생시켜 4방불에 공양한다. 이와 같이하여 삼십칠존이 서로 공양하는 가운데 성립되며, 한 걸음 더 나아가서 4방불은 외금강부 20권속, 4섭금강을 공양하니, 공양 받은 마하 비로자나불은 현겁천불(現劫千佛)로써 사방불에 공양한다. 이로써 금강계 권속이 성취되며, 온 법계에 충만하게 된다. 이것은 모두 비로자나불로부터 시작된 것이다. 금강계 현도만다라의 제1회 갈마회는 이것을 표현한 것이다.

회당 대종사께서도 이와 같은 진리를 〈자성법신〉에서 설명하고 있으니, "비로자나부처님은 시방 삼세(三世) 하나이라. 온 우주에 충만하여 없는 곳이 없으므로 가까이 내 마음에 있는 것을 먼저 알라." 하셨다. 이것을 해석하면, 비로자나불을 법계에 하나 가득한 빛으로 비유할 수 있다. 그 빛이 이루어 놓은 세계가 곧 만다라세계요. 우리들이 사는 이 우주 법계이다. 이 우주에 충만한 삼라만상은 모두 비로자나불의 빛을 가지(加持) 입고 존재한다. 그러기에 우리가 먹고, 마시고, 입고, 부딪치는 것은 모두 법신의 빛과 상응하는 것이 되며, 가장 가까이 나 자신의 마음속에 언제나 소소영영(昭昭永永)하며 불가사의(不可思議)한 공능을 보이고 있다. 이와 같이 회당 대종사께서는 비로자나불의 빛은 만물의 빛이요, 또한 나의 마음에 생명의 빛임을 말씀하신 것이다.

러시아의 위대한 과학자이며, 철학자인 킬리안은 특수한 카메라와 고도로 정밀한 필름을 개발하였다. 그 필름은 육안으로 볼 수 없는 것까지도 나타낸다. 그 가운데 사람이나 동식물 등 생존하는 모든 것에는 모두 빛이 있다는 것이다. 그 빛은 일정한 두께를 이루고 있다고 한다. 부처님께서는 2500여 년 전에 이미 이와 같은 사실을 알고 계셨다. 빛은 동물보다도 사람의 몸 주위에 제일 넓게 나타나며, 특히 고요하고 평화로운 사람일수록 그 빛이 더욱 넓으며, 죽음을 눈앞에 둔 사람은 6개월을 한정으로 그 빛이 사라진다는 것이다. 부처님의 빛과 중생의 빛이 서로 상응할 때, 탐진치의 무명은 사라지고 생명의 빛이 찬란하게 빛나며, 이것이 깨달음이요 열반이요 해탈이다. 그러므로 발심이란 부처님의 빛을 가지 받음이요, 이 가지 받음이 곧 비로자나불의 몸과 같음을 이루는 것이 된다. 회당 대종사의 자성법신의 말씀과 부처님의 말씀은 모두 깨달음의 말씀으로써 하나 진리의 빛을 말씀한 것이요, 동체대비의 공능을 말씀하신 것이다. 이 문장은 바로 이 뜻을 말하고 있다.

6) 발심의 이유

《논문(論文)》
如人貪名官者도 發求名官心하야사 修理名官行하고 若貪財寶者도 發求財寶心하야사 作經營財物行이니라 凡人이 欲求善之與惡하면 皆先標其心하고 而後成其志하니라

《역(譯)》
사람이 명관을 탐하는 자는 명관을 구하는 마음을 발하여 그 명관을 다스리는 행을 닦고 만약 재보를 탐하는 자는 재보를 구하는 마음을 발하여 재물을 경영하는 행을 지음과 같으니라. 무릇 사람이 선과 악을 하고자함에는 다 먼저 그 마음을 표하고 그러한 뒤에 그 뜻을 이루는지라.

《의역(意譯)》
사람이 심지(心地)가 밝고 묘력을 가진 이름 있는 관리가 되고자 하는 사람도, 수승한 지혜를 구하고자 하는 마음을 일으켜서 백성을 지혜롭게 다스리는 덕을 닦고, 만약 보배로움 재보를 갖고자 하는 자도 자비로운 마음을 일으킴으로써 보배로운 재보를 얻는 방법과 그것을 사용하여 중생을 이롭게 하는 방법을 배우고 익히는 덕을 지음과 같음이니라. 무릇 사람들이 선을 짓고자 하든, 악을 짓고자 하든 모두 먼저 고요한 마음으로 그 뜻을 나타낸 연후에 선을 짓고자 하면 선을 짓고, 악을 짓고자 하면 짓고자 하는 데로 그 뜻을 이루는지라.

《강설(講說)》

명관을 탐하는 자의 발심과 수행

　깨달음을 얻기 위하여 그 마음을 일으켜야 한다는 발심에 대한 것을 분명하게 밝히기 위하여 비유를 든 것이다. 이 비유는 일반적인 것이 아니라, 논의 중요성과 발심의 심오함을 나타내기 위하여 지비용(智悲勇)으로 그 초점을 맞추어 설명하고 있다. 먼저 지혜의 비유를 든다. 명관이란 이름 있는 관리 또는 지혜로운 관리를 말한다. 그런데 보통으로는 중생들의 오욕으로 결부시켜 명예와 벼슬의 두 가지로 해석할 수 있다. 여기서는 '세상을 지혜롭게 잘 다스리는 사람'으로 보면 된다. 물론 뒤에 오는 문장이 '탐하는 자는' 하고 욕심이란 의미의 글이 나오니까 그렇게 볼 수 있겠으나, 탐한다는 것 또한 여기서는 '하고자 하는' 뜻으로 본다. 즉 '무엇 무엇이 되었으면 하는 바람'을 의미하는 것이지 욕심낸다는 뜻의 탐만은 아니다. 회당 대종사의 명관에 관한 말씀은, "덕이 엷은 사람에게 그 지위를 높이거나, 지혜가 어둔 사람에게 중대사를 맡기거나, 역량(力量)이 적은 사람에게 중한 책임을 맡기면 모든 화를 이루어서 위태하게 되는지라…(중략)… 나라 흥망, 민족 안위가 좌우되고 근본 되는 국가 삼공(三公)의 중책에는 덕이 높고 심지 밝고 묘력 많은 사람에게 대사를 맡길지라." 하셨듯이 덕이 높고 심지 밝고 묘력 많은 사람을 명관이라 하는 것이다. 이러한 명관이 되고자 하는 사람은 먼저 덕을 높이고 심지를 밝게 하고자 하는 원을 세우고 그 원에 따라 수행할 것을 굳게 결심하라는 말씀이다.

　행을 닦는다는 것은 결심한 것을 실천에 옮기는 과정이다. 수승한 지혜로 도덕적 삶을 살며, 봉사하고자 하는 마음의 자세를 가지는 것이 수행이다. 바른 견해와 투철한 사명감으로 일체중생을 이익 되게 하고자 그 방법을 배우고 익히는 것이 행을 닦는 것이다.

재보를 탐하는 자의 발심과 수행

이것은 자비에 대한 비유이다. 재보(財寶)란 부처님의 법도 되고 세간의 재물도 된다. 탐한다는 것은 앞과 같이 '가지고자 하는' 또는 '갖기를 바라는' 등의 뜻이다. 내가 재보를 구하고자 하는 것은 자신을 위함이 아니오, 일체중생을 요익하게 하기 위함이다. 이러한 바람이 자비의 바람이며, 이 자비의 바람을 성취하기 위하여 마음으로 결심하는 것이 자비 발심이 된다. 이와 같은 자비로운 발심으로부터 재보를 얻는 방법과 사용하는 방법을 배우고 익히는 것이 곧 경영하는 행을 짓는다는 것이다. 자비가 없는 사람이 재보를 가질 경우 오히려 그 재보는 자기의 향락만을 추구할 것이며, 나아가 사회에 크나큰 병폐를 가져올 수 있지만, 덕이 높고 자비로운 사람이 재보를 가지게 되면, 그 재보는 중생을 이익 되게 하는데 사용 될 것이다. 그러기에 같은 발심이라도 자비 발심을 원하는 것이 이 문장의 요점이다.

선악도 먼저 마음을 표하고 뒤에 뜻을 이루게 된다

이것은 용맹심의 비유이다. 진실한 용맹심은 성품이 고요함에 있고, 성품이 고요한 자는 선과 악을 짓는데 자유자재한 용기가 있다. 용기 가운데 만용(蠻勇)은 악에 가깝고, 진정한 용기는 선에 가깝다. 이제 선을 짓든 악을 짓든 마음으로 결심하는 것을 표한다 하며 그것을 행동으로 옮기는 것을 이루게 된다고 하였다.

여기서 선과 악 그리고 결과에 관하여 소견을 피력하려고 한다. 십선과 십악으로 나눈 선악, 그 가운데 살생에 관하여 추론하면, 초기 불교에서는 살생을 무조건 금하였다. 후기 불교에서 비로소 개차(開遮)하는 법을 세웠다. 신라시대 세속오계의 살생유택(殺生有擇)이나 대승불교의 무자살생(無慈殺生)이 그것이다. 그런데 이와 같은 개차법이 있어도 우리들 심성 깊이 자리한 인식은 살생은 무조건 죄가 된다는 것뿐이다. 만약 정녕 그렇다면 업보에 대한 살생은 어찌 되는가? 육식동물인 호랑이, 벌레를 잡아먹는 참새나 고방(庫房)에서 곡식을 훔쳐먹는 쥐 등은 어찌 될 것인가? 사람과 같이 스스로 생계를 유지하는 방법이 있지 않다. 그렇다고 살생을 아니 하기 위하여 태어나자마자 곧바로 죽을 수는 없지 않은가? 주어진 대로 살다가 간다면, 살생과 도적의 인(因) 지음 때문에 지옥에 떨어져서 무한한 고통을 받을 탠데…… 그러나, 나는 그렇게 생각하지 않는다. 선악에 대한 개념을 어떻게 가지는가에 따라 다르다. 호랑이가 토끼나 노루 등을 살생하고 참새가 벌레를 잡아먹는 것과 쥐가 고방의 곡식을 훔쳐먹는 것은 모두 먹이사슬에 의한 윤회의 고리가 돌아가는 것에 불과하다. 이미 과거 누겁으로 그러한 업을 지어 받은 몸이기 때문에 그렇게 사는 것이 그들의 본업이다.

그러나 한가지 선택의 조건이 있다. 호랑이가 어린 토끼나 새끼를 품고 있는 노루를 잡아먹고, 참새가 농부가 뿌린 씨앗을 파먹고 쥐가 고방을 뚫고 곡식을 흩으며 병균을 옮긴다면 그것은 죄가 된다. 사람도 마찬가지다. 업에 습관이 된 몸이기에 그 업을 버릴 수는 없다. 그러기에 한 점의 고기를 먹었다 하여 어찌 살생의 죄가 되겠는가? 그러나 한 끼니의 입맛을 위하여 알이 많은 생선을 좋아하고 보신을 위하여 어린 생명을 살생한다면 그것은 죄가 될 것이다. 또 송아지는 장차 자라서 농부의 일을 돕고 힘이 다하여 죽으면 뼈와 가죽까지 베풀고 가는 것이 본업이지만, 사람들이 그 본업을 못하게 중간에 살생한다면, 마땅히 그 업보를 대신하여 받아야 할 것이다. 이처럼 사바세계의 모든 중생은 태어난 그 자체가 길들여진 습관으로 인 지음의 과보인 것이다. 이제 우리가 깨달음 얻어 좀 더 자비롭고 지혜롭게 살아간다면 허물 되는 그것보다 복됨이 많으리라. 특히 자신을 위한 삶보다는 남을 위한 삶을 산다면, 십선이든 십악이든 그것은 그리 큰 문제가 되지 않을 것이다. 성품이 고요하고 지혜로운 자가 선악 지음을 자유자재하게 되리니 부지런히 마음을 모아 정도를 닦을지니라.

제 3 강
보리심의 행상

7) 보리심의 행상을 삼문으로 분별한다

《논문(論文)》

所以로 求菩提者도 發菩提心하야 修菩提行하나니라 旣發如是心 已하야사 須知菩提心之로 行相이니라 其行相者는 三門分別하나 니 諸佛菩薩이 昔在因地에서 發是心已하시니 勝義.行願.三摩地 로 爲戒乃至成佛히 無時暫忘하시니라

《역(譯)》

이런고로 보리를 구하는 자는, 보리심을 발하여 보리행을 닦을지 니라. 이미 이와 같은 마음을 발하고 나서 모름지기 보리심의 행상 을 아느니라. 그 행상이라 하면 삼문으로 분별하나니 모든 불보살 이 왕석의 인지에서 이미 이 마음을 발하고 승의 행원 삼마지를 계 로 하고 이에서 성불에 이르기까지 잠시라도 잊은 일이 없었느니 라.

《의역(意譯)》

　　이런고로 깨달음을 얻고자 수행하는 자도 그러한 마음을 일으킨 연후에 깨달음을 얻는 행불승(行佛乘)을 닦을지니라. 이미 본래 마음속에 구족한 불성의 불가사의한 공능으로 외도 이승의 법에 물들지 않는 굳은 신심을 일으키고 나서 모름지기 지혜와 자비와 고요함이 하나로 된 수행의 모습을 알게 되느니라. 이러한 수행의 모습을 셋으로 나타내나니, ① 불보살 등이 과거 무량겁의 수행 인위에서 깨달음을 얻고자 하는 마음을 일으키고 나서 삼세 제불이 출현하신 규범이요, 모든 중생들이 성불의 자리에 오른 중요한 문이며, 삼밀 상응의 절대적 평등이 되는 무상보리의 심묘계인 수승한 지혜를 지닌 승의보리심(勝義菩提心)과 ② 대자비의 행원을 지닌 행원(行願)보리심과 ③ 부처와 중생이 평등하여 둘이 아님을 관하는 삼마지(三摩地)보리심을 근본으로 삼아, 이것으로 수행하여 본성 청정의 부처가 됨이라. 이러한 경지에 오를 때까지 모든 번뇌마와 동행하는 중생심에 용기를 준 것은 모두 발보리심이라는 것을 알고 잠시라도 그 공능을 잊어버림이 없기 때문이라.

《강설(講說)》

먼저 발심하고 뒤에 보리행을 닦아야 한다

　　현실에서 지혜로움으로 이 세상을 다스리는 명관이나, 자비로움으로 세상의 재물을 경영하는 자나, 고요한 성품으로 선악을 자유자재로 짓고자 하는 자도, 모두 그 뜻을 세우고 그러한 뒤에 비로소 그 행을 실행하는데 하물며 현실과 진리를 상응시켜 지혜와 자비와 용맹을 수행하여 깨달음을 얻고자 하는데, 어찌 먼저 그 뜻을 세우지도 않고 또한 마음을 일으킴 없이 수행하겠느냐? 그러기에 대아사리께서 실천적 행불승을 닦게 하시면서 부처님의 다섯 지혜를 보이시고 또 중생들의 여섯 가지 습관이 번뇌와 청정불성(淸淨佛性)에 함께 있음을 보이어 그것을 깨닫기 위하여 먼저 보리심을 일으켜야 한다는 것을 말씀하셨다. 회당 대종사께서는 "망심을 버리고 보리심을 일으켜야 한다. 성불하기 위해서 먼저 보리심을 일으켜야 하기 때문이다." 하셨다. 이처럼 육도 윤회를 좋아하는 중생들은 그 습관을 버리고 수행하여 무상정변정지를 얻어 법신부처님의 동체대비가 가득한 만다라세계에 함께 노닐 것이다. 이것은 모두 깨달음을 얻고자 마음을 일으킨 결과이다.

보리심의 행상은 삼문으로 분별한다

이하의 글은 발심 이후 수행에 관한 것으로 먼저 대요를 밝혀 그 행상을 알게 하고 다음 세분하여 마음의 자세와 수행의 차제를 밝히고 있다. 여기서는 '무상정등정지혜 만을 구할 것을 맹세하여 깨닫고자 하는 마음을 일으키고 나서'란 뜻이다.

'보리심의 행상'이란 깨달음을 얻고자 하는 마음을 일으킨 후에 수행의 모습을 말하다. 한 종파에서 종파가 성립되려면 교리체계로서 조직적 논리와 역사적 배경이 되는 교상(敎相) 확립과 그 교상에 따른 실천적 체계로써 수행의 모습이나 차제가 확립된 사상(事相)이 있어야 한다. 여기서 행상은 사상에 속하는 것으로써 부처님과 중생의 절대 평등한 자리에 오르는 법계 만덕을 갖춘 진언비밀의 계로써 수행하는 것을 보리심의 행상이라 한다.

보리심의 행상을 무명 번뇌로 말미암아 망각해버린 우리들의 불성품(佛性品)을 전인적 체현(體現)을 통하여 번뇌가 곧 불성임을 알아야 한다. 그것을 알게 하는 삼밀 상응의 원리로 마음의 자세와 수행의 계위를 순차적으로 나타낸 것이 행상이다.

불보살도 발심을 근본으로 수행하였다

모든 불보살은 법계를 구성한 만다라세계의 권속들로서 삼십칠존에 속한다. 이러한 불보살들이 과거 무량겁 전에 수행할 때를 인지(因地) 또는 인위(因位)라 하며, 깨달음을 얻어 부처가 되었을 때를 과지(果地) 과위(果位) 또는 과상(果上)이라 한다. 비유하면, 약왕보살이 성숙장장자로 있을 때나 아미타불이 법장비구로 있었을 때나 석가불이 선혜(善慧)비구로 있었을 때를 인지라 한다. 이러한 분들도 모두 깨닫고자 하는 마음을 일으키고 나서 수행하여 과위를 얻게 된 것이다.

성불하는 데도 승의·행원·삼마지의 계가 근본이다.

발심 후 수행의 차제를 밝힌 것이다. 밀교에서는 승의보리심과 행원보리심과 삼마지보리심을 마음의 자세와 수행의 경계로 하였다. 수행의 계란 중생들이 본래 가지고 있는 청정심을 근본으로 하는 무상보리의 계를 말하며, 줄여서 보리심계(菩提心戒)라 한다. 이 보리심계는 삼세의 모든 부처님이 출현하는 규범이요, 시방 모든 중생들이 성불의 위에 오르는 문이며, 부처와 내가 하나가 되는 삼밀 상응의 절대적 평등의 자리가 되는 근본이다. 그러기에 모든 경전이나 선지식들이 하나 같이 보리심계를 설하였다. 선무외삼장의 선요(禪要)에 '보리심에서 물러나지 말라.〈不

退菩提心〉'하는 것을 계의 ①로 하고 있으며,《대일경》의 4중금(四重禁)에 '보리심을 버리지 말라.〈不應捨菩提心〉' 하는 말씀이 있다. 이것은 모두 보리심계의 소중함을 밝힌 것이다. 마음의 청정을 찾고 좋은 습관을 익히게 하며, 스스로 수행하는 자주성을 키우는 것이 곧 이 보리심계이다. 모든 불보살들이 인지에서 발심하여 무상보리의 심묘계인 승의·행원·삼마지의 계를 가지고 성불에 이르기까지 마군과 싸우면서 절복의 힘이 이에서 나왔음을 알고 구경에 부처를 이룬 것이다. 만약 한순간이라도 이 보리심계를 잊었던들 어찌 불과를 얻을 수 있었겠는가? 그러기에 보리심계는 즉신성불의 근본이요, 우리들의 삶의 정도며 기쁨의 척도라 할 수 있다. 이제 진언행자들은 먼저 깨닫고자 하는 마음을 일으키고 그러한 후에 수행의 모습을 밝힌 보리심계로써 마음의 지표로 삼아 부지런히 수행하여 즉신성불을 하여야 할 것이다.

8) 진언법 중에서만 즉신성불과 삼마지법을 설한다

《논문(論文)》
唯眞言法中에 卽身成佛이라 是故로 是說三摩地法하고 於諸教中에는 闕而不言이니라

《역(譯)》
오직 진언법 중에서만 즉신성불하는 연고로 삼마지법을 설하고, 모든 교 중에는 궐하고 기록함이 없느니라.

《의역(意譯)》

　　오직 법신 비로자나불의 진실법인 우주 자연의 실상 음성을 비밀스런 체험을 통하여 깨닫게 하는 법 가운데서만 육대법신(六大法身)이 사만상대(四曼相大)로 그 모습을 나타내고, 그 속에서 삼밀용대(三密用大)의 관행을 통하여 즉신성불하여 현실생활 속에서 부처가 됨을 체험할 수 있게 하였다. 그러므로 근기가 높은 중생에게 자성청정심이 본래 갖추어 있음을 알게 하는 법신의 삼마지법을 정선문(定善門)에서 설하고 타수용신과 변화신 등이 설하는 8만4천 경전이나 선종의 1,700공안 등의 산선문(散善門)에서는 설하지 아니하였다. 물론 전법과정에는 있을 수 있으나 결집과정에는 빠뜨리고 기록하지 않았을 수도 있느니라.

《강설(講說)》

진언법 중에서만 삼마지법을 설한다

　　이하는 성불과 삼마지보리심에 대한 현교와 밀교의 차이점을 나타내고자 하는 것이다. 현종교리(顯宗敎理)와 다른 진언교법에서만 설하는 두 가지 법이 있다.

　　진언법에 진언이란 범음(梵音)에 만달라(曼怛羅, mantra)이며 진여법성(眞如法性)의 가르침으로써 법신불의 설법인 우주 자연의 소리를 말하는 것이다. 이러한 소리를 간단하게 표현한 것이 다라니이다. '옴' '훔'자 등 한 글자로 표현하면 종자자(種子字)라 하고 문자 없이 표현한 것을 실상이라 한다. 이 실상의 소리는 곧 바람에 흔들리는 나뭇가지 소리, 흐르는 물소리, 꽃이 피는 소리, 새가 지저귀는 소리 등 자연의 소리 그대로가 법신의 진실설법(眞實說法)이 되는 진언이다.

다음 성불을 말하면, 소승불교의 성불은 먼저 4홍서원을 세우고 그러한 뒤에 3아승지겁의 무량한 세월 동안 유상(有相)의 육바라밀을 닦고, 또 백겁 동안 상호의 업을 수행하여 육행을 완성하고 보처보살이 되었다가 도솔천에 시현하며, 다시 인간계에 탄생하여 부처가 된다고 하는 일곱 단계를 지나는 성불을 말하며, 대승불교는 《화엄경》에 중생은 원래 성불의 인이 갖추어져 있어서 견문(見聞)의 생을 지나고, 해행(解行)의 생을 돌아 증입(證入)의 생을 거쳐서 성불한다는 삼생성불을 말하며, 선종은 화두를 통하여 자기 성품을 보아 성불한다는 견성성불(見性成佛)을 말하고, 밀교는 즉신성불로써 삼종을 말한다.

① 우리들은 날 때부터 부처와 같이 육대법신이 사만상대로 나타나 그 속에 삼밀용대의 작용이 본래 갖추어 성립되었다는 이구성불(理具成佛)과
② 이미 갖추어진 모습에서 언제든지 발심하여 삼밀을 수행하면 부처님의 공능이 자신에게 가지 된다는 가지성불(加持成佛)과
③ 수행이 완성되어 현실 생활 속에서 부처처럼 생활한다는 현득성불(顯得成佛)을 말하고 있다.

회당 대종사의 성불론은, "돌에도 부처가 있고 나무에도 부처가 있다. 내 마음이 작으면 부처도 작고 내 마음이 크면 부처도 크다." 하신 것과 "비로자나부처님은 시방 삼세 하나이라. 온 우주에 충만하여 없는 곳이 없으므로 가까이 곧 내 마음에 있는 것을 먼저 알라." 하는 자성법신의

말씀들은 부처님은 곧 우리들의 마음에 있음을 밝히시고 그것을 알게 하고자 심인진리법을 설하시어 정도를 닦게 하고 그 결과에 관하여는 "현세 안락 서원하여 이 땅 정토 만드는 진호국가(鎭護國家) 서원으로 자기 성불 하게 되며 곧 국토가 성불된다. 이것은 곧 몇 천겁을 기다리는 것이 아니라, 이 몸 이대로 성불하는 것이다." 하여 내 마음 성불이 곧 국토 성불임을 밝히고 국토는 곧 자연이며 자연은 곧 법신불의 당체(當體)이다. 자연 속에서 더불어 생활하는 그 자체가 곧 성불인 것이다. 또 이러한 성불의 시기는 현세 이 몸 이대로 이루어지는 것이지 몇 생을 기다리지 않는다는 것을 말씀하였다.

진언법 중에서만 삼마지법을 설한다

삼마지는 일체중생의 자성청정심을 가리키는 것이다. 이 자성청정심은 아름다운 연꽃이다. 삼십칠존이 안주하는 일심이다. 《대일경》,《금강정경》의 이십만송은 모두 이것을 설하고 있다. 그러므로 밀교의 가르침 최고의 수행법이며, 이보다 더한 법이 없으므로 부처님과 중생의 삼밀이 상응하는 절대 평등의 자리에 오를 수 있는 법이 삼마지법이다. 여기서 삼종 보리심에 배대하면, 승의는 문수보살의 삼마지법이요, 행원은 관음보살의 삼마지법이다. 이것은 모두 산선문(散善門)의 설법이요, 밀교 진언의 삼마지는 곧 법신 비로자나불의 삼마지로써 정선문이 된다.

모든 교란 일승법을 설하는 타수용신과 삼승법(三乘法)을 설하는 변화신 등의 현교경을 말하는 것으로 《법화경》이하를 가리킨다. 현교의 최고경전이라는 《법화경》에 '부처가 다불(多佛)이면 중생도 다중생(多衆生)이다. 밀교 속에 내재한 본구적(本具的) 법리(法理)가 곧 무애자재성(無碍

自在性)이며 원융평등성이라.'하여 삼마지의 뜻을 밝히고 있으나 그것은 법을 전하는 법회의 과정에서 일이라, 결집의 과정에서는 빠뜨리고 기록하지 않았을 뿐이다. 이제 여기서 홍법대사의《십주심론》과 회당 대종사의〈말법시대 불교는 다라니로써 흥왕함〉의 일부분을 가지고 삼마지법을 알아보면, 홍법대사의《십주심론》은 보리심이 전개되는 순서를 서술하여 그 당시의 종파 사상을 유형적으로 분류하고 비판하면서 진언종이 가장 뛰어난 종파임을 역설하고 있다. 《십주심론》을 간략하여 보면, '식욕과 성욕만이 본능적 생활이라고 주장하는 마음.〈異生抵羊心〉약간의 발심으로 5계와 10계 등을 지켜 자기 반성으로 악을 삼가 하고자 노력하는 마음,〈愚童持濟心〉인간세계의 고뇌를 싫어하고 천상에 태어날 것을 목적으로 하는 천승의 마음,〈瓔童無畏心〉모든 사물이 오온(五蘊)에 의한 것으로 존재하는 무아(無我)라고 하여 아라한과를 얻는 성문승의 마음,〈唯蘊無我心〉12인연에 의하여 혹업을 없애고 생사의 고를 벗어나려 하는 연각승의 마음,〈發業因種心〉타연과 무연이 같은 것이라 하여 인무아와 법무아를 깨닫는 법상의 마음,〈他緣大乘心〉마음의 경계도 불생이라 하여 공을 깨닫는 삼론(三論)의 마음,〈覺心不生心〉있는 그대로가 절대 진리라고 깨닫는 일승사상(一乘思想)하는 천태의 마음,〈一道無爲心〉만유는 자성이 없고 진여가 연(緣)에 의해 나타난다고 깨닫는 화엄의 마음,〈極無自性心〉부처님의 비밀한 3법으로 중생들이 본래 갖추고 있는 불성의 무진공덕을 개현한다는 진언 일승의 마음,〈秘密莊嚴心〉' 등으로 구분하였다. 이것은 앞의 9종심은 산선문이요, 최후 일심이 정선문이다. 회당 대종사께서는 "내 마음에 본래 있고 다른 데서 못 얻으니, 이 때문에 그 이름을 부전이라 이름이라. 삼매왕인 불심인은 글과 말로 못 전하고 심(心)

의 본구점시(本具拈示)함을 전했다고 말함이라." 하시면서 여러 가지 중생의 마음들을 불성 하나로 표현하였다. 이것은 중생들이 본래부터 갖추고 있는 불성은 불가사의한 무진공능을 삼밀관행으로 불이문을 개현하여 법신불의 비밀만다라를 깨달아 가는 진언일승(眞言一乘)의 마음을 얻게하기 위하여 삼마지법을 설한다고 하였다. 이 삼마지법은 오로지 정선문의 법으로써 진언일승의 법신 당체를 체득하는 경지에서만 통용되니 저 8만4천 경전이나 1,700공안 법은 모두 산선문에 속하기에 자성청정의 삼마지법은 기록함이 없는 것이다.

제 4 강
행원보리심

3. 행원보리심_깨달음을 얻고자 마음에 원을 세우는 자비

1) 행원보리심

《논문(論文)》

一者는 行願이요 二者는 勝義요 三者는 三摩地니라 初行願者는 謂修之人이 常懷如是心이니라 我當히 利益安樂으로 無餘有情界하며 觀十方含識하되 猶如己身하리라하니라

《역(譯)》

일에는 행원 이에는 승의 삼에는 삼마지니, ① 행원이라 함은 이르되 수습하는 사람이 항상 이와 같은 마음을 품을지니라. 내 마땅히 유여의 유정계를 이익케 하며 안락케 하고 시방의 함식 보기를 오히려 자기 몸과 같이 할지라.

《의역(意譯)》

① 행원(行願)이요, ② 승의(勝義)요, ③ 삼마지(三摩地)니라. ①, 행원

은 육도 만행으로 밖의 업을 닦고, 가없는 중생을 제도하려는 마음이다. 자심 속에 원을 세워 대자비의 문을 여는 것은 지금까지 익힌 고(苦)의 원인이 되는 습관을 없애고 불보살의 성품으로 돌아가고자 수행하는 상근상지의 진언행자들은 항상 이와 같은 마음을 품게 하는 것이다. 내 이제 원을 세우기를 일체중생들을 한 분도 남김없이 수행 공덕의 이익을 베풀고 몸과 마음의 위험과 고뇌를 없게 하여 진정한 안락을 누리게 하고 또한 부처가 될 수 있는 수행 능력을 지닌 시방의 모든 중생들 보기를 동체대비의 마음으로 나 자신 몸처럼 생각할지니라.

《강설(講說)》

삼종보리심

이하는 삼종 보리심을 밝히는 장이다. 앞에 밝힌 발보리심과 합하여 4종 보리심이 된다. 깨닫고자 하는 마음을 일으키는 신심의 지혜와 원을 세우는 대자비심과 수승한 용기와 비밀스런 정진 등의 순차를 밝힌 것으로 앞의 초발심은 심심을 의미한다. 이제 행원은 대자비심으로써 인집을 다스리는 것이요, 승의는 법집을 끊는 것이다. 삼마지는 대보리심으로써 무명을 파하는 것이 된다.

행원보리심

행원을 발원소행(發願所行)의 뜻으로 밖의 업인 육도만행과 자심 속의 행위로써 십바라밀 가운데 원바라밀이다. 우리교에서는 5대서원으로서 특히 제1원인 중생무변서원도(衆生無邊誓願度)가 이것이다. 또 행원을 대자문과 대비문의 두 가지로 나눈다. 대자문은 일체중생들에게 이익하게 하는 것이요, 대비문은 중생들의 고를 뽑아 안락하게 하는 것이다. 《대일경》〈주심품〉에 '보리를 인(因)으로 하고, 대비(大悲)를 근으로 하고 방편을 구경(究竟)으로 한다.' 하였다. 보리를 인으로 한다는 것은 깨닫고자 하는 마음을 일으키는 지혜를 말하며, 대비를 근으로 한다는 것은 중생들을 고통에서 건져내고자 하는 자비를 말하며, 방편을 구경으로 한다는 것은 육도만행(六度萬行)으로 중생을 이익 되게 한다는 것이다. 회당 대종사의 말씀에 "지혜로써 인(因)을 하고, 대비로써 행(行)을 하고, 용예로써 혹을 끊어 탐진치(貪瞋癡)를 단제(斷除)하고 자성중생(自性衆生) 제도하여 공덕 널리 회향하고……"와 같이 발보리심의 지혜가 인이 되고, 행원보리심의 행이 대비가 되어 자성중생을 제도하며 의혹을 끊는 용단의 정진으로 공덕을 회향하는 것이다. 《대일경》의 제2·제3구와 회당 대종사의 말씀은 모두 행원보리심을 말하는 것이다.

습을 익히는 사람은 큰 원을 세워야 한다

수습의 수(修)는 닦는다는 뜻이지만 여기서는 바꾼다는 뜻이다. 습(習)이란 습관 훈습을 의미한다. 사람은 한평생 살면서 사람의 습관을 익히기 때문에 다음 생에 또다시 사람으로 태어나기가 쉬울 것이다. 축생들은 한 생을 축생의 업을 익히기 때문에 다음 생에 또 축생으로 태어나기가 쉬울 것이다. 이처럼 사람이 축생으로 축생이 사람으로 바꿔 태어난다는 것은 어려운 것인데도 그렇게 되는 것은 얼마나 많은 그 업을 지으면 그렇게 되겠는가? 우리들이 이 세상에 살면서 받는 고락은 모두 지금까지 자기가 익혀온 습에 의하여 결정지어진 것이다. 수행을 한다는 것은 나쁜 습관이나 고통의 원인이 되는 습을 없애고자 함이다. 누겁을 통하여 익혀온 악의 훈습을 하루아침에 어찌 바꿀 수 있겠는가? 그래도 용기를 내어 바꾸고자 발심한 사람이 상근상지의 사람이며, 수행 중에 제일 쉽고 빠른 수행을 하는 자가 진언행자인 것이다.

옛 선인들의 발심과 수행의 모습을 보면, 육조(六祖) 혜능(慧能)이 청석을 짊어지고 방아를 찧는 모습이나, 신라의 혜통(惠通)존자가 불 화로를 머리에 이고 선무외삼장 앞에 서서 법을 구하는 모습들은 모두가 누겁의 악습을 일시에 바꾼 것이라 하겠다.

구정선사(九鼎禪師)의 구법과정을 보면, 비단장사를 하던 청년이 대관령을 넘다가 옷 속에 있는 이나 벼룩에게 피를 빨아먹는 데 불편함을 주지 않으려고 오랜 시간 가만히 멈춰있는 어느 노스님의 모습을 보고 그 자비심에 감동하여 출가의 뜻을 품고 제자가 될 것을 간청하였다. 노스님은 청년의 신심과 인욕을 시험하기 위하여 솥을 걸게 하였다. 청년은 노스님이 시키는 데로 아궁이에 정성을 다하여 솥을 걸었다. 다 걸어진 솥을 본 스님은 '솥은 잘 걸었으나 이쪽은 필요 없으니 저쪽으로 옮겨 걸도록 하라.' 하시고 나가셨다. 청년은 다시 짚을 섞어 흙을 이기고 정성을 쏟아 아침부터 한낮이 넘도록 걸었다. 이것을 본 노스님은 큰소리로 화를 내면서 '한쪽으로 기울어졌으니 다시 걸어라' 하시면서 석장으로 솥을 밀어버렸다. 청년이 보기에는 반듯한데 노스님은 기울었다 하신다. 그래도 불평 한마디 없이 묵묵히 시키는 데로 솥을 걸었다. 걸어진 솥을 본 노스님은 다시 꾸중하셨다. 이렇게 하여 옆으로 걸기도 하고 뒤집어 걸기도 하면서 아홉 번이나 반복하였다. 그때 노스님은 청년의 구도심(求道心)이 대단함을 인정하고 구정(九鼎)이란 법명을 내리고 제자로 삼아 법을 가리쳐 주시니, 구정은 수행하여 후세에 명성을 떨치게 되었던 것이다. 노스님의 이러한 시험은 떠돌이 장사꾼의 습관을 없애고 불보살의 본성으로 돌아가게 하기 위한 방편에 불과한 것이다. 우리들도 깨닫고자 하는 마음으로 발심을 하였으면, 그 발심의 순간을 가슴 깊이 새기고 불퇴전의 수행으로 중생의 습을 과감하게 바꿔야 할 것이다.

이익과 안락이란

무여(無餘)의 유정계란 일체중생들을 가리키는 말이다. 유정은 모두가 부처가 될 수 있는 성품을 지니고 있기 때문에 깨달음의 경지에 오르고자 원을 세운 우리들은 한 중생이라도 소홀하게 생각하지 말고 대자비심을 베풀어 성불할 수 있게 하여야 한다. 그것은 일체중생들은 다 평등한 불성을 가졌기 때문이다.

이익(利益)과 안락(安樂)은 행원보리심의 대자비심을 밝힌 것이다. 자기 몸을 유익하게 하는 것은 이익이요. 남을 유익하게 하는 것이 안락이다. 안락함에서 공덕이 생긴다. 안락이란 안은 몸에 위험이 없게 하는 것이요. 락은 마음에 우뇌가 없음을 뜻한다.

자기 몸과 같이 시방 함식을 보라

시방함식(十方含識)이란 알음알이를 가진 일체 유정들을 가리킨 말이다. 또 이것은 부처가 되는 근본 성품을 말하는 것이기도 하다. 회당 대종사께서 "부처님은 우리들의 아버지가 되시었고, 경(經)과 법(法)은 우리들의 어머님이 되심이라. 한가지로 배우는 자 형제자매 되는 그러므로 이와 같은 인연에서 서로 구제할지니라." 하셨다. 중생과 및 모든 진리의 말씀까지도 부모와 형제로 보아 구제하실 것을 말씀하신 것이다. 그 속에 사는 우리들은 중생구제가 곧 자기 구제임을 알아야 한다. 자기 마음에 일어난 보리심은 곧 만행을 갖춘 것이요. 마음에 정등각을 이룸이 곧 대열반이다. 이것을 중생에게 베푸는 것이 방편이요. 자기 마음 맑음이 곧 불국토를 청정하게 하는 것이다. 이처럼 회당 대종사는 중생뿐 아니라, 일체국토도 곧 나의 몸임을 알아야 한다고 강조하면서 행원보리심의 동체대비의 뜻을 밝히고 있다.

2) 무상보리에 안주케 함이 진정한 이익을 주는 것

《논문(論文)》

所言利益者는 謂勸發一切有情케하야 悉今安住無上菩提케하고 終不以二乘之法으로서 而今得度이니라 今眞言行人은 應知하라 一切有情은 皆含如來藏性하야 皆堪任安住無上菩提하나니 是故로 不以二乘之法으로써 而今得度이니라

《역(譯)》

말한바 이익이라 함은, 일체유정을 권발(勸發)하여 다 무상보리에 안주케 하고 마침내 이승법으로써 득도시키지 않는지라. 이제 진언행인은 마땅히 알지니 일체 유정은 다 여래장의 성을 함장하여 다 무상보리 에 안주함에 감인(堪忍)하나니 이런고로 이승법으로써 득도시키지 않느니라.

《의역(意譯)》

　　마음의 원을 세우는 자비를 말한 것 중에 이익이란 일체 모든 중생을 진언법으로써 발심하게 하여 모두가 불타정각(佛陀正覺)의 자리인 무상보리(無上菩提)에 편안하게 머무를 수 있게 하고자 함이다. 우리들로 하여금 성문승이나 연각승 등을 바라는 소승법으로는 제도시키려 하지 아니하시니, 이제 신구의 삼업을 삼밀(三密)로 닦아 진언불승(眞言佛乘)의 위에 오르고자 하는 진언행인은 마땅히 알아야 할 것이 있다. 그것은 일체중생은 본래부터 법신의 몸에서 화현한 것이라. 다만 중생계의 번뇌에 얽히어서 본성(本性)을 모를 뿐이다. 그러나 언제 어느 때든 선지식을 만나 깨달음의 경지에 오르면 부처와 같이 어떠한 일을 맡아도 능히 그 일을 편안한 마음으로 감당할 수 있는 힘을 가지고 있다. 이런고로 부처님은 이승의 법으로는 중생을 제도하지 아니하신다.

《강설(講說)》

무상보리에 안주케 함이 진정한 이익을 주는 것

　　대자비심으로 이익을 밝히는 것이다. 여기서 이익과 안락을 비교하며, 이익은 사무량심 중에 자무량심(慈無量心)이요. 안락은 비(悲)무량심이다. 이익은 선(善)을 받아들임이요, 안락은 악(惡)을 여의는 것이다. 이익은 고를 벗어나는 것이요 안락은 즐거움을 받는 것이다. 이익은 지혜요 안락은 복이며, 이익은 진언의 교법으로 중생을 제도하는 것이요 안락은 현교 교리를 인용하여 중생을 안락하게 하는 것이다. 그러나 이익과 안락은 한몸으로 이름만 다를 뿐이다. 일체 유정을 권발한다는 것은 깨달음의 마음을 일으키게 하는 것이요, 다 무상보리에 안주(安住)케 한다는 것은 무상보리란 복과 지혜가 구족한 자만이 머무를 수 있는 경지이므로 그곳에 안주한다는 것은 중생 본래의 고향인 진언불승(眞言佛乘)의 불과(佛果)로 귀명(歸命)하는 것을 뜻한다. 그 이유는 그곳은 곧 불보살의 안주처(安住處)이기 때문이다.

이승법으로 득도시키지 말라. 진정한 이익이 아니다.

《법화경》〈방편품〉의 인용으로 "모든 부처님께서 이 세상에 나오신 것은 부처의 지혜를 설하기 위함이라. 모든 사람들을 부처가 되게 하기 위한 가르침이다. 그 밖의 가르침인 성문이나 연각 등의 가르침은 참다운 것이 아니다. 마침내 이승의 법으로써 중생을 제도한다는 것은 있을 수 없는 것이다.〈終不以小乘濟度於衆生〉…중략…, 부처님 스스로 대승의 경지에 있으면서 그 얻은 법을 선정과 지혜의 힘으로 장엄 되어서 이로써 중생을 득도시키는 것이다. 자신은 무상도인 대승의 평등법을 깨달았으면서 만약 사람을 가르침에 비록 단 한 사람일지라도 이승법을 가지고 교화했다고 한다면 부처님은 인색한 탐욕자가 되고 말 것이다. 이러한 일은 절대로 있을 수 없다" 하셨다. 부처님께서는 중생들에게 이익을 베풀려고 할 때는 반드시 대승법으로써 하는 것이지, 이승법으로는 어느 한 중생이라도 제도하지 않는다는 것을 분명하게 밝히고 있다.

중생은 누구나 여래장(如來藏)을 가지고 있다. 그러기에 중생은 대승법으로써만 득도시킬 수 있다고 말씀하시는 것이다.《열반경》에 일체중생실유불성(一切衆生悉有佛性)은 다만 중생들을 경만하게 생각하지 말라하는 것이지만, 이론의 여래장성(如來藏性)은 일체중생으로 하여금 번뇌를 제거하게 하여 본성청정(本性淸淨)의 위에 오르게 함이 목적이다. 설사 중생 속에 부처가 되는 성품이 있다하여도 그 성품은 스스로는 나타날 수 없기에 누군가가 일깨워주어야 한다. 그것은 대승으로써 부처님의 눈을 가진 자만이 할 수 있다. 이제 대자비의 문에서 탐진치에 가리어 있는 본래면목의 불성(佛性)을 화현시키기 위하여 경법을 쓰는데, 그 경법은 반드시 대승법이어야 한다. 이승법으로는 불성을 깨닫게 할 수 없다. 만약 이승법으로써 중생들을 깨달음의 세계로 인도하려 한다면, 그것은 가장 어리석은 것으로써 마치 개가 코끼리 가죽을 덮어쓰고 코끼리 흉내를 내는 것과 다를 바가 없다. 중생을 깨달음의 길로 인도하려면 대승법이어야 하며, 특히 진언불승의 법이어야 한다.

일체유정은 여래장성을 함장하고 있다

일체중생은 누구나 본각(本覺)의 진리를 갖추고 있음을 밝힌 말이다. 진언비밀불승(眞言秘密佛乘)의 불과(佛果)를 얻고자 수행하는 진언행인은 당연하게 알아야 할 것이 있다. 그것은 일체 유정들은 모두가 다 부처가 될 수 있는 불성을 지니고 있다는 사실이다. 그것을 여래장성(如來藏性)이라 한다. 여래장성의 뜻은 여래는 자성청정심(自性淸淨心)이요, 여래장성은 쉽게 객진번뇌(客塵煩惱)에 물이 든다.《승만경》에 "여래법신(如來法身)이 번뇌의 외피(外皮)를 벗어나지 않는 것을 여래장이다." 하였다. 즉 중생번뇌의 과피(果皮) 속에 들어있는 본성청정(本性淸淨)의 종자 싹이 곧 여래장성이다. 또 경에 "일체 중생은 여래장이다." 하여 아홉 가지 비유를 들어 여래장을 설명하고 있다.

① 시든 연꽃 속에 화현한 부처님

② 갖가지 별들의 꿀

③ 껍질 속에 쌀알

④ 오물 속에 진금(眞金)

⑤ 땅속에 보물

⑥ 열매 속에 씨앗

⑦ 누더기 속에 보상(寶像)

⑧ 빈천한 여인이 잉태한 전륜성왕

⑨ 검은 흙 속에 금상(金像) 등이다.

그중에 첫째 비유를 보면, "선남자야! 부처님이 화현하신 곳에 무수한 연꽃이 피어 홀연히 시든 연꽃 송이마다 상호가 장엄하며 가부좌를 맺은 부처님이 화현하여 대광명을 놓고 계시니, 뭇 중생들이 희유하게 생각하며 공경하지 않음이 없음이라. 선남자야! 내가 부처의 눈으로 일체중생을 관하니, 탐욕과 진에와 우치 등의 번뇌 중에 여래의 지혜와 여래의 눈과 여래의 몸이 있어서 가부좌를 맺고 엄연하여 부동하고 있는 것이 이와 같으니라. 선남자야! 일체중생이 비록 윤회를 반복하는 번뇌의 몸 중에 여래의 성이 감추어져 있으나, 그 번뇌에 물들지 않는 덕상이 있다. 이것이 부처인 나와 다를 바가 없음이라. 이처럼 여래는 여래의 눈으로 보아 일체중생을 여래장이라고 관찰하고 계신다. 또 선남자야! 비유하면 천안(天眼)을 가진 사람이 연꽃잎을 관할 때, 모든 연꽃잎 속에 부처의 몸이 가부좌를 맺고 있음을 보고 이제 그 시들은 꽃잎을 제거하면 문득 여래의 몸이 그 속에 나타나는 것과 같다. 선남자야! 부처님은 중생들의 여래장을 보시고 성불의 꽃을 피우게 하시고자 경과 법을 설하여 번뇌를 제거하세 하심이라." 하였다. 여기서 시들은 꽃은 중생의 탐진치에 물들음에 비유하고 그 속에 부처님은 본성청정한 우리들의 자성에 비유한 것이다.

제 5 강
이익과 안락

3) 화엄경의 비유

《논문(論文)》

故로 花嚴經云호되 無一衆生이라도 而不具足如來智慧이언마는 但以妄想顚倒執著으로서 而不證得하나니 若離妄想하면 一切智. 自然智. 無礙智가 則得現前하리라하시니라

《역(譯)》

그리고 《화엄경》에 이르되 '한 중생이라도 여래지혜를 구족치 않음은 없다. 다만 망상전도(妄想顚倒)의 집착으로써 증득하지 못하나니 만약 망상을 여의면 일체지 자연지 무애지 곧 현전함을 얻는다.' 하시었느니라.

《의역(意譯)》

그러므로 법신 비로자나불과 한 몸이 되어 일체 만법이 통일되어 한 마음의 진실 법계가 된다고 밝히는 《화엄경》에서 여래가 이 세상에 화현하신 그 목적은 "한 중생이라도 부처가 될 수 있는 성품을 구족하지 않음

이 없음이나 그러나 중생들이 자기의 내면속에 갖추어진 불성을 알지 못하는 것은 다만 망령된 생각으로 법에 전도되고 탐진치 등의 번뇌에 집착하여 그것을 깨닫지 못하는 것이다. 만약 망령된 생각과 법에 전도되고 탐진치 등에 물들여있는 번뇌의 혹업을 제하기만 하면 본래의 근본무명이 제거되어 나타나는 일체지와 스승 없이 자연 절로 일어나는 자연지와 걸림이 없는 부처님의 지혜가 곧 눈앞에 나타나게 된다. 그것은 먼 훗날이 아니라, 지금 이 몸 이대로 얻을 수 있다.·는 것을 말씀하시고자 경법을 설하시느니라.

《강설(講說)》

화엄경

싯다르타 태자가 설산의 선지식을 찾는 고행과 정각산(正覺山)의 6년의 좌부동(坐不動)을 거쳐서 니련선하 강을 건너 보리수 아래에서 마음의 번뇌를 물리치고 깨달음을 얻어신 후 3칠일 동안 비로자나불과 삼매 속에서 한 몸이 되어 설하신 일승법인《화엄경》의 내용을 경의 제목에서 그 뜻을 찾아보면,

  대(大)는 비로자나불과 동체가 되는 마음의 체요,
  방(方)은 법신불의 마음의 모양을 나타내는 덕상이요,
  광(廣)은 우주 본체와 하나가 된 불심(佛心)의 작용이요,
  불(佛)은 불과로써 해탈의 과요,
  화(華)는 부처님 마음의 인(因)이요,

엄(嚴)은 부처님 마음의 공능인 법계장엄을 뜻함이다.

이것은 곧 비로자나불의 체(體)·상(相)·용(用)·과(果)·인(因)·공(空)이 모두 중생과 일치하여 하나의 진실한 법계를 이룸을 뜻하는 것이다. 즉 삼라만상의 두두물물이 비로자나불의 몸이요, 형상이며, 작용이요, 결과며, 인이요 장엄임을 밝힌 것이 곧《대방광불화엄경》이다.

한 중생이라도 여래지혜를 구족치 않음은 없다

이 구절은 팔십화엄〈여래출현품〉에서 인용한 구절이며, 중생이라면 누구나 갖추고 있는 불성을〈여래지혜〉로 표현하고 있다. 불성에는 이불성(理佛性)과 행불성(行佛性)으로 나누어서 도리상의 불성을 이(理)라 하고 실행 상의 불성을 행(行)이라 한다. 밀교에서는 일체중생은 모두 육대법성(六大法性)을 갖추고 있다. 하여 법성이라 한다. 우주 본체인 육대 중에 전오대는 진여의 이불성인 이체(理體)를, 제6대는 지혜의 행불성인 용지(用智)로 표현한다.《진각교전》에 "법이라도 하는 것은,〈眞理〉일체 세간 그 현상을 곧 그대로 보는 그러므로〈現像〉세간 본래법칙이라.〈佛性〉그것은 곧 석가불이 출세하지 않더라도 과거 모든 부처님이 각을 하지 않더라도 일정하게 있으므로 변함없는 것이니라. 이와 같은 불변법이〈理佛性〉불의 본체 되는고로〈理體〉불은 법과 일치하여〈行佛性〉각(覺)보다도 체득이다.〈用智〉이는 곧 자신이 곧 법이 됨을 이름이라. 법은 원래 시종 없고 일관하여 있으므로 이것이 곧 참부처며 법신불이 되느니라." 하신 것도 중생심 속에 본래 갖추어져있는 여래지혜를 가리키는 말이다.

망상전도의 집착으로써 증득하지 못한다

중생심 속에 있는 불성이 망상으로 전도되고 집착되어 자신이 곧 부처임을 깨닫지 못한다는 것이다. 망상은 헛된 생각으로 곧 번뇌이다. 이 번뇌에는 홀연히 일어나는 근본 번뇌 즉 근본무명(根本無明)이라 한다. 이 무명을 없앴을 때 무무명(無無明)이 되며 즉신성불이 된다. 전도(顚倒)는 법집(法執)에 해당하는 소지장(所知障)으로써 중생들은 탐진치 등에 결속되어 진리를 알지 못할 뿐 아니라, 오히려 보리를 깨닫고자 함에 방해 됨을 전도라 한다. 집착은 인집(人執)에 해당하는 번뇌장(煩惱障)으로써 중생은 미혹의 세계에 집착하여 열반이 있음을 모르고 육도윤회를 좋아하여 깨달음의 길을 버리는 것을 집착이라 한다. 이와 같은 것은 모두 근본무명에서 일어나는 업과의 병이다.

망상을 여의면 일체지·자연지·무애지가 현전한다

홀연히 한 생각 일으킨 근본무명에서 자성에 불성 있음을 알고 근본무명을 여의게 되면 전도(顚倒)와 집착(執着)하는 것도 자연 소멸하여 일체 장애가 끊어지고 일체의 덕이 구비하며, 일체의 법에 통달하고 일체 경계에 두루 비치는 부처님의 작용의 지혜인 일체 지혜을 얻게 된다. 다시 본성에서 일어나는 불외 본체지인 지연지의 어떤 것에도 걸림이 없어서 이(理)와 사(事), 시각과 본각을 구분하지 아니하는 부처님의 지혜인 무애지가 나타나게 된다.

이 세 가지 지혜는 먼 훗날을 기다리지 아니하고 동시에 자신 앞에 나타나게 되는 것이다. 《화엄경》〈여래출현품〉에 여래지혜를 얻었을 때 생겨나는 이익 중에 열 번째 이익을 보면, "불자야! 여래지혜가 곳곳마다 이르지 않음이 없나니, 무슨 연고인가? 한 중생이라도 여래지혜를 갖추지 않는 자가 없건마는 다만 허망한 생각과 전도하는 집착으로써 불지를 증득하지 못하게 된다. 만일 망상을 여의면, 일체지와 자연지와 걸림 없는 무애지가 곧 눈앞에 나타남을 얻으리라. 불자야! 비유하면 큰 경책이 있어서 양이 삼천대천세계와 같아서 삼천대천세계 중에 있는 모든 일을 기록하여 일체를 모두 기록하나니, 만일 대철위산 중의 일을 기록하면 양이 대철위산과 같을 것이요. 대지 중의 일을 기록하면 양이 대지와 같을 것이며, 중천세계 중의 일을 기록하면 양이 중천세계와 같을 것이요 소천세계 중의 일을 기록하면 양이 소천세계와 같을 것이다. 이와 같이 4천하, 큰바다, 수미산, 천지궁전, 욕계 공거천궁전, 색계천궁전, 무색계천궁전 등을 낱낱이 기록하면 그 양이 다 그와 같으니라. 이처럼 큰 경(經)의 양이 비록 대천세계와 같으나 온전히 티끌 가운데 들어 있으며, 한 티끌과 같아서 일체 티끌도 또한 다시 이와 같거늘 때에 지혜가 밝은 한 사람이 청정한 천안(天眼)을 구족성취하여 경전이 가는 티끌 속에 있어 모든 중생들이 조그마한 이익도 얻지 못함을 보고 곧 생각하기를, '내가 마땅히 정진력으로써 저 가는 티끌을 부수어 경책을 꺼내어 일체중생으로 하여금 요익하게 하리라' 하고 방편을 써서 저 가는 티끌을 부수고 경책을 꺼내어 모든 중생으로 하여금 널리 요익을 얻게 하나니, 한 개의 가는 티끌과 같이 일체의 가는 티끌도 다 그러함이니라. 불자야! 여래 지혜도 또 다시 이와 같아서 한량없고 걸림이 없어서 널리 일체중생을 이익하게 하는 것이 구족이 중생들 몸 가운데 있건마는 다만 어리석은 범부들이 망령된 집착으로 알지도 못하고 깨치지도 못하여 이익을 얻지 못하거늘 이때 부처님께서 무량한 청정지혜의 눈으로써 법계 일체중생을 관하고 이와 같은 말씀을 하시되, '기이하고 기이하다. 일체중생들은 여래지혜의 덕상을 본래부터 갖추어 있건마는 우치하고 미혹하여 알지도 못하고 보지도 못함이라. 내가 마땅히 성도(聖道)로써 가르쳐서 그로 하여금 망상집착을 영원히 여의고 제 몸 가운데 있는 여래광대한 지혜를 얻어 부처와 더불어 다름이 없음을 보게 하리라' 하시고, 곧 저 중생을 가르쳐서 성도를 닦고 익혀 일체망상을 여의고 무량한 여래지혜를 증득하여 이익 안락하게 하리라. 불자야! 이것이 부처님 마음의 열번째 이익하게 하는 모양이니라." 하였다.

4) 진정한 안락은 무엇인가

《논문(論文)》
所言安樂者는 謂行人이 卽知一切衆生은 畢竟成佛이라 故로 不敢輕慢하며 又於大悲門中에 尤宜拯救할지니라

《역(譯)》
말한바 안락이라 함은 이르되, 행자기 이미 일체중생은 필경 성불함을 아는 그러므로 감히 경만하지 않고, 도리어 대비문안에서 더욱 마땅히 증구할지니라.

《의역(意譯)》
안락이라는 것은 몸의 위험을 없애고 마음에 번뇌를 없애는 것이다.

이르되 진언수행자는 이미 일체중생들뿐만 아니라, 십법계의 생명 있는 모든 것과 그 국토의 티끌까지도 부처임을 알고 감히 어느 하나라도 업신여기지 아니하고 오히려 자기 몸을 보듯이 해야 할 것이다. 이것은 부처님문 중은 자비문중이라, 어찌 그 속에서 수행하는 진언행자가 고통받는 중생들을 등한시하리오. 중생제도의 사명감을 가진 우리는 한 중생이라도 소홀하게 여기지 말고 신명제를 받쳐 생사고해에 빠진 중생들을 열반의 언덕으로 끌어내어 모두 함께 즐거움을 누릴 수 있게끔 최선을 다하여 구제하여야 할지니라.

《강설(講說)》

안락은 무엇인가

사무량심 중에 비무량심(悲無量心)이다. 자(慈)와 비(悲)를 억지로 나눌 수 없다. 안락에 대하여는 앞에 이익문에서 비교하였지만 여기서는 보다 자세하게 말하고자 한다. 《법화경》에 "마음에 번뇌스런 작용을 거치고 삼매에 머무는 무상 안락행 가운데 네 가지 안락행이 있다. ① 몸으로 살생업 등 열 가지 허물을 멀리하여 얻어진 신(身)안락행이요. ② 입으로 남을 원망하는 말 등 네 가지 허물을 담지 않고 얻어지는 구(口)안락행이요. ③ 뜻으로 질투 등 네 가지 허물을 멀리하고 얻어지는 의(意)안락행이요. ④ 중생을 고해에서 건지고자 하는 서원(誓願) 안락행이다."라 하였다.

그리고 사섭법과 사섭보살행도 곧 안락행이 된다. 재물이나 법을 베푸는 보시섭(布施攝)과 사랑스럽고 부드러운 말을 하는 애어섭(愛語攝)

과 올바른 행으로 제도하고자 하는 이행섭(利行攝)과 중생들 속에 들어가 그들과 함께 일을 하면서 부처님 법으로 인도하고자 하는 동사섭(同事攝) 등의 사섭법은 현교의 안락행이요, 삼십칠존 중 사섭보살이 지닌 공능으로 비유하면, 고기를 잡을 때 먼저 낚시바늘을 물에 던지고(鉤), 고기가 물리면 줄을 끌어당겨(索), 통발 같은 것에 가두어 놓고(鎖), 기뻐하듯이(鈴), 보살이 중생을 교화하기 위하여 여러 가지 방편으로 중생을 모아(鉤), 법계궁인 비로자나궁전으로 끌어들여(索), 다시는 윤회의 세계에 가지 못하도록 묶어 놓고(鎖), 법을 들려주어(鈴), 깨달음의 지혜를 얻어 즐겁게 하는 것이 밀교의 안락행이 된다. 이 논에서는 많은 인용의 안락행 중에 후자를 말하는 것이다.

진언행자는 일체중생을 경만 하게 대하지 말라

일체중생은 누구나 다 부처 될 성품을 지니고 있다. 《보리심론》의 처음부터 밝히고 있는 내용 중에 하나로써 중생들은 모두 불성을 가지고 있다는 것과 무명에 가리어져서 그것을 알지 못하나 누구든지 수행만 하면 깨닫게 된다는 것이 주 내용이다. 이제 여기서는 한 걸음 더 나아가서 너와 내가 서로 공경하고 받들어야 한다는 것을 밝히고 있다. 즉 어떠한 중생일지라도 겉모양만을 보고는 평가히지 말라는 것이다.

'감히 경만하지 않고'의 내용을 인용한 《법화경》제6권〈상불경보살품〉에 보면, 과거 아승기겁 전에 위음왕불께서 천인 아수라 등을 위하여 법을 설하시되 성문이 되려는 자에게는 사제법을, 연각이 되려는 자에게는 십이인연법을, 보살이 되려는 자에게는 6바라밀법을 각각 설하여 구경에는 부처님의 지혜를 얻게 하였다. 그 때에 한 보살이 있어 이름을 상불경보살이라. 이 상불경이란 이름을 얻게 된 인연은 이 보살이 출가인 이든 재가인이든 사부대중을 만나기만 하면 그들에게 예배하며 찬탄하기를, "나는 너희들을 마음 깊이 공경하고 감히 가벼이 업신여기지 아니함이라.〈我心敬汝登不敢輕慢〉 그 이유는 너희들은 모두 보살행을 수행하면 마땅히 부처가 될 것이 확실하기 때문이다." 하면서 보살은 경전을 독송하지도 아니하고 다만 예배만을 행하여 멀리 4부대중을 보면, 일부러 그의 앞에 가서 예배공경 찬탄하면서 같은 말하고 다녔다. 그때 4부대중 가운데 혹 진심을 내거나 마음이 깨끗하지 못한 자들이 욕설을 하면서 "이 무지한 보살이 어디서 와서 스스로 '나는 너희들을 가벼이 여기지 않는다. 너희들은 마땅히 수행하면 부처가 되리라' 하고 수기를 주는가. 우리는 이와 같은 허황한 수기는 필요 없다." 하며 꾸짖었다. 그래도 그는 개의치 아니하고 여러 해를 지내면서 성을 내지도 아니하고, 항상 그 말만 되풀이하면서 4부대중을 부처님 대하듯이 공경예배하였다. 이럴 때마다 여러 사람들은 혹 지팡이나 몽둥이나 기와장이나 돌 등으로 때리면, 그는 피하여 달아나 멀리 가서도 오히려 소리 높이 말하고 다녔다. 그는 이와 같이 어떠한 곤궁에 처하여도 잠시도 쉬지 아니하니 교만심이 높은 사람들은 그를 상불경보살님이라 이름지어 불렀다. 그렇게 하는 가운데 이 보살이 위음왕불로 부터 수기를 받고 6근이 청정함을 본 교만심 많던 4부대중들은 결국 그를 심복하고 법을 듣고 모두 큰 신통과 법력을 성취하게 되었다.

또 《화엄경》에 "삼라만상이 곧 법신이라 이런고로 일체 티끌에도 예를 한다." 하였다. 《진언교의》에서도, "지옥 천당 등이 모두 부처님의 이름이라. 어떤 것은 버리고 어떤 것은 취하여야 한다는 체성이 있으리오, 십계가 모두 본래법신의 체성이어늘……" 하였듯이 중생뿐만 아니라 일체 국토 티끌까지도 부처가 될 수 있음을 아는 그러므로 두두물물을 공경예배 하여야 하거늘 하물며 중생들을 어찌 업신여기겠는가? 특히 중생을 제도코자 하는 수행자는 그 어떤 것도 가벼이 대하지 말고 항상 공경하며 예배하여 그들을 고해에서 벗어나 열반에 이르게 할지니, 이것이 곧 진정한 안락행이 될 것이다.

대비문안에서 더욱 마땅히 증구 할지니라

부처님의 문중은 자비문중이다. 이 논의 안락행은 시대의 흐름이나 중생들의 변화하는 성품에도 다 포용할 수 있음을 말씀하신 것이다. 지금 물질 문명시대에 자기기만과 아집에 빠져 헤어나지 못하는 중생들은 물론이요, 오염으로 병들어 가는 국토까지도 살려내야 하는 것이다. 저 《법화경》의 상불경보살이나, 《화엄경》의 내용처럼 우리 중생들뿐만 아니라, 티끌 하나까지도 소중히 여기는 마음을 가져야 할 것이다. 이것이 진정 대비문안에서 일체중생과 국토를 마음으로 구제하는 것이 될 것이다.

5) 중생을 제도하는 다섯가지 방법

《논문(論文)》
　　衆生所求하야 皆與而給付之어다 乃至身命이라도 而不悋惜하고 令其安存하야 使令悅樂이어다 旣親近已하면 信任師言하나니 因

其相親으로서 亦可敎導하리라 衆生愚朦하야 不可强度하나니 眞言行者는 方便으로 引進할지니라

《역(譯)》

중생의 원에 따라 이것을 줄지어다. 또한 신명을 아끼지 말고, 그로 하여금 안존케 하며 즐겁게 할지어다. 이미 친근하고 나면 스승의 말을 신임하게 되나니 그 서로 친하므로 인하여 역시 교도할지니라. 중생이 우몽하여 억지로 제도하지 못하나니 진언행자는 방편으로써 인도하여 나아가게 할 것이니라.

《의역(意譯)》

이익과 안락을 바라는 중생에게 그 원이 성취되도록 무엇이든지 베풀어야 할지니라. 중생을 제도하려는 자는 중생이 필요하다면 생명까지도 아끼지 말고 편안하게 머물게 하며, 두려움이 없는 즐거움을 얻게 할지니라. 이처럼 의식주(衣食住)의 부족함과 마음의 괴로움과 두려움을 없게 하면 그것으로 인하여 서로 친하게 된다. 친하고 나면 부처님의 자비 말씀을 전하여도 믿게 되나니, 먼저 중생이 원하는 법을 익힘으로써 정법으로 인도할 수 있음을 알지니라. 그러나 숙세에 익혀온 습관이 하루 아침에 바뀔 수는 없는 것이다. 언제 다시 어리석음에 떨어질지 모르는 것이다. 너무 지나친 강요나 억압은 도리어 정법에서 물러나게 할 수 있다. 진언을 수행하는 자는 화신불이 남긴 방편법을 잘 인용하여 일승의 법에 오를 수 있도록 하여야 할 것이다. 이것이 일체중생을 제도하고자 하는 행원의 뜻이니라.

《강설(講說)》

중생을 제도하는 다섯가지 방법

행원보리심의 결론구이다. 중생을 제도하는 방법으로 사섭법을 중심으로 하여 다섯 방법을 제시하는 구절이다.

첫째, 중생의 원에 따라 줄지어다

안락행의 결정어로써 사섭법에 비유하여 설하였다. 부처님께서 깨달음을 얻은 후에 중생을 혜안(慧眼)으로 관찰하여 보니, 근기가 얕음이라. 깨달음의 경지를 말하면 도리어 열악한 지혜 때문에 번뇌만 더할 뿐임을 알고 곧 열반에 들고자 하였다. 그때 천신들의 간곡한 만류로 말미암아 다시 성불한 목적을 되새겨 보시고 뒤로 삼승(三乘)을 물러나 방편법으로 제도하셨다.

《사분율》권 31에 '부처님께서 성도하신 후 3·7일(三七日)동안 화엄을 설하시니, 숙세(宿世)에 선근이 성숙한 중생은 법을 들었으나 그 나머지 중생들은 귀먹은 듯 알지 못하고 도리어 비방이 심하니 이와 같은 중생들은 장차 이로 인하여 악도에 떨어짐을 알고·내가 처음으로 정각을 이뤄 평등하게 중생을 제도하겠다는 본원이 이디에 있으리오. 차라리 열반에 드는 것만 같지 못하리라.·하셨다. 이에 천신들의 만류로 묵연히 정에 들어 계시면서 다시 생각하시기를 ·과거 모든 부처님도 퇴설삼승하셨다. 하니 나도 그 모범을 따르는 것이 좋겠구나.·이런 생각을 할 때 시방의 모든 부처님이 일시에 범음설(梵音說)로 위로하며 말씀하시기를 ·착한지라 석가불이여! 우리들도 모두 삼승법으로 제도하였다. 이제 세존께서도 그와 같이 할지니라.· 권고하시니 대범천왕과 제석천과 일체 모든 천신들도 법륜 굴리기를 간청하는지라. 이에 부처님께서 그 청을 받아 녹야원에 이르러 다섯 비구에게 처음으로 사섭법을 설하신 후 차츰 대승법인 법화, 열반의 법을 설하였다' 이것이 곧 중생들의 근기에 따른 방편의 법을 주신 것이다.

둘째, 신명을 아끼지 말고 안존케 하며 즐겁게 하라

사섭법 중에 보시섭(布施攝)이다. 보시는 크게 나누어 재시(財施)와 법시(法施)와 무외시(無畏施)가 있다. 신명을 아끼지 않음은 재시요, 안존케 함은 법시요, 즐겁게 함은 무외시이다.

진정한 보시는 세 가지 청정함이 갖추어져야 한다. 즉 베푸는 사람의 마음과 받는 사람의 마음과 베푸는 물건이 청정하여야 한다는 삼륜청정(三輪淸淨)을 말한다. 이러한 보시는 자기와 남을 더럽힌다든지 헤치는 것이 아니며, 자연의 질서나 법을 파괴시키는 것도 아니기 때문에 자타가 모두 이익하고 평안함을 얻게 되는 것이다. 이것이 곧 보시섭이다.

셋째, 친함으로 인하여 신임케 하라

사섭법 중 애어섭(愛語攝)이다. 보시로 인연 맺어 서로 친해지면 이제 믿음을 갖게끔 부처님의 자비 말씀을 전하는 것이 애어섭이다. 경전에 보면 제자들이 부처님께 질문하면 부처님께서는 그 질문함을 다 들으신 후 질문한 내용의 좋고 나쁨을 가리지 아니하고 언제든지 첫 말씀은 "선재선재……"라 하셨다. 이것이 애어섭의 근본이다. 부처님의 이 한 말씀은 우몽한 중생들의 모든 의혹이 사라지고 환희한 마음이 생기며, 마음의 모든 번뇌를 비우고 부처님 말씀을 경청하고자 하는 친근의 인이 되게 하는 것이다. 이처럼 항상 상대방을 칭찬하고 긍정하는 마음에 편안함을 가지게 된다. 아무리 방편이라 할지라도 억압이나 큰소리로 꾸짖거나 농담이나 우스개로 옳고 그름만 논한다면 그것은 참된 애어가 아니다. 진정한 애어는 진리의 말씀뿐이며 그 속에는 항상 자비가 있어야 한다.

넷째, 친함으로 인하여 교도하라

사섭법 중 이행섭(利行攝)이다. 보시와 애어도 이근(耳根)이 청정하여진 중생에게 부처님의 행을 보여주는 것이 이행섭이다. 현세의 이익에 집착하여 나태심이 일어나기 쉬운 중생에게 부처님의 수행 모습이나 선지식들의 고행 모습을 보여주고 또 그 결과에 대한 것을 보이어서 마음의 깨달음을 멀리하고 복만을 구하는 것을 버리게 하여 진정한 이익과 안락이 무엇인가를 알게 하고 현실 속에 집착하는 마음을 버리고 진리의 세계로 향하게 하는 것이 곧 이행섭이 된다.

다섯째, 진언행자는 방편법으로 인도하라

사섭법 중에 동사섭(同事攝)이다. 앞에 세 가지 법에 의하여 어느 정도 정법에 물들은 중생을 다시 한번 경책하여 확고부동함을 보여주기 위한 것이 동사섭이다. 마치 연꽃이 진흙에서 자라지만 탁한 물에 물들지 않고 제 본분을 나타내듯 이제 보살은 중생 속에 들어가 그들과 함께 일하고 움직이면서도 탐진치에 현혹되지 않는 참삶의 모습을 보여주는 것이다. 회당 대종사께서도 "밀(密)은 색(色)을 이(理)로 하여 일체 세간 현상대로 불(佛)의 법(法)과 일치하게 체득함이 교리이니, 체험이 곧 법문이요 사실이 곧 경전이라" 하였다. 이 뜻은 현상세계에 나타나는 모든 것은 진리 그 자체이며 곧 법신불의 당체설법이다. 이 당체설법을 증득하려면, 직접 현상세계에 들어가서 체험하여야 함을 보여주는 것이 중생들에게 줄 수 있는 최대의 당체설법이 되는 것이다. 법신불의 설법은 현상세계에 나타난 사실이니 이것이 곧 법신불의 경전이다. 이것이 중생을 교화하는 동사섭을 말씀한 것이다.

이처럼 부처님의 가르치심인 사섭법은 세간을 떠난 것이 아니며 다만 우둔한 중생을 제도하고자 방편을 쓸 뿐이다. 선문염송(禪門念誦)에도 부처님께서 열반에 드시려 할 때, 문수보살이 열반에 드심을 만류하면서, "다시 법륜(法輪)을 굴려주십시오." 하고 청하니, 부처님께서는 꾸중하시면서 말씀하시기를 "문수야! 내가 세상에 45년간 머물었으나 한 글자도 말한 적이 없거늘 네가 다시 법륜을 굴리라 하니 내가 법륜을 굴린 적이 있었느냐?" 하셨다. 이는 부처님께서 녹야원으로부터 쿠시나가라에 이르기까지 45년간 설하신 8만4천 법문은 모두 중생의 원에 의하여 설하신 방편법이요. 진실법은 아니라는 말씀이다. 본래 진실법은 글과 말로 전하여지는 것이 아니다. 마음과 마음으로만 전하여지는 것이기 때문이다. 그러므로 진언을 수행하는 자는 화신불의 방편법을 잘 인용하여 그 속에 법신의 당체법이 있음을 알게 하여야 한다. 이것을 밀교에서는 네 가지 기도법으로 인도하니 이 기도법은 사섭법과 같은 것이다. 즉 보시는 식재법(息災法)이요, 애어는 증익법(增益法)이며, 이행은 항복법(降伏法)이요. 동사는 경애법(敬愛法)과 같다. 모든 원은 기도에 의하여 이루어지며, 기도는 또한 부처님의 가지력을 입는 것이다. 중생의 원과 수행자의 기도와 부처님의 가지력이 일치하게 될 때, 비로소 깨달음을 얻는 지혜〈行願菩提心〉가 성취되게 된다. 이것이 일체중생을 이익 되게 하고 안락하게 하는 것이다.

제 6 강
승의보리심

4. 승의보리심_깨닫고자 하는 마음에 수승한 뜻을 가지는 용기

1) 승의보리심

《논문(論文)》
　二勝義者는 觀一切法이 無自性이라 云何無自性인고

《역(譯)》
　② 승의라 함은 일체의 법은 자성이 없다고 관함이라. 어찌하여 자성이 없는고,

《의역(意譯)》
　지혜와 자비와 용기의 삼심(三心) 중에 용기로써 수승한 뜻을 표현하는 승의라 하는 것은 현상세계에 나타나는 삼라만상의 일체법은 본래 법신불이 중생의 원에 의하여 인연화합으로 나타난 방편의 설법이라. 그 속에는 불의 본성인 자성이 없음을 용예롭게 관찰함이라. 어찌하여

현상세계에 나타나는 일체 만법에는 부처의 본성인 자성이 없는가?

《강설(講說)》

승의보리심

깨닫고자 하는 마음을 일으키는 것이 지혜요. 중생을 부처같이 보아 모든 고통에서 벗어나게 하여 성불케 하는 원을 세우는 것이 자비요. 삼라만상 모든 상이 헛된 상임을 관찰하여 집착을 버리게 하고 수승한 뜻을 가지게 하는 것이 용기이다. 이하는 지비용(智悲勇) 삼심(三心) 중 용기에 해당하는 논문이다. 승의라는 것은 부처님 법의 제일의(第一義)로써 불성을 말하는 것이다. 이 불성은 진여(眞如), 진리(眞理) 등으로 표현하며 진리는 원래 형상이 없다. 그리고 글이나 말로 표현하는 것이 아니다. 다만 마음으로만 표현되기 때문에 최승의라 한다.

승의를 유식에서는

① 뛰어난 대상이 된다고 하는 진여를 가리키는 의승의(意勝義)
② 증득해야 할 열반의 경지를 말하는 득승의(得勝義)
③ 모든 경계에서 무루지를 얻어 행으로 옮기는 행승의(行勝義)

등 3종의로 구분하고 있다. 이처럼 승의를 진리, 불성, 진여, 열반, 무루지 등으로 표현하느니라.

일체법은 자성이 없다고 관하라

일체법이란 현상세계에 나타난 삼라만상을 가리키는 것이다. 여기서 법과 제법에 관하여 《진각교전》에 "법은 원래 시종(始終) 없고 일관(一貫)하여 있으므로 이것이 곧 참부처며 법신불이 되느니라."의 법과 불법승 삼보 중에 법은 모두 진리를 말하는 것이다. 또 《실행론》에 "모든 법은 인연으로 이뤄지는 것이므로 만약 인연 없게되면 모든 법도 없느니라."에서 모든 법이나 '일체법을 다 가져서 법계진리 만사만리 구비하여 있으므로……'에서의 일체법 등은 모두 현상세계를 말하는 것이다. 그러므로 법과 제법 또는 일체법은 진리와 현실을 구분하는 것으로 일체법은 모두 인연의 업력에 의하여 만들어진 현상세계로써 진리나 법의 대한 방편에 불과한 것이다. 이러한 방편법에는 불성이니 자성이니 하는 것이 있을 수 없다. 석가불이 세상에 시현하신 것도 법신불의 당체에 의한 방편일 뿐이다.

《기신론》권6에 신성취(信成就) 발심에 셋이 있다.

첫째, 직심(直心)이니, 바로 진여법을 생각하는 것이요,
둘째, 심심(深心)이니, 일체 모든 선행을 즐거이 모으는 것이요.
셋째, 대비심이니, 일체중생들을 고에서 뽑아 내고자 하는 것이다.

만약 사람이 비록 진여나 방편으로 각가지 훈습하여 닦지 아니하면 깨끗함을 얻지 못하리라. 더러움이 무량하여 그것이 일체법에 두루하기 때문에 일체 선행을 닦아서 그것에 대치하는 것이다. 이것이 진여법에 돌아가 수순하게 되는 것이니라. 일체법은 자성에서 생하는 것도 아니며

그렇다하여 저 망견(妄見)을 여의고서 생사에 머무르지도 아니함이요, 다만 일체법은 인연화합으로써 이루어졌음이라. 또 이르되, "일체법은 본래 모양이 없어서 염념히 불생하며 염념히 불멸이라. 분별심을 따라서 바깥 경계를 생각한 연후에 마음으로써 마음을 제하려 하지 말라. 마음이 만약 흩어지거든 곧 마땅히 거두어서 정념에 머물게 하라. 이 정념이라는 것은 오직 마음일 뿐 아니라, 이 마음은 외경에도 없으며 분별심에도 또한 자성이 없어서 염념에 가히 얻지 못함이니라." 하였다.

《대일경》에서도 "보리는 무상(無相)이라 그러므로 비밀주야! 제법도 무상이며, 이르되 허공의 상이라." 또 이르되, "허공의 상과 마음이 모두 분별과 분별없음을 여의었음이라. 무슨 까닭인가? 불성(佛性)은 허공과 같아서 곧 저 마음과도 같음이라. 불성이 저 마음과 같으므로 곧 보리와도 같음이라. 이와 같이 비밀주야! 자성(自性)과 허공계(虛空界)와 보리(菩提) 등 이 세가지는 둘이 아님이라. 이것들은 자비를 근본으로 하고 방편으로 바라밀을 만족케 하나니라. 이런고로 비밀주야! 내가 설한 제법도 이와 같으니라." 또 이르되, "만약 다시 일체의 오온(五蘊)과 계(界)와 처(處)와 능집과 소집과 아(我)와 수명(壽命)과 및 법과 무연(無緣)이 공(空)하여 모두 자성이 무성(無性)이라. 이러한 공의 지혜가 생하면, 일체법은 자성이 평등하여 무이함을 얻을 것이니라." 하였다.

《실행론》에 "모든법은 인연으로 이뤄지는 것이므로 만약 인연이 없게되면 모든법도 없느니라." 한 것과 모두 같은 말씀이다.

이처럼 모든 경론에서 모든 법은 중생들의 반연에 의하여 나타난 분별법이라 그 속에는 자성이 없다는 것을 말하고 있다. 다시 몇 가지 비유를 들면,

"여기 삼(麻)이 있다. 이 삼을 두 가닥 또는 세 가닥으로 꼬아 끈이나 밧줄을 만들 수 있다. 이렇게 만든 끈이나 밧줄은 삼에 인연력을 가(加)하여 만들어 낸 하나의 상이다. 그러기에 삼 자체로 보면 처음부터 끈이나 밧줄이 될 것이라고 정해져 있는 것이 아니다. 삼의 실상 속에는 쓰임에 대한 실상은 없다. 일시적인 인연의 힘으로 형형색색의 가상이 주어질 뿐이니라."

중생의 본심도 원래 평등일여한 것이지만 인연력으로 말미암아 중생이 되려고 하면 중생이 되고 부처가 되려고 하면 부처가 되는 것인데 이때에 중생이든 부처이든 그 속에는 자성이 없는 것이다. 다시 한 가지 더 비유를 들면,

어느 날 어떤 부인이 서원이 있어 밤세워 불공을 올릴 요량으로 저력 무렵 사찰에 가다가 일주문을 바라보는 어귀에서 발에 무엇인가 밟히면서 '찍'소리가 났다. 부인은 느낌에 개구리를 밟았구나, 생각하면서도 그대로 법당에 들어가서 불공을 드리는데 불상 뒤에 모셔진 탱화의 모습이 큰 개구리로 보이면서·너는 너를 위하여 불공을 하면서 왜 죄 없는 나를 밟아 죽이느냐? 이러고도 잘되기를 바라느냐? 나를 죽게 한 이 원한은 세세생생 두고 안 갚음을 하리라.·하면서 호통을 치는 듯하였다. 부인은 두려움에 어찌할 바를 모르면서 자기의 소원은 제쳐 두고 나로 인하여 어의 없이 죽은 개구리가 원한을 벗고 천도되기를 서원하는 염송을 하면서 무수한 참회를 하다가 날이 밝아지자 그 시신이라도 묻어주려고 일주문밖 그 장소로 갔다. 발끝에 밟혀 죽은 시체가 힘상 굳게 웅크리고 있었다. 숨을 죽이고 가까이 가서 자세히 살펴보니 그것은 개구리가 아니라 한 개의 가지였던 것이다. 발에 밟힐 때 감촉으로 개구리라 착각을

하게 되어 밤새도록 눈을 부릅뜬 개구리에게 시달림을 받은 부인은 개구리가 아님을 확인한 후에 비로소 마음이 밝아지면서 일체의 번민이 사라지게 되었던 것이다. 이것은 무엇을 뜻하는가? 가지에 개구리의 자성이 있는가? 탱화에 개구리의 실상이 있는가? 아무것도 없다. 다만 부인의 마음에 개구리를 밟았다는 착각으로 나타나는 허상일 뿐이다. 이처럼 우리들도 누구나 다 이 부인과 같은 착각의 생활을 하고 있다. 이 세상의 모든 것이 영원한 것처럼 보고 그것에 집착하여 버리지 못하고 전전긍긍하는 모습들, 이제 승의보리심에서 낱낱이 그 원인을 파악하여 바르게 알게 하고자 하는 것이다. 그럴려면 먼저 지혜롭고 용기 있는 관찰력으로써 분명하게 알아야 할 것이다. 이 세상에 모든 것은 허상이요 가상(仮象)이며 그 상에는 자성이 없다는 것을…….

왜 제법은 자성이 없다 하는가

자성 없다는 것에 대하여 비유를 나열한 것이다. 먼저 중생들의 근기에 따른 것을 밝히고 다음에 제 경전의 차제를 하나하나 열거하여 중생 근기마다의 집착과 경전 차제마다의 그 원인을 밝혀서 문자로 설한 당상(當相)과 현지(玄智)를 진술하여 법의 실상을 설하면서 반문 반답으로 이 세상에 나타나 있는 그 어떤 것이든 그것은 법신불의 방편임에 불과한 것이기에 그 속에는 자성이 없다는 원인을 밝히고 있다.

2) 범부는 명문 이양 자생을 구하는데 집착한다

《논문(論文)》

　　謂凡夫는 執著名聞利養資生之具하야 務以安身하야 恣行三毒五欲이니라 眞言行人이 誠可厭患하며 誠可棄捨이니라 又諸外道等은 戀其身命하야 或助以藥物하고 得仙宮住壽하고 或復生天으로 以爲究竟이니라 眞言行人은 應觀彼等하라 業力이 若盡하야도 未離三界니라

《역(譯)》

　　이르되, 범부는 명문, 이양, 자생, 구에 집착하여 몸이 편안하기에만 힘을 써서 하고싶은 데로 삼독 오욕을 행하느니라. 진언행인이 진실로 싫어하고 근심할 것이며 진실로 버릴 것이니라. 또 모든 외도 등은 그 신명을 생각해서 혹은 약물로써 도우고, 선궁(仙宮)의 주수(住壽)를 얻고, 혹은 또 천상에 나는 것을 구경으로 삼느니라. 진언행인은 저들을 관하라 업력이 만약 다하지 않으면 아직 삼계를 여윌 수 없느니라.

《의역(意譯)》

　　종종의 업을 짓고 종종의 과를 받으며 여러 생을 옮기면서도 그것을 알지 못하는 범부는 이 한 생이 영원한 것인 줄 알고 이름을 남기고자 하며 몸의 이로움을 길러 육근이 편안하기에만 힘을 써서 색·성·향·미·촉의 다섯 가지에서 욕심내어 물들고, 이 세상을 마음대로 하고자 하여 뜻으로 세 가지 독을 쌓으면서 지금까지 잘못된 습관을 버리지 못하고 윤회의 틀에서 무한한 고통의 인을 짓고 있음이라. 이

제 몸으로 부처님의 모습을 결하고 입으로 부처님의 진실한 말씀을 외우며 뜻으로 부처님의 마음을 관하는 진언행인은 범부들의 길 들여진 습관을 진실로 싫어하고 그로 인하여 받는 고통을 진실로 근심할 것이며 마음 깊이 부처님의 세계에 들어가기를 바라면서 윤회의 틀을 벗어버릴 것이니라.

　인과의 이치를 깨닫지 못할 뿐만 아니라, 제법의 실상을 알지 못하는 모든 외도들은 그 생각은 언제나 자신의 명예와 생명에만 집착하는데 온 정성을 기울여서 혹은 약물에 의지하여 건강을 찾으려 하고 선단(仙丹)을 먹고, 한 구절의 선구(善句)를 취하여 몸에 지니면서 장생(長生)하는 이치만을 얻고자 하며, 그러한 생활을 하다가 혹은 인간계나 천상계에 태어나서 복락을 누리는 것이 최상의 목적으로 삼고 있느니라. 진언행자는 건강과 수명과 복락만을 구경의 목적으로 삼고 있는 저 외도들을 관할지니라. 이러한 외도들은 설혹 수행하여 원하는 것을 얻었다 할지라도 윤회의 이치를 깨닫는 수행과는 거리가 멀기 때문에 한쪽의 업이 다하였다 하여도 영원히 삼계를 여읠 수는 없다.

《강설(講說)》

범부는 명문 이양 자생을 구하는 데 집착한다

　일체중생들의 수행의 근기를 다섯으로 나누어서 각각의 근기와 구하고자 하는 발원의 경지를 밝히는 부분이다. 그중 범부들의 근기를 밝히는 글로서 《종경록》에 '몸과 목숨을 아까워하는 것을〈凡〉이라 하고, 처자 권속을 사랑하는 것을러.〈夫〉' 하여 세상에서 가장 평범한 자를 뜻하며, 이것을 다시 두 가지로 나누어서 소승에서는 4선근위를 내범(內凡) 3현위(三賢位)를 외범(外凡)이라 하며, 대승에서는 초지(初地) 이전은 모두 범부로써 십신(十信)을 외범, 삼현을 내범이라 하고 있다. 또 《비장보감(秘藏寶鑑)》에서는 '범부란 종종의 업을 짓고 종종의 과를 받으며 몸은 만물을 따라 각각 다르게 나타나며 잠시라도 한곳에 머무르지 아니하고 변화하기 때문에 이생이라' 하였다. 이와 같이 현교는 수행의 계위를 설정하여 내범과 외범을 나누었고, 밀교는 업에 의하여 나타나는 모습을 범부라 하였다. 《대일경》에 중생들의 마음의 단계를 열 가지로 나누어놓고 그 가운데 제1, 2, 3주심을 범부의 마음이라 하였으니, "비밀주야! 시작함이 없이 생하고 멸하는 우동범부는 자기의 명예와 자기의 소유에 집착하여 무량하게 자기의 영역처럼 분별하고 있음이라. 비밀주야! 만약 저들이 자기 자성을 관하지 아니하고 '나'란 영원히 존재하며 세상의 사물은 모두 내가 소유할 수 있다고 믿으며 망령된 생각으로 모든 것을 자기의 위치에서 헤아리고자 하고 있음이니라" 또 이르되, "비밀주야! 우동범부류는 비유하면 숫양과 같아서 어떤 때에는 한가지 선법을 생각할 때가 있음이라. 그것은 재를 지내고자 하는 마음이다" 하였다. 이것을 여덟으로 구분하니 처음 일분의 선(善)의 말씀을 듣고 그것을 자주자주 닦고 익히는 것이다. 이것은 첫 번째 씨앗이 물을 머금은 것과 같음이요. 다시 이 인연으로써 육재일(六齋日)에 부모 친척에게 베푸는 것이다. 이것은 두 번째로 씨앗이 싹이 나는 것과 같음이요. 다시 이 인연으로 친척이 아닌 자에게도 베풂을 행하는 것이다. 이것은 세 번째의 줄기가 생 하는 것과 같음이요. 다시 이 인연으로 도량이 크고 덕이 높은 자에게 베풂을 행하는 것이다. 이것의 네 번째의 잎사귀가 생 하는 것과 같음이요. 다시 이

인연으로써 즐거운 마음으로 기악인이나 존경받을 만한 분에게 헌공하는 것이다. 이것은 다섯 번째로써 꽃이 피는 것과 같음이요. 다시 이 인연으로 일체중생들을 친애하는 마음을 일으켜서 공양하는 것이다. 이것은 여섯 번째의 열매를 맺는 것과 같음이요. 다시 이 인연으로 계행을 지켜 하늘에 생 하는 것을 바라는 것이다. 이것은 일곱 번째로써 열매를 다시 고방에 저장하는 것과 같음이다. 여기까지는 십주심의 두 번째 우동지재심이다. '이러한 마음으로써 생사유전(生死流轉)하며, 착한 벗이 있는 곳에서 정성을 다하여 제천과 천룡 팔부에게 공양하는 것이다. 이것은 우동과 이생이 생사에 유전하나 두려움 없이 의지하는 세 번째 주심 영동무외심이 되느니라' 하였다. 이러한 것은 모두 범부들이 명예와 이양(利養)과 자생구(資生具)에만 집착하는 소욕중생(小欲衆生)의 삶인 것이다. 몸이 편안하기에만 힘을 써서 하고 싶은 대로 삼독오욕(三毒五慾)을 행하느니라.

  삼독과 오욕을 구체적으로 밝히는 것으로서 많은 경계와 종류가 있지만, 여기서는 육근(六根)을 중심으로 삼독과 오욕을 밝히고 있다. 삼독은 육근 중 의근의 경계에서 일어나는 탐진치로써 법신의 혜명(慧命)을 끊으며, 일체 번뇌의 근본으로 선법을 악법으로 물들게 하여 죄업을 짓게 하기 때문에 독이라 한다. 오욕은 내오욕(內五慾)과 외오욕(外五慾)으로 구분하는데 내 오욕은 육근 중 의근을 뺀 안이비설신 등의 경계인 색성향미촉의 욕심이다. 외오욕은 재(財)·색(色)·식(食)·명(名)·수(壽)의 오욕이다. 여기서는 내 오욕을 말한다. 《천태지관(天台止觀)》에 '삼독이란 내면세계인 의근(意根)에서 생기는 것으로 ① 마음에 탐욕이 일어날 때 번뇌와 산란심이 자리 잡을 곳을 제공하는 것이요, ② 마음에 성을 내는 것은 선법을 상실하게 되는 근본이요. ③ 마음에 어리석음이 생겨나면 자성을 잃고 윤회의 틀 속에서 무한한 고통을 받게 되는 것이다' 하였다.

오욕은 색성향미촉이니 능히 모든 범부를 속이고 현혹시켜 애착을 낳게 하는 것으로써

① 색욕(色慾)이니, 남녀의 겉모습이 단정하고 씩씩하며 눈매가 좋고 붉은 입술, 흰 이빨 등과 세상의 청황적백 홍자, 비취 등의 여러 가지 빛의 보석들은 곧 애착을 낳게 하고 모든 악업을 짓게 하는 것이다. 마치 빈비사라왕이 색욕 때문에 홀로 적국에 들어가 음탕한 여인의 방안에서 곤욕을 치른 것이나 우진왕이 색욕 때문에 오백명의 선인(善人)의 손발을 자르는 것과 같이 모든 범부는 색욕의 인연으로 온갖 죄를 범하고 있는 것이요.

② 성욕(聲慾)이니, 모든 악기 등의 음악 소리나 남녀의 노래소리나 자기를 칭찬하고 남을 헐뜯는 소리에 곧 번뇌와 집착을 일으켜 모든 악업을 짓는 것이 마치 500명의 선인이 희말라야 산속에 살면서 긴나라의 노래소리를 듣고 마음이 취하여 곧 선정을 잃고 광란을 일으킨 것과 같이 모든 범부는 성욕의 인연으로 온갖 죄를 범하는 것이요.

③ 향욕(香慾)이니, 남녀의 몸의 냄새나 세간의 향기 등에 범부는 그 냄새의 질을 이해하지 못하고 욕심으로써 애착을 내어 번뇌의 문을 여는 것이 마치 어떤 출가승이 연꽃이 핀 못가에 앉아 꽃의 향기에 취하여 수행의 뜻을 잃어버리고 마음에 애착이 생겼는데 그

때 지신이 나타나서 '어찌하여 나의 향기를 훔치는가?' 하며 큰 꾸짖음을 받고 그로 인하여 영겁에 고를 받듯이 모든 범부는 냄새의 애착심으로 잠자고 있는 번뇌를 깨워서 이 인연으로 온갖 죄를 범하게 되는 것과 같음이요.

④ 미욕(味慾)이니, 음식과 반찬의 육미(六味) 등의 좋은 맛을 욕심내어 마음의 번뇌와 집착을 일으켜 제악을 짓게 하는 것이 마치 어떤 사미승의 제호(醍醐)의 맛을 욕심내다가 죽은 후에 제호죽(醍醐粥)의 벌레로 환생하여 영원히 헤어나지 못하는 것과 같음이요.

⑤ 촉욕(觸慾)이니, 남녀의 몸의 부드럽고 매끄럽고 따뜻하고 시원함과 부드러운 비단보료 등의 촉감에 빠져 수행의 본분을 잊어버리고 그것에 애착을 느껴 갖은 죄업을 짓는 것이 마치 독각선인(獨覺仙人)이 촉감의 탐욕으로 신통력을 잃고 음란한 행동을 하는 것과 같이 이로써 모든 고통을 받게 되는 것이다.

이처럼 모든 범부들은 육근의 경계에 의하여 삼독과 오욕에 깊이 빠져 있으면서도 그 상이 당연한 것으로 생각하며, 오히려 이것이 없으면 삶의 의미조차 없는 것으로 생각하며, 삼독과 오욕이 윤회의 틀이 되는 근본임을 알지 못하고 있음이라. 그러기에 범부는 무한한 고통의 인(因)인 삼독과 오욕을 행하고 있는 것이다.

진언행인은 과거 누겁을 통하여 익혀온 범부들의 잘못된 습관을 삼밀관행의 모습으로 바꿔서 그 행동 하나 하나를 잘 관찰하여 진실로 싫어하고 그로 인하여 받는 고통을 진실로 근심하며 진실로 범부들의 업을 버릴지니라.

첫째, 외도는 그 신명을 생각 한다

　이하는 외도들이 원을 밝히는 구절이다. 십주심 중 영동무외심(嬰童無畏心)과 우동지재심(愚童持齋心)에 속하는 것으로 외도는 보는 관점에 따라 각각 다르다. 불교 중심으로 보면, 불교 이외의 것은 모두 외도가 된다. 그러나 여기에서는 외골스럽게 보지 아니하고 불교 속에서도 외도가 있음을 동시에 말하고자 한다. 외도에는 많은 종류가 있다. 부처님께서 세상에 계실 때 6사 외도가 있었고, 그 6사 외도에 각각 15인의 제자들이 있어 96 외도가 있었다. 또한 《십주심론》의 16외도와 《대일경》의 30종 외도 등 경전 상에 나타난 외도도 있다. 또 회당 대종사께서 말씀하신 생활의 외도, 인륜(人倫)의 외도, 종교의 외도 등과 같은 사람이 아닌 사상적인 외도도 있다. 이러한 모든 외도 등을 낱낱이 모두 나열할 수는 없으나, 모든 외도들을 전체로 묶어서 이근외도(利根外道)와 둔근외도(鈍根外道)로 구분할 수 있다. 이근외도는 삿된 상을 가졌으나, 바른 법에 쉽게 들어가는 자로써 자기가 집착하고 있으면서 상대로 하여금 집착을 버리라고 강조하는 부처님의 제자들이요. 둔근외도는 정법을 쥐고 삿된 법에 들어가서 집착 없음을 도리어 집착하여 부처님 법을 손상시키는 제자들이다. 이 둘은 모두 제법의 실상은 물론이요, 때로는 인과까지 부정하는 것으로 그 중심 생각은 오로지 자기 자신의 신명만을 아낄 뿐이다. 이와 같이 자기 자신의 명예와 생명에 집착하는가? 아니 하는가?에 따라 외도와 정도로 나누어지는 것이다. 설사 부처님 법에 따라 수행할지라도 일체중생들의 마음의 문을 열어주지 못하고 자신의 생명과 명예만을 생각한다면 그가 곧 외도이다.

둘째, 외도는 약물로써 도우고 선궁의 주수를 얻고자 한다

외도들은 신명(身命)을 아끼는데 세 가지 있다. 건강과 장수와 복락이다. 약물로써 돕는 것은 건강을 말함이요. 주수(呪壽)를 얻는다는 것은 장수를 말하는 것이다. 수행의 방법에는 여러 가지가 있다. 먼저 몸을 절복시키기 위하여 고행하는 데 음식을 곧 악이라 생각하고 단식, 생식(生食), 일종식(一種食), 무염식(無鹽食), 오후불식(午後不食), 청정식(淸淨食) 등이 있다. 몸의 자세로는 단전호흡· 장좌불와(長坐不臥) 요가 등이 있다. 이러한 수행법의 목적이 자심을 관하는 것으로 사용하지 아니하고 신명을 아끼고 좋은 곳에 환생하기를 바라거나 어떤 신통을 얻어 영원히 살고자 한다면, 이것이 외도들의 수행이 되는 것이요. 무상보리를 구하기 위하여 수행하더라도 그러한 수행에 집착하면 이것은 곧 대승적 외도가 되는 것이요. 또 밀교의 본유인 다섯 지혜와 37종의 참 지혜를 닦을지라도 무상의 공적을 생각하면 그것은 곧 밀교적 외도가 되는 것이다. 수행의 법도 이와 같은데 하물며 인간에 살면서 한낱 건강하기를 바라면서 그것을 초목이나 금단(金丹) 등의 약물에 의지하고 또 오래 살기를 바라면서 선궁(仙宮)을 찾아 선단을 구하고 한 구절의 선구(善句)를 취하여 몸에 지닌다면 그것은 한 갓 묘득이 있어 명을 길게 할 수는 있을지 모르나 결국 그 명이 다하면 그만 죽어지는 것이다. 《능엄경》에 십종 신선이 되는 과정에 보면,

"아난다야! 중생들이 약 먹는 일을 부지런히 하여 쉬지 아니하면, 먹는 도가 완성된 지행선(地行仙)이 될 것이요. 초목의 약을 부지런히 하

여 쉬지 아니하면, 약의 도가 완성된 비행선(飛行仙)이 될 것이요. 금석으로 된 약을 부지런히 하여 쉬지 아니하면, 화도가 완성된 유행선(遊行仙)이 될 것이요. 움직이고 그침을 부지런히 하여 쉬지 아니하면, 기정(氣情)이 완성된 공행선(空行仙)이 될 것이요. 액체로 된 약 먹기를 부지런히 하여 쉬지 아니하면, 윤덕이 완성된 천행선(天行仙)이 될 것이요. 음행 단속을 부지런히 하여 쉬지 아니하면, 호흡이 완성된 통행선(通行仙)이 될 것이요. 주술로 된 약 먹기를 부지런히 하여 쉬지 아니하면, 술법을 완성한 도행선(道行仙)이 될 것이요. 생각을 견고하게 하기를 부지런히 하여 쉬지 아니하면, 생각의 덕이 완성된 조행선(照行仙)이 될 것이요. 교구를 부지런히 하여 쉬지 아니하면, 감음이 완성된 정행선(精行仙)이 될 것이요. 변화를 부지런히 하여 쉬지 아니하면, 깨달음이 원만한 절행선(絶行仙)이 될 것이니라. 그러나 아난다야! 이런 부류들은 마음을 단련하되 정각을 닦지 아니하고 따로 장생하는 이치만을 얻어 천세 만세를 살면서 깊은 산중이나 바다 가운데 섬이나 혹은 인적이 끊어진 곳에 산다할지라도 이들도 역시 윤회의 수레바퀴는 벗어나지 못하느니라."

이처럼 부처님께서도 결국 외도의 수행은 바른 수행이 아님을 말씀하신 것이다.

셋째, 천상에 나는 것을 구경으로 삼는다

외도들이 바라는 세 번째 복락이다. 복락은 인간으로 태어나는 것보다는 천상에 태어나는 것을 최종 목적으로 삼는다. 다시 또 《능엄경》에 보면,

'아난다야! 사람들이 세상에 상주하기를 구하지 아니하고 그러면서도 처자 권속의 정(情)을 버리지 못하다가 잠시 삿된 음행에 마음을 두지 아니한 과보로 고요하고 맑은 빛이 있어 죽은 뒤에는 일월을 이웃하는 사왕천에 태어나게 될 것이다. 자기 아내에게 마저 애욕이 없고 항상 깨끗한 곳에 머무는 과보로 죽은 뒤에는 일월까지도 초월한 도리천(忉利天)에 태어나게 될 것이다. 욕경(欲境)을 만나면 잠깐 어울리나 떠나면 생각이 없어져서 고요함이 많은 과보로 죽은 뒤에는 일월의 광명마저 비치지 않아도 스스로 밝은 수염마천(獸磨焰天)에 태어나게 될 것이다. 평소에 고요하게 지내다가 응접할 상대가 오면 거절하지 못하는 과보로 죽은 뒤에는 정미로운 세계에서 설혹 세상이 괴멸(壞滅)하는 겁 중에도 산재가 미치지 아니하는 도솔천에 태어나게 될 것이다. 자신은 전혀 욕심이 없으면서 상대에 응하여 행하는 과보로 죽은 뒤에는 화락천에 태어나게 될 것이다. 세간사는 마음이 없으면서도 세간과 같이 일을 행하고 어울리는 과보로 죽은 뒤에는 타화자재천에 태어나게 될 것이니라'

이처럼 천상에 태어나는 즐거움도 그 업이 다하면 고통이 있는 세계로 떨어지는 것이다. 이것은 모두 윤회의 틀을 벗어나지 못한 까닭이다. 그러나 외도들은 그것을 모르는 채 오로지 천상에 태어나는 그 자체만으로 최고의 목적을 삼고 있다.

넷째, 외도의 업력이 다하지 않으면 삼계를 여읠 수 없다

진언행자들은 외도들의 이와 같은 속성을 잘 관찰하여야 할 것이다. 저들은 비록 자기의 위치에서 지은 업이 다하여 건강과 장수를 누리다가 다시 천상에 태어나도 그것은 일시적인 것으로써 그곳에서 지은 업이 다

하면, 다시 윤회의 수레바퀴에 의하여 다른 세계로 옮겨가서 고락을 받게 되는 것이다. 이론에서 외도에 비유하는 것은 근본성은 신명(身命)만을 아끼는 것에 있다는 것을 강조하면서 자기의 명예와 권력에 집착하지 말고 법신불의 정법을 바로 알아 좋은 믿음을 가져야 한다는 경책(警策)을 위한 것으로 알아야 할 것이다. 우리의 성품은 쉽게 명예와 재물에 물들 수 있다. 이 같은 성품을 잘 헤아려서 일시적으로 벗어나는 천상 세계가 아닌 영원히 삼계를 여의는 수행을 하게 하는 것이 목적이다.

3) 외도의 법은 환몽 양염과 같다

《논문(論文)》

煩惱尙存하야 宿殃이 未滅하고 惡念이 旋起하나니 當後之時에 沈淪苦海하야 難可出離이니라 當知하라 外道之法은 亦同幻夢陽也니라

《역(譯)》

번뇌 오히려 남아있어서 숙세(宿世)의 앙갚음이 아직 멸하지 않고 악한 생각이 돌아서 일어나나니, 그때를 당하여 고해에서 벗어나기 어려우니라. 마땅히 알지어다. 외도의 법은 환몽 양념과 같으니라.

《의역(意譯)》

　지적(知的)으로는 무명과 정적(情的)으로는 애욕이 근본이 된 번뇌가 중생들의 습성에 남아있어서 한때의 복 지음으로 무색계에 태어날지라도 그곳에 업이 다하면 다시 욕계에 태어나게 되며, 욕계에서 현재의 번뇌가 다하면, 숙세(宿世)로부터 익힌 삼독의 훈습이 아직 멸하지 아니하여 언제든지 악한 생각이 돌면서 연을 만나는 그때에 다시 고통의 바다에 빠져 벗어나기가 어려우니라. 진언행인은 다시 이와 같은 외도의 법은 허황한 줄 알아야 할지니라. 외도들이 원하고 즐거워하는 모든 법은 희유(希有)한 모습을 짓는 꼭두각시나, 마음의 상념으로 생기는 꿈이나, 눈의 현혹으로 생기는 아지랑이 등과 같은 것이니라.

《강설(講說)》

번뇌가 남아있으면 숙세의 앙갚음이 멸하지 않아
악한 생각이 일어나게 된다

　부처님께서 "중생계를 움직이는 근본은 번뇌이다." 하셨다. 이것은 중생계에 태어난다는 것은 곧 번뇌의 힘에 의한 것이다. 그러한 중생들의 미욕속에는 본래부터 부처 될 성품도 지니고 있다. 이렇게 보면, '번뇌(煩惱) 즉 중생(衆生)이요 중생 즉 보리이다.' 중생과 번뇌와 보리(菩提)는 같은 것이 된다. 회당 대종사께서도 "우리의 마음이 크면 부처도 크고 우리의 마음이 작으면 부처도 작게 보인다." 하셨다. 바꿔서 말하면 번뇌는 고통이요 보리는 곧 즐거움이다. 마음이 작으면 번뇌가 커서 고통이 클 것이요. 마음이 크면 번뇌가 작아서 즐거움이 클 것이다. 이처럼 어느 한

쪽이 크면 다른 한쪽은 적은 것이다. 중생에 가까우면 번뇌가 클 것이요, 부처에 가까우면 자성이 크게 나타나게 된다. 우리가 수행한다는 것은 번뇌에 덮혀 깊숙이 있는 자성심을 깨우고 번뇌를 잠재우는 것이다. 자성심이 깊이 있으면 있을수록 번뇌의 요동(搖動)이 클 것이요, 번뇌가 크면, 깨달음도 크게 얻을 것이다.

《진각교전》의 당체법문에 "마장(魔障)이 크면 공덕도 크다."는 것은 이것을 두고 한 말씀이다. 자성심을 덮고 있는 번뇌는 크게 둘로 나누어 정적(靜的)인 애욕과 지적(知的)인 무명이다. 이 애욕과 무명이 번뇌의 근본이다. 애욕 속에는 탐심과 진심이 있고 무명 속에는 치심과 진심이 있다. 애욕과 무명에서 삼독 번뇌가 생기고, 이로부터 108번뇌와 8만4천의 무량한 번뇌가 일어나게 되는 것이다. 이것으로 보아 중생계는 애욕과 무명만 버린다면, 일체 번뇌가 소멸하는 것인데 그것을 버리기가 그리 쉬운 것은 아니다. 과거 무수겁을 윤회하면서 훈습된 번뇌가 하루아침의 지은 작은 선으로 어찌 사라지게 하겠는가? 더군다나 일시적인 즐거움만을 추구하는 외도의 경지에서는 더더욱 어려울 것이다. 육도 중생은 어디에 태어나나 이것을 벗어버리기가 쉽지 않을 것이다.

외도들이 한때의 선 지음으로 천상 세계에 태어나 부귀영화와 장수를 누려도 그것은 번뇌가 소멸한 상태에서 얻은 것일 뿐이다. 때문에 그곳의 과보가 다하면, 다시 인간계에 태어나서 애욕과 무명의 근본 습성이 다시 나타나서 업과를 버리지 못하며, 오히려 점점 더 악에 물들어 무한한 고통을 받게 될 것이다. 우리가 사는 이 세계는 선에 훈습되기 보다 악에 훈습이 잘 되게 되어있다. 예를 들면,《여기 열명의 사람이 있다. 그 중에 아홉 명은 선만을 행하던 사람이요, 나머지 한 명은 갖은 악업을 지으면서 놀기를 좋아하는 사람이 있다. 이 열명이 한곳에서 얼마 동안 같은 생활을 할 경우, 선의 아홉 명이 한 명의 악인을 제도하는 것이 아니라. 오히려 악의 한 명에게 아홉명이 훈습 되어 악인이 되기가 쉬울 것이다》 이것은 곧 중생계는 과거 숙세로부터 훈습 되어있는 악한 생각이 기회만 있으면 언제든지 고개 들고 일어나서 중생계를 지배하고자 하기 때문이다. 중생은 삼계에 윤회를 하고 있는 한, 무색계에 태어났다 하더라도 그곳의 업이 다하면 반드시 욕계에 태어나게 되며 욕계에서도 현재의 번뇌가 다하면, 다시 과거생의 업을 받게 되는 것이다. 이것이 '숙앙(宿殃)이 아직 남아있어서 악한 생각이 돌아서 일어 난다' 고 하는 것이다.

인(因)이 연(緣)을 만나면 고해에 빠짐을 벗어나기 어렵다

《일체유부경(一切有部經)》에 "설사 백천겁이 지난다하여도 지은 업은 없어지지 아니하여 인과 연이 서로 만날 때 과보가 스스로 돌아와 받게되느니라." 하였다. 이것은 소승(小乘)의 법교이다. 비유하면, 바다 물이 바람을 만나면 파도가 일어난다. 바람이 없어도 바다는 파도의 습성이 남아있어 언제든지 바람만 불면 파도는 또 일어나게 된다. 그것뿐만 아니라 바닷물이 증발하여 구름으로 변하고 다시 빗물로 혹은 얼음으로 변하여 바다에서 벗어났다 하여도 지구상의 대기 권속에 존재히는 한, 바닷물이 되어 파랑을 만들 것이다. 이처럼 바닷물은 그 모양만 연에 따라 잠시 바꿨었으나 물의 본성인 눅눅한 성품과 움직이는 파랑의 습성은 변함이 없는 것처럼 외도들도 잠시 천상에 태어나 향락을 얻었다 하여도 윤회의 테두리를 벗어나지 못하면 중생계의 고해(苦海)를 벗어나기 어려울 것이다.

외도의 법은 환몽양염과 같다

　진언행자에게 다시 한번 더 외도에 관하여 그 본성을 알게 하고 그것에 현혹되지 않기를 바라는 글이다. 《대일경》에 "우동범부가 선업을 닦는다 하여도 그것은 일시적인 것이다. 진언문의 보살행을 닦는 사람은 외도들이 즐거워하고 원하는 것을 잘 관찰하여 따라 닦지 말라." 하면서, 꼭두각시와 아지랑이와 꿈과 그림자와 건달바성과 메아리와 물에 비친 달과 물거품과 허공 꽃과 선화륜 같은 대승 십유(十猶)를 보이셨다. 이론에서는 보이는 것〈꼭두각시〉과 보이지 않는 것〈꿈〉과 보이는 것 같으면서도 보이지 아니하는 것〈아지랑이〉 등 세가지 비유를 들었다. 이 세 가지는 열 가지 비유가 갖고 있는 특성을 모두 지니고 있다.

① 꼭두각시는 가지가지 색상으로 눈을 현혹하게 하며, 희유한 일로 보이지만 실상은 저 꼭두각시는 한낱 허상으로써 그 속에는 자성이 없다. 다만 그것을 움직이는 사람에 따라 넘어졌다 일어났다 하면서 여러 가지 모양을 지을 뿐이다. 진언행자는 이 자성 없는 허상에 따라가지 말지니라.

② 꿈은 잠을 자는 중에 마치 현실처럼 보이는 것이다. 그것은 한낱 망견(妄見)에 지나지 않는다. 또 꿈은 꾸민다는 뜻이다. 깨어있는 상태에서도 꿈을 꿀 수 있다. 먼저 잠자면서 꾸는 꿈에 대하여 알아보면 꿈은 수면이 깊을 때는 없지만 얕을 때 의식이 작용하여 생겨나는 것으로써 먼저 경험한 것을 다시 꿈에서 보는 선견몽(先

見夢)과 신체의 부조화로 생기는 꿈과 사람으로 하여금 선악의 행위를 판단하게 하기 위하여 천인이나 선지식들이 나타나는 천인몽(天人夢과)과 내가 과거에 행한 선악에 대한 불안한 심리작용으로 그 선악의 현상이 전개되어 경험하게 하는 상상몽(想像夢) 등이 있다. 이와 같이 외도의 법은 현실성이 없는 꿈과 같다. 진언행인은 알고 따르지 말지니라.

③ 아지랑이는 봄볕이 바람 작용에 의하여 저 멀리 아른거리는 것으로써 실제의 성은 없으나, 마치 뛰어노는 망아지처럼 솟아오르는 폭포처럼 여러 형태로 보이지만, 가까이 가서 보면 아무것도 없다. 이러한 현상이 나타나게 되는 것은 그 어떤 속박에서 벗어나고자 하는 욕망과 배고픔과 굶주림과 갈증에 의하여 생겨난 상상이 잠시 마음의 눈을 현혹시켰던 것이다. 이처럼 외도들이 추구하는 것도 또한 저 아지랑이와 같이 본성이 없는 허상일 뿐이다. 진언행인은 진실로 허상에 집착하거나 즐거워하지 말지니라.

이상의 글은 모두 외도인 우동범부들의 법의 경지에는 자성이 없다는 것을 나타내 보이면서 만약 진실로 보살행을 닦고자 하는 자는 외도의 법을 가히 즐거워하거나 원하지 말지니라.

4) 성문·연각, 이승인이 집착하는 것

《논문(論文)》

又二乘之人인 聲聞은 執四諦法하고 緣覺은 執十二因緣이니라 知四大五陰이 畢竟磨滅이라하고 深起厭離하야 破衆生執하고 勤修本法하야 剋證其果하야 趣大涅槃함을 以爲究竟이니라 眞言行者야 當觀하라 二乘之人은 雖破人執하야도 猶有法執하야 但靜意識하고 不知其他이니라 久久成果位하야 已灰身滅智로서 趣其涅槃함이 如大虛空이 湛然常寂이니라 有定性者는 難可發生하고 要待劫限等滿하야 方乃發生이니라 若不定性者는 無論劫限하고 遇緣하면 便廻心向大하나니라 從化城起하야 以爲超三界하나니라 謂宿信佛故로 乃蒙諸佛菩薩加持力하고 而以方便으로 遂發大心케하며 乃從初十信으로 下遍歷諸位하야 經三無數劫하고 難行苦行하야 然得成佛이니라 旣知하라 聲聞과 緣覺은 智慧가 狹劣함이니 亦不可樂이니라

《역(譯)》

또 이승인 성문은 사제법을 집하고 연각은 십이인연을 집착하느니라. 사대오음(四大五陰)이 필경 마멸한다고 알고 깊이 염리를 일으켜서 중생집(衆生執)을 파하고 본법을 부지런히 닦아서 그 과를 다 증하여 본 열반에 취함을 구경으로 삼느니라. 진언행자야 마땅히 관 할지어다. 이승인은 인집(人執)은 비록 파했다하여도 오히려 법집(法執)이 있어 다만 의식을 맑게 하고 기타는 알지 못하느니라. 오래 오래하여 과위를 이루고 회신멸지로써 그 열반에 취하는 것이 태허공의 담연상적함과 같음이라. 정성자는 발생하기 어렵고 반드시 겁수한정이 찰 때를 기다려서 바야흐로 발생하느니라. 만

약 부정성자는 겁수 한정을 논할 것 없이 인연을 만나면 곧 회심향대 하느니라. 화성으로부터 일어나서 삼계를 넘어났다고 생각하느니라. 숙세에 부처님을 믿은 연고로 곧 제불보살의 가지력을 입고 방편력으로써 드디어 대심을 발하느니라. 이에서 처음 십신으로부터 아래로 널리 모든 위를 거쳐 삼무수겁을 지나고 난행고행하여 비로소 성불함을 얻느니라. 이미 알지라. 성문과 연각은 지혜가 협열하니 역시 원할 것이 아니니라.

《의역(意譯)》

이승인 성문은 '삼계 육도의 중생들 세계는 고통의 세계이다. 이 고통의 세계를 벗어나는 데는 바른 수행을 하여야 한다. 그것은 오로지 사제법(四諦法) 뿐이다.'라는 법에 집착하고, 연각(緣覺)은 '중생계는 무명이 근본이 되며 애욕의 업이 가중되어 생사 바다에 윤회하게 되니, 이것은 모두 인연의 화합으로 이루어진 것이다.'라고 하니, 이제 이 원리를 깨닫기만 하면 이 윤회의 바다를 벗어날 수 있다. 생각하여 십이인연법이 최고의 법임을 집착하고 있다.

제행이 무상이요 일체가 다 공이라. 그러기에 우리 몸을 구성하고 있는 사대오음은 반드시 마멸할 뿐 그것에서는 어떠한 법도 구할 수 없다. 하여 싫어하며 버리고자 하여 집착하는 마음을 파하고 사제법과 십이인연법만이 본법으로 알고 집착하고 닦아 무여열반(無餘涅槃)에 드는 것을 구경으로 삼고 있음이라. 진언행자는 '번뇌 즉 보리' 임을 알지 못하는 이승인의 경지를 잘 관찰할지어다. 이승인은 인집(人執)을 파하는 수행으로 비록 의식은 맑아졌으나 훈습의 종자(種子)가 자성 깊숙이 남아있어서 그로 인하여 윤회의 바퀴에 빠진다는 것을 알지 못하느니라.

　3생 60겁과 4생 100겁 동안 일곱 가지 방편도를 닦아 성문과 연각의 유여열반(有餘涅槃)을 얻고 다시 몸과 마음이 함께 멸하는 회신멸지(灰身滅智)의 무여열반(無餘涅槃)의 경지를 취하는 것이 마치 텅 빈 우주공간이 고요한 넓은 호수와 같다고 생각함이니라. 그 속에는 구름과 파랑의 인이 감추어져 있어서 언제든지 바람을 만나면 구름이 일고 파랑이 생겨나는 것같이 성문과 연각 등이 얻은 두 열반의 경지도 인아(人我)의 집착에서 벗어나 번뇌가 소멸하여 고요한 것 같으나 아직 법집이 남아 있음과 같음이니라. 수행하여 성문이나 연각이나 그 성품의 종자가 결정된 정성자(定性者)는 다른 계위에 나가고자 하는 마음을 일으키기 어렵고 반드시 일정한 시간을 보낸 연후에 이것이 부처의 경지가 아님을 알고 비로소 대승심을 일으키게 된다. 만약 범부나 일천제처럼 계위가 결정되어 있지 않는 부정성자들은 한정된 시간에 얽매이지 않기 때문에 언제든지 선지식을 만나 정법을 들으면, 곧바로 대승심을 일으킬 수 있느니라. 성문과 연각은 그러하지 못한다. 《법화경》 화성비유에 보면 대승의 길잡이가 중생들을 불지(佛地)에 들어가게 인도하면서 게으른 생각을 일으키는 수행자에게 도중에 방편력으로 조화의 성을 만들어 그곳에서 잠시 쉬게 하였으나 근기가 낮은 이승인은 도리어 조화의 성 자체에 집착하여 이곳을 삼계를 벗어난 경지로 생각하고 있다.

　불성이 있는 자는 본래 신심도 갖추어 있음이라. 이러한 신심이 금생에 일어나는 것은 타력(他力)에 의한 것이 아니라 자력(自力)에 의한 것이다. 여기서 자력이란 과거생에 부처님을 믿은 선업의 공덕으로 생기는 힘을 말한다. 이 자력으로 말미암아 곧 불보살로부터 깨달음에 이를 수 있는 가지력(加持力)을 입게 되고 중생근기에 응하여 나타나는 방편의 힘을 훈습 받게 되어 드디어 대승심을 일으키게 되는 것이다. 이리하여 처음 열 가지 믿음이 근본이 되어 십주(十住), 십행(十行), 십회향(十廻向), 십지(十地) 등을 지나 등각(等覺) 묘각위(妙覺位)에 이르기까지 삼아승지겁 동안 난행고행(難行苦行)을 함으로써 비로소 성불하게 된다. 진언행인은 성문과 연각은 지혜가 넓지 못한 탓이라. 한 생각 돌이켜서 본유의 불성을 안으로 훈습하고 밖으로 경각심을 일으키게 하는 제불의 대비방편을 잘 운행하여 긴 시간을 논하지 않고 이 몸 이대로 아집과 법집 그리고 중도의 장애인 무명 등의 삼망집(三妄執)을 파하고 곧바로 삼계를 벗어나는 성불의 법이 있음을 진실로 알지 못하는 경지가 범부요 외도이다. 이제 범부와 외도처럼 자성이 없는 이승 법에 머물러 있다는 것을 알고 역시 좋아하지 말지니라.

《강설(講說)》

성문은 사제법에 집착하고, 연각은 십이인연에 집착한다

십주심 중에 모든 사물은 오음(五陰)의 거짓 화합으로 성립한 것이므로 무아이나 그 지체는 존재한다고 하는 제4 유온무아심(唯蘊無我心)과 인간의 고(苦)의 근본은 혹업(惑業)의 종자에서 생겨나서 화합하여 윤회한다는 제5 발업인종심(發業因種心)을 설명하는 것이다. 유온무아심은 부처님의 말씀을 듣고 사제법을 닦아 깨달음을 얻는 성문의 마음이요. 발업인종심은 홀로 자연의 생멸이나 인연업과에 의하여 윤회한다는 원리인 십이인연 법을 깨달은 연각의 마음이다.

사제법(四諦法)이란,

① 고성제(苦聖諦)로서 삼계 육도에 태어나는 중생들은 모두 생노병사의 네 가지 근본 고를 벗어날 수 없다. 다만 마음가짐에 따라 그 괴로움의 깊이가 다를 뿐이라 가르치는 성스러운 고의 진리요.
② 집성제(集聖諦)는 이러한 괴로움에는 원인이 있다. 그것은 곧 번뇌이며 번뇌에는 무명과 애욕의 두 가지 근본 번뇌가 모여서 생노병사의 괴로움을 제공하는 것이라 가르치는 성스러운 쌓임의 진리요.
③ 멸성제(滅聖諦)는 고의 원인을 멸하고 깨달음을 얻는 것이라 가르치는 성스러운 멸의 진리요,
④ 도성(道聖諦)제는 고의 원인을 멸하려면 수행을 하여야 한다고 가르치는 성스러운 도의 징리를 말한다.

수행으로는 8정도 등 37조도품을 수행하여 깨달음을 얻으면, 그가 곧 성문이다. 다음 십이인연 법은 그 근본은 무명이다. 이 무명으로 말미암아 진리의 눈을 흐리게 하여 윤회의 틀에 들어가게 되어 그것으로 어떤 행위를 하게 되며, 이러한 행위(行爲)는 자기 스스로 무지하여 알지 못하면서 물이 흐르듯 흘러가는 중에 어떤 알음알이가 생겨나 식(識)이 된다, 이식(識)은 망령되이 애욕에 물들기를 좋아하기 때문에 업식종자가 된다. 이 업식종자(業識種子)에서 형상과 이름(名)이 붙게 되고, 다시 여섯 가지 전문분야가 생겨나며(六入), 들어오기도 하고 나가기도 하면서 티끌의 뿌리가 생겨나고, 서로서로 상대하는 가운데 차츰 감촉을 느끼게 되

며, 감촉(感觸)에서 두 번째 근본 번뇌인 애욕(愛慾)이 발생하게 된다.

이렇게 생겨난 무명과 애욕은 집착(執着)을 생하게 하면서 자기에게 맞는 맛과 아름다움만을 취(取)하면서 소유하고자 하는 욕심이 생겨난다. 모든 것이 영원한 나의 것으로 집착하고 그 집착을 버리지 못한다면, 이것이 습성이 되어 윤회의 바다에 떨어져서 다함 없는 우(憂)·비(悲)·고(苦)·뇌(惱)를 받게 되는 것이다.

이와 같은 이치를 알고 수행하여 깨달음을 얻는 자가 곧 연각이다. 연각에는 처음 성문사과를 배우던 중에 아라한과에 들어가기 전에 부처님 곁을 떠나 자신 홀로 아라한과에 오른 독각(獨覺)이 있다. 처음부터 산림 중에 머물면서 인과의 업식(業識)을 깨달은 벽지불(僻地弗) 등도 있다.

성문에는 부처님 말씀을 듣고 수행하여 깨달음을 얻은 불제자로서의 결정성문(結成聲聞)과 조그마한 법을 깨달아 교만심이 생겨서 더 이상 수행하지 아니하는 증상만(增上慢)성문과 대승의 경지에서 물러나 소승의 법을 수행한 퇴보살(退菩薩)성문과 중생을 교화하기 위하여 방편으로 성문의 경지에 머무는 응화(應化)성문과 또 불(佛)성문 등 5종이 있다.

이처럼 4종 성문이나 2종 연각 등은 모두 대승경지를 모르는 소승에 불과하며, 우리 모든 수행자는 언젠가는 다시 인간계에 태어나 사제법이나 십이인연 법에서의 집착을 버리고 진정으로 불의 경지에 오르는 수행을 하여야 할 것이다.

사대 오음은 반드시 마멸한다

이승인은 중생계에 몸을 이루는 구성체가 사대(四大) 오음(五陰)임을 알아야 한다. 사대는 지·수·화·풍으로 오음 중에 색(色)에 해당하는 것이다. 이것은 눈에 보이는 밖의 경계요, 오음 중에 수(受) · 상(想) · 행(行) · 식(識)은 정신적인 것으로 눈에 보이지 아니하는 내면의 세계이다. 이 두 가지가 서로 상대하고 작용하여 중생계의 가지가지 잘못을 일으키기 때문에 이것을 근본 5종 망상이라고도 한다. 이러한 것은 영원한 것은 아니다. 잠시 인연 화합에 의해 모였다가 그 업이 다하면 없어지는 것임을 알고 이 가운데에서는 어떤 것도 법이 되어주지 않는다하여 싫어하는 생각을 내어서 멀리 버리고자 하는 생각을 일으키는 것이다. 사대오음 속에 깨달음의 법이 있음을 알지 못하는 것이 이승이다.

중생집을 파하고 본법을 부지런히 닦아라

중생계의 사대오음은 소승의 경지에서 보면, 제법이 무상한 것으로서 모두 인연소생임을 강조하여 무조건 버리게 하고, 대승에서는 일체가 다 공이라 하여 처음부터 없었던 것으로 보고 있으며, 밀교에서는 사대오음은 오히려 대 생명체로 보아 깨달음을 얻을 수 있는 법이라 하였다. 이와 같이 사대오음을 보는 시각이 각각 다르다. 성문과 연각은 무조건 파하고, 사제법과 십이인연 법만이 본법이라 하여 이것만을 부지런히 닦아 성문은 예루과(豫漏果) · 일래과(一來果) · 불환과(不還果) · 아라한(阿羅漢)과 등의 4과를 얻고 연각은 아라한과를 얻어 더 이상 배울 것이 없다 하여 극과라 하며, 무여의열반(無餘意涅槃)의 락을 즐기는 것으로 구경으로 삼고 있는 것이다.

이승인은 인집을 비록 파했으나 법집이 남아 있다

진언행자는 위와 같이 성문과 연각이 깨달은 법이 진정한 깨달음의 법이 아님을 알아야 한다. 사대오음이 번뇌의 근본이라 하여 무조건 버리려고만 하다 보니, 인집을 파하게 되지만, 오히려 사제법과 십이인연법이 최고의 법이 된다고 하는 법집에 빠지게 되는 허물이 남기게 된다. 그러나 진언행자는 사대오음은 곧 우주의 대 생명체로써 깨달음의 근본이 될 수 있음도 알아야 할 것이다. 그것은 '번뇌 즉 보리'이기 때문이다. 어찌 번뇌를 버리고 보리를 구할 수 있으리오. 성문과 연각은 지혜가 얕아서 이 이치를 알지 못하고 다만 수행의 공덕으로 제6식인 의식은 맑아졌으나 윤회의 잔여가 남아 있는 장식(藏識) 속의 습(習)은 알지 못하기 때문에 그만 수행을 중단하고 더 이상 대승의 경지를 바라지 아니하고 있다. 이것은 마치 중생계에서 육신의 열반으로 사대를 떠난 영식이 홀로 업에 따른다는 다음 생을 받을 때까지 중음신(中陰身)으로 떠돌듯이 성문과 연각도 조그마한 깨달음으로 무여의열반(無餘意涅槃)을 얻어 즐기고 있으나 언젠가는 인간계에 태어나서 불의 경지에 오르는 수행을 하여야 하는 것이다. 이렇게 볼 때 성문과 연각은 불세계의 중음신과 같은 것이라 볼 수 있다. 진언행자는 진실로 구할 것이 못 된다. 성문의 사제법이나 연각의 십이인연 법을 구체적으로 서술하면서 진언행자에게 이승법에 머물지 말기를 거듭거듭 당부하는 글이다.

이승의 수행은 더딜 뿐이다

　수행과정에 외범위(外凡位)에서 근기가 높은 자는 십주(十住), 십행(十行), 십회향(十廻向)의 삼현위(三賢位)를 성취하는데 제1생이 걸리고, 둔근기(鈍根機)는 20겁이 필요하게 되며, 내범위(內凡位)의 네 가지 여실지관을 닦아 가행위(加行位)를 성취하는데 근기가 높은 자에게는 제2생이 소요된다. 둔근기는 다시 20겁이 지나야 하며, 수도위(修道位)인 성문과는 근기가 높은 자는 제3생이 소요되고 둔근기는 또 20겁이 소요되어 모두 삼생 60겁을 닦아 성문이 된다. 연각은 성문과에 들어간 자가 마지막 아라한과를 얻기 위하여 근기가 높은 자는 한 생이 필요하고 둔근기는 40겁을 지나니 사생백겁을 닦아야 한다. 이처럼 오랜 세월을 일곱까지 방편법을 닦아 겨우 성문과 연각이 되었다. 그러나 이것은 유여열반의 경지일 뿐이다. 이 유여의열반(有餘意涅槃)에서 비록 일체 번뇌를 모두 끊었다 하여도 아직 숙업소감업(宿業所感業)이 남아 있어 몸과 마음이 함께 없어진 회신멸지의 경지에 도달함으로써 무여열반을 얻게 된다. 이 무여열반의 경지는 마치 태허공의 담연상적(湛然常寂)함과 같다 하였다. 태허공이란 우주공간으로써 텅 빈 하늘을 가리키며, 담연상적은 물이 가득 찬 호수가 고요함을 말하는 것으로 아무런 파랑도 일지 않음을 말한다. 이것을 중생의 눈으로 보면, 텅 비어 걸림이 없고 고요한 것 같으나 실상은 그러하지 못하다. 언제든지 바람의 연을 만나기만 하면 구름이 피어오르고 파랑이 일어나게 된다. 그것은 태허공과 큰 호수는 구름과 파랑의 인(因)을 항상 머금고있기 때문이다. 겉만 보는 우리는 허공을 보지 못하나 물은 볼 줄 알며, 물고기는 물은 보지 못하나 허공은 볼 것이다. 그러기에 경계의 습성이 다른 중생들은 막힘이 있음과 없음을 서로 알지 못하는 것이다. 성문과 연각의 경지도 이와 같이 무여열반에 들었다하여도 그것은 인아(人我)의 집착을 버린 삼매를 증득하였을 뿐, 법집이 남아있음을 모르고 열반에 취하여있으니, 언제든지 훈습의 연을 만나기만 하면, 법집이 동요하게 될 것이다. 그런고로 이승은 극과(極果)가 아니다.

정성자는 시기가 결정되어 있다

《법화경》에서 중생들의 성품을 성문종성(聲聞種性)·연각종성(緣覺種性)·보살종성(菩薩種性)·부정종성(不定種性)·무종성(無種性) 등의 오종성으로 나누고 있다. 또 성문·연각·보살 등을 정성자라 하고 범부나 성불할 수 있는 일천제 등을 부정성자라 하며, 성불할 수 없는 일천제를 무종성자로 구분한다. 여기서 정성자는 삼승의 종자를 확실하게 지니고 있는 것을 말한다. 그런데 이러한 정성자는 자기가 얻은 것에 만족을 느끼고 더 이상 수행을 하지 않을 뿐 아니라 오히려 작은 법에 집착하고 대승법에 마음을 내지 않다가 많은 시간을 보낸 연후에 비로소 이것이 불의 극과가 아님을 알게 되어 그로부터 대승의 마음을 일으키고자 한다.

부정성자는 어느 계위에도 그 종자가 결정되어 있지 않기 때문에 한정된 시간을 논하지 아니하고 언제든지 정법을 만나면 곧 대승심을 발하여 불지(佛地)에 들 수 있을 것이다. 앞의 회신멸지(灰身滅智)가 무여열반이라면 뒤의 회심향대(廻心向大)는 대승심을 발함이요. 정성자를 이승을 얻은 종자라면 부정성자는 대승심으로 나아갈 수 있는 회심향대를 말한다.

이승은 화성(化城)에 집착한다

《법화경》 칠유(七喻) 중 제4 화성유에 오백 유순이나 되는 멀고 험난하며, 인적마저 끊어진 무서운 길을 지나면 진귀한 보물이 있는 곳이 있다. 이곳으로 많은 사람들이 보물을 찾으려 가고자 할 때, 이 험난한 길의 지리를 잘 아는 지혜 총명한 길잡이가 있어서 모든 사람들은 그를 따라 길을 지나려고 하였다. 그런데 길이 워낙 험하여 따르던 사람들이 중도에서 해태심을 일으켜 되돌아갈 마음으로 길잡이에게 "우리들은 너무 피로하고 무서워서 더 이상 갈 수가 없소. 앞길은 아직 멀었으니 그만 되돌아가야겠소." 길잡이는 "이 사람들은 참으로 어리석다. 어찌하여 진귀한 보물을 버리고 되돌아 가려할까?" 이렇게 생각하고 방편력으로 삼백 유순쯤 지난 곳에 조화의 성을 만들어 여러 사람에게 보이면서 "여러분은 무서워하지 말고 저 앞에 큰 성을 보세요. 저 성에는 모든 것이 갖추어져 있어 마음대로 즐기면서 편안하게 쉴 수 있습니다. 그리고 저 성(城)에서는 보물이 있는 곳도 멀지 않을 것입니다." 이때 피곤이 극도에 이른 사람들은 새로운 기운을 얻어 기쁨마음으로 그 성에 도달하여 쉬면서 "우리는 이제 험한 길을 벗어나 즐겁고 편안함을 얻었다." 하고는 보물에 대한 생각을 잃어버리고 오히려 삼계를 벗어났다고 생각하게 되었다. 길잡이는 그들이 잘 쉬어 피로가 없어진 것을 알고 여러 사람에게 "당신들이 가고자 하는 보배성이 가까이 있으니 이제 그만 갑시다. 지금 이 성은 내가 여러분을 위하여 잠시 쉬게 하기 위하여 만든 성이요 진실한 성은 아니오." 하며 조화의 성을 없애고 다시 길을 떠날 것을 말하였다.

《법화경》의 비유(譬喩)처럼 부처님도 우리들을 위하여 방편으로 일불승에 대한 삼승의 열반법을 설하신 것인데, 우둔한 중생들은 그것을 알지 못하고 도리어 고통의 삼계를 벗어난 최고의 경지인양 생각하고 집착하는 것이다. 만일 부처님께서 처음부터 일승법(一乘法)을 설하게 되면, 근기가 낮은 중생들은 '부처의 자리는 너무 어렵고 험난하여 그곳에 도달하려면 많은 시간을 고행하여야 할 것이다.'라고 생각하고 처음부터 따르지 않음을 아시고 방편으로 이승법을 설하시어서 잠시 무여열반의 경지에서 쉬게 하였다가 어느 정도 시간을 보낸 뒤 이것이 부처의 자리가 아님을 관찰하게 하여 스스로 대승법을 수행케 하기 위한 것이다. 이 문장에서 화성이나 삼계를 비유한 것은 진언행자들에게 대승의 길을 버리고 소승법에 만족하여 집착하지 아니할까 하는 노파심에서 다시 한번 경각심을 일으키게 하신 것임을 알아야 할 것이다.

숙세에 인연으로 대심을 발하게 되다

앞에서 말한 회심향대(廻心向大)를 보다 구체적으로 밝히면서 대승심을 일으켜야만 성불할 수 있다는 대목이다. 여기서는 이승의 경지는 성불이 아님을 말한다. 먼저 대승에 들어가야 한다는 그 이유를 밝히고 다음에 성불의 방향을 제시하고 있다. 이유를 밝히는 것에는 과거 생에 부처님을 믿은 인연으로 말미암아 다함없는 부처님의 가지력을 입게 되고, 또 중생들의 원에 따라 낱낱이 모습을 나타내어 중생의 업연을 멸하게 하고, 불성을 나타낼 수 있도록 방편의 법을 설하여 부정성자로 하여금 처음부터 대승심을 일으키게 할 뿐 아니라, 이승에 머물고 있는 정성자에게도 대승심을 일으키게 하시니 그것은 앞의 화성의 비유와 연결하여보면 이승인 정성자는 조화의 성이 진짜인 것으로 알고 집착하여 그곳을 떠나려 하지 아니할 때, 지혜자는 근기에 따라 만들어진 방편성임을 알게 하여 그곳을 나와 곧바로 성불의 길에 들어서게 한다. 이것이 성문 연각 등에게도 대승심을 일으키게 한 것이다.

다시 《법화경》에서 부처님께서는 본지의 법을 설하시기 전에 그들의 능력이나 성품 등을 상중하로 구분하여 삼주설법(三住說法)을 하셨다.

첫째, 상근기인 사리불에게 오직 부처와 부처만이 제법의 실상을 남김 없이 다 아신다는 십여시(十如是) 법을 설하시어 일승에 들게 하였으며,

둘째, 중근기인 가섭, 수보리, 가전연, 목건련 등을 위하여 불타는 집의 비유 등을 설하여 그들로 하여금 일승에 들게 하였으며,

셋째, 부루나 등 하근기 중생들을 위하여 대통지승여래의 인연법을 설하여 일승에 들어가게 하였으니, 이러한 것은 모두 법신불이 화신을 통하여 설하신 방편의 법임을 알아야 한다. 8만4천의 부처님 말씀이 모두 방편법이다. 과거생에 부처님을 믿은 인연의 힘으로 현생에 법신불의 가지를 입고 화신의 방편력으로 대승심을 일으키게 되는 것이다.

이승은 삼아승지겁 난행고행으로 성불함을 얻는다

성불(成佛)의 방향을 제시한 것이다. 처음 십신을 논하는 것은 모든 도(道)의 근본은 믿음으로부터 시작된다. 믿음은 곧 성불의 근원이다. 그러기에 52계위 중에 십신이 으뜸이며, 42계위는 중생근기에 따른 수행의 방편일 뿐이다. 그러나 믿음은 수행한다고 하여 생기는 것은 아니다. 본래부터 마음속에 갖추어져 있는 불성처럼 있는 것이다. 다만 그것이 구름에 달이 가리듯이 무명 번뇌에 의하여 가리어져 있다가 어느 시기가 되면 자연 절로 나타나게 된다. 신심이 나타나는 가장 좋은 여건은 부처님으로부터 가지력을 입을 때이다. 이 가지력은 과거생에 선업이 없이는 입기가 어렵다. 숙세에 선업이 있어야 타력의 힘을 빌리지 않고도 자력에 의하여 믿음이 나타나게 된다. 부정성자들이 이승의 경지를 그치지

아니하고 곧바로 대승의 경지에 나아갈 수 있는 것은 자력의 믿음이 있기 때문이다. 이처럼 자력의 믿음이 없는 이승인은 인아(人我)법에 물들고, 또 그것을 좋아하는 마음 때문에 쉽게 대승으로 들어갈 수 없는 것이다. 이승인이 금생에 비록 신심을 발하였다하여도 누겁 중에 익혀온 중생의 습관이 마음 깊숙이 훈습 되어 있기 때문에 그것을 버리기 위하여 난행고행을 하여야 한다. 이 난행고행 중에는 52계위를 밟아야 하며 시간으로는 삼무수겁을 지내야 한다.

여기서 삼무수겁에 대하야 해석하면, 현교와 밀교가 다르다. 현교는 시분(時分)으로 보아 제1 아승기 겁 동안 유루의 육도를 닦아 삼현위를 얻고, 제2 아승기겁 동안 무루(無漏)의 육도를 수행하여 초지에서 제7지까지 보살위에 오르며, 제3아승기겁 동안 다시 무루의 육도를 닦아 제8지에서 제10지까지 오르게 된다. 이것이 제1겁은 번뇌요 제2겁은 유위적 노력이요 제3겁은 무위적 자연노력으로 번뇌를 소멸하게 된다. 이러한 긴시간동안 난행고행을 하여야 한다. 난행고행은 자리이타의 육도와 이타뿐인 사섭을 닦는 것으로써 자연적 욕망을 끊고 견디기 어려운 행을 참으며, 그 속에서 정신적 자유나 천상에 태어나는 것을 바라기도 하여 스스로 육체를 자학하는 보시를 행하기도 한다. 즉 배고픈 독수리에게 다리 살을 베어준다든지 무명자(無明者)에게 눈동자를 주기도 하고 좌선할 때 새가 머리 위에 앉아 집을 지으면 그 새를 위하여 움직임을 피하는 등의 하기 어려운 행을 행한다. 싯다르타 태자도 인행시(因行時)에 이와 같은 난행고행을 수 없이 하였다. 그것이 성불과는 무관함을 알고 5비구로부터 배신을 당하는 수모를 겪으면서까지 이제까지 수행하던 육신에 대한 학대를 멈추고 유미죽을 먹은 다음 보리수 아래에서 마음으로부터 일어나는 마왕의 업력을 부수는 대신심의 용맹심을 발하여 결국 성불을 하게 된다. 성문과 연각은 이것을 알면서도 싯다르타 태자의 정각(正覺)은 '6년의 고행과 과거 인행시에 난행고행이 있었기에 성불한 것이다'라고 집착하고 있으면서 아직도 소승에 묶이어서 대승으로 나아가지 못하고 있다.

성문과 연각의 경지는 원할 것이 아니다

3생 60겁과 4생 100겁 동안 난행고행하여 겨우 이승의 경지에 오른다. 그것은 부모로부터 몸을 받은 육신의 과보는 벗어났으나, 아직 번뇌의 근본인 무명과 무루의 업과보가 남아 있어서 뜻에 따라 환생되는 등류의 몸을 받아야 한다. 즉 분단생사(分段生死)의 업은 벗어났으나, 변역신의 몸은 받아야 한다. 이처럼 이승인 회신멸지(灰身滅智)로써 무여열반에 들어 등류의 몸으로 8천6백4십2만십천의 긴 시간을 안일하게 허비하고 있다. 이것은 진실로 지혜가 얕은 탓이다.

다음 밀교는 겁을 시간으로만 보지 아니하고 망집으로 보아서 한 생각에 아집과 법집과 무명의 혹(惑)인 삼망집을 벗고 곧바로 대승의 경지에서 성불하게 된다. 지혜가 얕은 성문과 연각은 감히 들어갈 생각조차 내지 못하고 있다. 그러나 그중에서도 사리불이나 목건련 등과 같이 과거생에 부처님을 믿은 지혜가 높은 자는 정법을 듣고 바로 그곳에서 이승을 벗어나 대승심을 발하기도 한다. 진언행자는 이와 같은 것을 잘 알아서 많은 겁을 지내지도 아니하고, 또 육신을 학대하는 난행고행을 행하지도 않으면서 한 생각 바른 믿음으로 대승의 길에 들어서기만 하면 쉽게 성불할 수 있다는 것을 알고, 범부와 외도의 법처럼 성문과 연각의 법도 자성이 없으니 가히 좋아할 것이 아니다.

5) 대승 보살의 수행

《논문(論文)》
又有衆生이 發大乘心하야 行菩薩行하고 於諸法門에서 無不遍修호되 復經三阿僧祗劫하고 修六度萬行하야 皆悉具足하야 然證佛果이니라 久遠而成함은 斯由所法敎의 致有次第이니라

《역(譯)》
어떤 중생이 있어 대승의 마음을 일으켜서 보살행을 행하고 모든 법문에서 널리 닦지 않음이 없으나 또다시 삼아승기겁을 지나고 육도만행(六度萬行)을 닦아서 모두 다 구족하여 마침내 불과를 증득하느니라. 구원 후에 이루게 되는 것은 소승의 법교의 취지에 차제가 있기 때문이니라.

《의역(意譯)》
또 이승인과 부정성지(不定性者)들이 보살이 되고자 대승의 마음을 일으켜서 위로 보리를 구하고 아래로 중생을 제도하는 원을 세워서 육바라밀 중에 신명을 아끼지 않는 보시를 행하고, 또 근기따라 설법하신 8만4천의 일체 유위법문을 낱낱이 다 닦기를 또 다시 아승기겁을 보내고, 육바라밀을 근본으로하여 제법의 만행을 닦아서 그로부터 증득한 법이 원만하여 마침내 수행의 최고위인 불과를 증득하게 되느니라. 이

러한 것은 과거 무량겁 전으로부터 내려와서 이루게 되는 것은 중생의 근기와 습관이 다르기 때문에 법신의 화현이신 화신불이 낮은 경지의 법을 먼저 보이어서 중생습을 고치게 하고, 그로부터 차츰 높은 경지로 나아가는 차제법을 보이고 있다. 이러한 소습(所習)의 법교를 설하시는 법신불의 취지를 잘 알아야 할 것이다. 그렇지 아니하고 근기가 낮은 중생에게 처음부터 대승법을 설하면 그 법을 들을 인연조차 짓지 않기 때문이다. 이것이 부처님의 자비이니라.

《강설(講說)》

보살의 수행

이 부분은 보살승에 관하여 자성 없음을 밝힌 것이다. 대승행은 곧 보살행이다. 셋으로 구분하면,

논에 '또 중생이 있어……' 이하는 십주심 중 제6 타연대승심(他緣大乘心)과 제7 각심불생심(覺心不生心)이요. 논에 '또 다시 삼아승기겁……' 이하는 제8 일도무위심(一道無爲心)이요. 논에 '구원 후에 이루게 되는……' 이하는 제9 극무자성심(極無自性心)이다.

이와 같은 내용을 《대일경》의 구절을 빌리면, "대승의 행이 있으니, 무연승(無緣乘)의 행을 발하여 법에는 아성(我性)이 없음이라. 무슨 이유인가? 그것은 옛날부터 이미 아성이 없다는 법을 수행하는 자가 온아뢰

아를 관하여 자성이 꼭두각시와 아지랑이와 그림자와 메아리와 선화륜과 건달바성과 같음을 확연하게 알았던 것이다" 하니, 이것은 타연대승심을 말함이요. "비밀주야! 저가 위와 같이 무아를 버리면 마음의 주가 자재하여 자심은 본래 생함이 없음을 깨닫는 것이니라." 하니, 이것은 각심불생심을 말함이요. "또 비밀주야! 전재와 후제는 가히 얻어지는 것이 아니므로 이와 같이 자심의 성품도 얻어지는 것이 아님을 알면 이것이 제2겁을 초월하는 유기행이 되느니라." 하니, 이것은 일도무위심을 말하는 것이다.

  그러나 이와 같이 나누지 않고 다만 보살행에 관한 대승행으로만 보아도 된다. 보살이란 보리살타로써 번역하여 각유정이다. 보살행에는 크게 두 가지가 있다. 위로는 깨닫고자 하는 마음을 일으킴이요. 아래로는 중생을 제도코자 하는 행을 닦는 것이다. 첫째는 수행이요, 둘째는 보림(保林)이다. 수행만하고 보림이 없으면 완전한 깨달음을 얻었노라고 할 수 없다. 보살들은 불과 성취를 목적으로 자리이타의 법을 수행하는데, 그것이 육바라밀행이다. 이 육바라밀을 행하는 데는 반드시 원을 세워야 한다. 과거 모든 부처님도 원을 세웠다. 약사여래나 다보여래의 12대원과 아미타불의 48원과 석가불의 500원 등이 이것이다. 이러한 원의 근본은 현교는 4홍서원이요, 밀교는 5대서원이다.

  사홍서원은 가없는 중생을 제도하기 서원하며, 끝없는 번뇌를 끊기를 서원하며, 무량한 법문을 배우기를 서원하며, 위없는 불도를 이루기를 서원하는 것이다. 앞의 둘은 이타로서 중생을 제도함이요. 뒤의 둘은 자리로써 보리를 구하는 것이다.

  5대서원은 가가 없는 자성중생(自性衆生)을 제도하고, 가없는 무량한 복지(福智)를 모으며, 가없는 법문을 깨닫고, 가없는 여래를 섬기며, 위없는 보리를 증득하기 서원하는 것이다. 앞의 하나는 중생을 제도하는 이타행이요. 나머지 넷은 깨달음을 구하기 위한 원만행이다. 법문을 널리 닦지 않음이 없다는 것은 4홍서원의 세번째 해당하는 것으로서 자성법을 제외한 무자성(無自性)의 모든 법을 뜻한다. 즉 8만4천의 경전이나 《진각교전》에 '일체법' 또는 '모든 법' 등으로 표기된 것은 인과 연에 생겨난 유위법이기에 이에 해당한다. 그 속에는 자연발생의 성품인 자성이 없다. 이 자성의 법은 자연법이의 법으로서 인과 연에 의하여 생기는 것이 아니다. 그러기에 불일승법이며, 이 법은 닦고 배우는 것이 목적이 아니기 때문에 5대서원 중 세번째 깨치는 것이 그 목적이다. 그러나 유위법은 때와 장소에 따라 생기기 때문에 한량없는 법이 발생한다. 이 많은 법을 낱낱이 배우고 닦고 그리하여 증득하려면, 무수한 세월에 난행고행을 하여야 한다. 대승의 보살도 때로는 유위법에 자성이 없음을 알지 못하여 그 법에 집착하고 있다.

보살 역시 삼아승기겁동안 육도만행을 닦아 불과를 증득하게된다

일체 유위법을 모두 닦아 증득하려면, 삼아승기겁이 소요된다. 그러나 일불승법(一佛乘法)은 이 몸 이대로 불과를 증득할 수 있다. 여기서는 유위법이기 때문에 육도만행의 공덕을 가득 쌓아야 비로소 불과를 증득하게 된다는 것이다. 육도만행이란 육바라밀을 근본으로 37보리분법(菩提分法)과 4무량심과 4섭법 등을 닦음을 말한다. 37보리분법은 자리(自利)요, 4무량심과 4섭법은 이타(利他)며, 육바라밀은 자리이타의 동시법이다. 37보리분법과 4무량심과 4섭법을 성취한 후에 다시 육바라밀의

보살도를 닦아 공덕이 갖추어져야 한다. 보시를 행한 공덕으로 응공(應供), 무상사(無上士), 조어장부(調御丈夫), 천인사(天人師), 불세존(佛世尊) 등의 부귀함을 얻게 되고, 지계(持戒)를 닦은 공덕으로 32상과 80종호의 원만상을 얻게 되며, 인욕행을 행한 공덕으로 육신통을 얻게 되고, 정진한 공덕으로 여래(如來), 선서(善逝)의 영원히 사는 수명을 얻게 되고, 선정을 닦은 공덕으로 번뇌의 흔들림이 없는 안정을 얻게 되고, 지혜를 닦은 공덕으로 정명지(正明智), 명행족(明行足), 세간혜(世間慧) 등의 공덕이 성취되어 비로소 불과를 증득하게 된다. 불과는 수행에 의하여 생겨난 최극과를 뜻한다.

소습법교는 차제의 닦음이다.

십주심 중에 제9 극무자성심이다. 수행으로는 육도를 종으로 하고, 성불은 삼아승기겁을 지내야 하는 것이 구원성불(久遠成佛)이다. 구원성불에는 두 가지가 있다. 하나는 중생의 경지에서 오랜시간 수행하여 부처가 되는 것이요, 또 하나는 법신의 경지에서 중생의 근기따라 화신으로 나타나서 출가고행하여 부처가 되는 것이다. 이것 역시 구원겁 전에 이미 부처가 되어있었다는 뜻이다. 중생의 경지에서의 구원성불은 앞장에서 이미 밝혔고, 이제 법신의 자리에서 구원성불을 밝히면,《법화경》제16〈여래수량품〉에 "석존은 현생에 성불한 것이 아니다. 무량무변 백천나유타겁에 이미 성불하여 항상 영취산을 중심으로 하여 도처에서 교화설법하였다. 지금 석가의 모습은 오로지 방편으로 나타나신 것이다. 그러기에 열반에 들었지만, 부처님의 수명은 무량하며, 불신은 영원히 상주하며, 교화무량하며, 자비무량하며, 중생구제도 무량이다."는 5무량법을 설하셨다.

다음은 구체적으로 수행의 차제를 밝히면, '소습의 법교'란 소습은 익힌바 번뇌의 습으로서 우리들의 생각이나 행위 등에 나타나는 모든 작용은 모두 과거 무시 겁 중에 익혀온 습성이다. 이런 습성은 쉽게 없앨 수 없다. 법신 비로자나불이 화신사불(化身事佛)로 나타나서 중생근기에 따른 법을 설하여 중생의 습성을 버리고 부처의 성품을 갖게 하는 것인데 부처의 법은 부처만이 알아들을 수 있기 때문이다.

이제 중생에게 불의 진리를 전하려면 중생의 모습으로 나타나야 한다. 그리하여 점차 이승법에서 보살법으로 차제를 나타내서 설하는 것이 부처님께서 중생을 교화하는 취지이며 이것이 소습의 법교이다. 만일 부처의 경지에서 말씀하신다면, 근기가 낮은 중생들은 법에 귀명할 염두조차 내지 아니할 것이다. 그러기에 부처님은 중생의 근기를 잘 알아서 방편법을 사용하게 되신 것이다. 밀교는 이와 다르다. 부처나 보살이나 중생들의 모습으로 바꿔서 나타날 뿐만 아니라. 현상세계의 일체 사물을 통하여 설법을 하신다. 이것이 곧 법신의 당체설법이다. 이것은 현교의 중생 습성에 따른 소습법교와는 정반대의 법이다.

6) 대승을 초월하여 불위에 둠

《논문(論文)》

今眞言行人은 如前觀已하라 復發利益安樂無餘衆生界와 一切

衆生心케하고 以大悲決定으로써 永超外道二乘境界하고 復修瑜伽勝上法人은 能從凡入佛位者하며 亦超十地菩薩境界하나니라

《역(譯)》

이제 진언행인은 앞과 같이 관할 따름이라. 다시 무여중생계와 일체중생을 이익케 하고 안락케 하는 마음을 발하는 것은 대비결정함으로써 영원히 외도 이승의 경계를 초탈하고 다시 유가승상의 법을 닦는 사람은 능히 범부로부터 불위에 드는 것이며 또 십지보살의 경계를 초탈하느니라.

《의역(意譯)》

이제 진언행인은 앞에서 밝힌 삼무수겁을 수행하여 52계위를 거쳐 구원이성(久遠而成)의 불과를 얻는다는 법에 집착하지 말라. 이것은 다만 현불의 수행관일 뿐이다. 산선문의 수행법이 아닌 정선문으로써 다시 과거업에 의하여 몸을 의지하는 국토인 무여중생계와 숙세에 지은 업에 따라 몸을 받아 나는 일체중생들을 깨닫게 하여 이익케 하고 청정한 국토를 건설하여 안락케 하는 마음을 발하는 것은 보살위 이상에서만 일으킬 수 있는 이타의 대비심을 발하여 영원히 외도 이승의 계위를 거치지 않고 뛰어넘게 하며, 다시 현불에서는 설하지 아니하는 삼마시의 수행법으로써 정(正)과 이(理)에 상응하는 유가승상법을 닦는 진언행자는 일체 중생들이 본래부터 가지고 있는 불성으로 말미암아 외도나 이승의 위가 아닌 범부의 자리로부터 의보(依報)인 일체중생계와 정보(正報)인 일체중생심을 벗어나 곧바로 불과를 얻게 되는 것이며, 또한 십지보살의 경계까지도 뛰어넘게 되느니라.

《강설(講說)》

보살의 경지에서도 일체법은 자성이 없다

일체법은 자성이 없다고 주장하는 것이 승의보리심이다. 먼저 범부는 명문이양(名聞利養)을 구하고, 외도는 천상락을 구하며, 이승인은 무여열반을 구하고, 보살은 육도만행을 닦아 마침내 불위에 드는 구원이성(久遠而成)의 수행의 계위를 모두 열거한 현불의 법을 다시 상기시키면서 이제 진언행인은 저와 같은 구원이성의 성불을 구하는 것이 아님이요. 범부로부터 곧바로 불과에 들어가는 즉신성불의 길이 있음을 밝힌 것이다. 그러므로 진언행인은 저들의 법에 집착하지 말고 다만 성불하는 법 가운데에 그와 같은 법도 있다는 것을 알고 따르지는 말라는 것이다.

일체중생을 이익과 안락케 하는 마음을 발하라

이 부분은 승의적(勝義的) 행원심이다. 승의적 행원심은 범부나 외도를 구분하지 아니하고 또 정성자나 부정성자도 구분하지 아니할 뿐 아니라, 일천제까지도 상관하지 아니하고 모두 통합하는 것으로써 불법의 본래 목적인 인격완성과 현세정화이다. 즉 성불과 불국토를 이룩하는데 그 뜻을 두고 있다. 원래 성불과 불국토는 나누어 보기도 하고 같이 보기도 한다.

논에 '다시 무여중생계의 일체 중생을……'이라고 하면, 이것은 중생 하나만을 가리키는 것이요.

논에 '다시 무여중생계와 일체중생심을……'이라 하면, 중생계와 중생심을 나누어서 말하는 것이 된다. 우리들은 이 두 가지 뜻을 다 알아야 한다. 같이 보고 나누어 볼 때 이익과 안락의 뜻이 다르다. 무여중생계란 십법계 중에 부처님의 세계를 제외한 나머지 세계를 가리킨 것이다. 이러한 무여중생계는 숙세업에 의하여 몸을 받은 일체중생들이 머무는 국토로서 의보(依報)가 되고, 일체 중생심은 불성을 지닌 일체중생들로서 정보(正報)가 된다. 여기서 중생심이라고 한 것은 형상이 없는 마음만을 뜻하는 것이 아니라, 중생업이 포함된 불성심으로 보아야 한다. 즉 인을 지어 과보를 받는 중생의 몸과 본래부터 있는 불성을 합하여 중생심이라 한 것이다. 이렇게 중생세계와 중생심을 둘로 나누는 것과 이익케 한다는 것은 정보인 일체 중생심을 이익케 함이요. 안락케 한다는 것은 의보인 중생세계를 안락국토로 만든다는 것이다. 이것이 불교의 2대 목적인 것이다.

    논의 또 다른 부분에 이익과 안락을 보면, '다시 …… 마음을 발하는 것은……' 이라고 한 것은 현불의 계위를 떠난 진언수행위인 금강살타의 본유보리심(本有菩提心)으로써 일체중생들의 업장소멸로써의 이익과 안락을 말하는 것이 아닌 오로지 성불로써의 이익케 하고 안락케 하고자 마음을 일으킨다는 뜻이 된다. 이러한 발심은 "마음과 부처와 및 중생과 제보살의 본심이라."한 《실행론》의 말씀과 일치하는 것이다. 처음 발심함으로써 두 가지 원이 동시에 이루어지는 구경발심을 말한다.

영원히 외도 이승의 경계를 초탈하는 길

    이타자리의 대비심으로 외도나 이승의 경계를 뛰어넘는 대방편을 설하는 구절이다. 대자비심은 외도나 이승의 경지에서는 생기지 아니하고 보살위 이상부터 생기기 때문에 십주심 중 타연대승심 이상의 경지를 말하고 있다. 여기서는 꼭 보살위 이상만을 뜻하는 것은 아니다. 그것은 일체중생들은 모두 자비를 근본으로 하는 불성을 가지고 있기 때문이다. 다만 외도나 이승인은 자기가 가지고 있는 자아법의 집착에서 벗어나지 못하여 불성의 진실성을 모르고 있을 뿐이다. 그러나 범부는 언제든지 대자비심을 일으킬 수 있다. 외도나 이승의 경계를 거치지 아니하고 곧바로 불과를 얻게 되며 영원히 그 경계까지도 벗어나게 될 것이다.

유가승상의 법은 즉신성불이다

유가상승법은 제10 비밀장엄심(秘密藏嚴心)을 뜻한다. 유가는 상응의 뜻이다. 삼밀관행으로 진리에 계합하여 상응함이다. 상응에 인과상응(因果相應)·이지상응(理智相應)·생불상응(生佛相應) 등이 합하고 순응하는 과상응(果相應) 등이 있다. 이것은 모두 마음을 한곳에 밀착하는 것을 말한다. 이러한 상응은 또한 일체법을 관조하여 믿고 이해하는 경상응(輕相應)과 극선을 수행으로 옮겨 진리와 합일하는 행상응(行相應) 등으로 삼밀관행을 닦음으로써 정리(正理)에 상응하고 명합일치 하는 것이다. 이러한 모든 법이 유가승상법이다. 이 유가승상법은 밀교의 삼마지보리심에서만 설하고 있다. 이 유가승상법을 닦는 진언행자는 계위나 겁한을 논하지 아니하고 능히 범부로부터 곧바로 불과를 얻게 되는 것이다.

십지보살의 경계를 초탈한다

52계위 수행 중에 제41위부터 제50위까지가 십지보살위이다. 금강정 4종지에서는 제2 보현지에 속한다. 금강정 4종지란 제1 승해행지(勝

解行智)는 대경을 향하여 수승한 해로써 시(是)·비(非)·사(邪)·정(正을) 살펴서 결정하는 정신작용으로 십신, 십주, 십행, 십회향을 말하며, 제2 보현지는 십지를 말하고, 제3 대보현지는 등각을 말하며, 제4 보안조지(普眼照地)는 불과를 말한다. 이렇게 현불은 52계위를 낱낱이 나누어서 밝혔다. 밀교는《대일경》의 제8지와 제10지를,《금강정경》에서는 초지와 십지를 설할 뿐이다. 그것은 초지가 곧 극과로 보기 때문이다. 제2지 이상은 초지의 공덕을 나누어서 나타낸 것뿐이다. 밀교에서 억지로 십지를 논한다면, 비로자나불의 과덕인 4불의 4친근인 십육대보살을 십지에 배대 시켜서 본유무구십지(本有無垢十地)이하 수행현득십지(修行顯得十地)로 나누어 볼 수 있다.

　　본유무구십지란 일체중생들은 본래부터 보리심을 가지고 있으므로 고하를 구분하지 아니한다는 것이요, 수행현득십지는 삼밀관행에 의하여 삼망집을 끊고 본유십지를 나타내어 수평의 평등한 불과를 얻되 다만 하나의 장애가 남아있다고 설한다. 진언행인은 삼매야불성계를 지님으로써 처음 발심하는 그것이 곧 범부이면서 십지와 등각의 경계를 벗어나서 곧바로 불과에 드는 것이다. 그러기에 유가승상의 법을 닦는 자가 어찌 십지보살 등의 경계에 집착하여 머물겠는가? 당연히 이 경계도 거치지 아니하고 뛰어넘게 되는 것이다.

제 7 강
법공을 밝힘

7) 일체법은 자성이 없다는 것을 지진으로 해석한다

《논문(論文)》

又深知하라 一切法은 無自性이라 云何無自性인가 前已相說하고 今以指陳이니라 夫迷途之法은 從妄想生하고 乃至展轉하야 成無量無邊煩惱하야 輪廻六趣하나니 若覺悟已하면 妄想止除하야 種種法滅故로 無自性이니라

《역(譯)》

더욱 깊이 일체법은 자성 없다고 아느니라. 어찌하여 자성이 없는 고. 앞에는 상설로써 하고 이제는 지진(指陳)으로써 함이라. 대저 미도(迷途)의 법은 망상으로부터 나고 내지 전전하여 무량무변의 번뇌를 이루어서 육취에 윤회하나니, 만약 각오를 다하면 망상이 없어져서 종종의 법이 멸하는 연고로 자성이 없느니라.

《의역(意譯)》

중생심이 본체와 모양과 작용을 가지고 다시 한번 일목요연하게 일체법은 자성 없다고 알게 하느니라. 어찌하여 자성이 없는가? 앞에서는

중생계의 업연에 의하여 나타난 상공의 9종심을 열거하여 일체법에는 자성이 없다고 설하였다. 이제는 중생들 마음의 본체와 작용의 위치에서 법의 실성을 고찰하는 지공의 9종심에도 자성이 없다는 것을 설명하고자 한다. 대저 범부세계의 근본이 되는 미도의 법은 모두 근본망상인 무명으로부터 일어나고 내지 탐진치만의(貪瞋癡慢疑)의 5종근본 염법(染法)에 물들어서 그로부터 8만4천의 무량무변한 지말(支末)번뇌를 일으켜서 그 업연으로 육취에 떨어져 한량없는 윤회를 하게 된다. 만약 다시 무명업식을 쉬게 하는 상근상지의 수행으로 중생이 본래부터 갖추어져 있는 진각의 청정성이 나타나는 깨달음을 얻으면 홀연히 일어난 무명 번뇌는 자연 절로 없어지느니라. 망체의 무명번뇌가 없어지면, 그림자인 8만4천의 차별의 염법이 자연 절로 멸하게 된다. 진각의 청정성은 모양이 없음이요, 무시무명의 망체는 자성이 없음이라. 이런고로 중생심의 본체와 작용에서 일어난 지공의 법도 또한 자성이 없느니라.

《강설(講說)》

일체법은 자성이 없다는 것을 지진으로 해석한다

경률론 삼장을 해석하는 방법 중에 과분(科分)을 나누는 방법이 있다. 이러한 것은 인도에서는 불지경 제1권에 나타나며 중국은 진(秦)의 도안(道眼) 스님으로부터 시작되었다. 과분으로는 서분(序分)·정종분(正宗分)·유통분(流通分)의 삼대과분으로 나누는 것이 보통이다. 이 과분의 발달은 경을 이해하는 데 도움을 주었지만 때로는 그 뜻을 잘못 전달할 수도 있으며, 또한 의미를 번거롭게 하여 혼란을 가중하기도 하였다.

논은 경과 달리 대개 자문자답을 취하는 것이 보통이다. 먼저 묻고 다음 답하는 형태가 일반화된 것이지만, 때로는 그 뜻을 강조하거나 깊이를 더하기 위해 답을 먼저 말하고 뒤에 문제를 제시하는 경우가 있다. 이 문장이 이에 속한다. 승의보리심은 십주심 중에 비밀장엄심을 뺀 나머지 9종심만 논하는 것이다. 9종심은 다시 상공(相空)의 9종심과 지공(指空)의 9종심으로 나눈다. 상설(相說)은 상공의 9종심이요, 지진은 지공(指空)의 9종심을 설명하는 것이다. 상설과 지진은 우주의 진리와 현상세계를 체상용(體相用) 삼대로 설명하는 것이다.

상설은 일체 현상세계는 인연에 따라 그 모양을 이루는 것이기에 상대(相大)에 속하며 이 법에는 자성이 없다. 다만 문자나 모양을 빌려서 진리를 설명코자 할 뿐이다. 지진은 법성의 실성을 법계의 본체인 마음 작용 등에 의하여 그 실성을 밝히는 것으로 그것은 체(體)와 용대(用大)에 해당한다. 이것 역시 자성은 없다.

미도의 법은 육취에 윤회하는 법이다

미도의 법은 범부세계의 법이다. 범부세계의 법은 전전하여 육도를 윤회한다. 그 근본은 망상에 의한 것이다. 망상이란 근본무명을 일으키는 체로써 모양을 취하여 나타난다. 일체법의 진실성을 알지 못하는 마음으로 잡념과 의혹을 먹고 존재한다. 그러므로 무명이 근본이 되고 망상(妄想)은 업식(業識)이 된다. 무명은 홀연히 일어난 최초의 상이며, 일체 물드는 법을 생하는 근본이요, 망상은 그것을 움직이게 하는 업상(業相)이다. 그리하여 무명 번뇌와 망상의 업식이 서로 어울려져 망체가 되었다. 이러한 망체는 모양이 없는 공이다. 범부는 이를 알지 못하고 자신의 이익만을 추구하여 망상의 업에 따라 만들어낸 형상도 없는 대상을 우상화하고 있다. 즉 돈을 우상화하고 권력을 우상화하며 명예를 우상화하고 환락(歡樂)을 우상화하여 그것에 물들고 집착하며 내지 습관이 되어 전전하여 무량 무변의 번뇌를 일으켜서 육도를 윤회하게 된다. 이것이 곧 무명과 망상으로부터 시작된 염법의 결과이다. 염법은 청정성을 더럽히는 악성의 미망(迷妄)이요, 이를 번뇌라 한다.

번뇌는 일반적으로 근본번뇌와 지말번뇌로 나눈다. 무명과 망상은 제1의 근본번뇌며, 탐진치만의는 제2의 근본번뇌며, 삼계의 고집멸도(苦集滅道)를 대상으로 일어난 88의 견혹(見惑)과 수혹(修惑)의 십사(十使)와 십전(十詮) 등을 합하여 108번뇌와 나아가 8만4천의 번뇌가 생긴다. 이것이 지말번뇌이다. 이처럼 무명에서 일체 염법이 생하며, 일체의 염법은 모두가 불각상(不覺相)이라. 이 불각의 차별상이 중생의 본각을 가리워서 육도를 윤회하게 되는 결과를 낳게 되는 것이다.

각오(覺悟)하면 종종의 법이 자성 없음을 알게된다

일심(一心)은 적멸(寂滅)이라. 오직 심상(心相)이 멸함이요, 심체(心體)는 불멸(不滅)이다. 중생계는 무시무명(無始無明)의 업풍(業風) 때문에 청정성을 여의고, 인연따라 모양을 만드는 상법(相法)에 집착하고 물들어서 생사에 유전하여 육도를 윤회하다가 다시 무명의 업풍이 쉬면, 일체 경계상이 따라 없어져서 진각(眞覺)의 청정성이 그대로 나타나게 된다. 진각의 청정성은 모양이 없고 무명은 자성이 없음이라. 경계상이 없으니 물듬도 없고, 물듬이 없으니 육범세계에 나타나는 법도 없다. 이처럼 모든 법이 없으니 상(常)도 아니오. 락(樂)도 아니며 아(我)도 아니오 정(淨)

도 아니라. 오로지 생각을 여읜 무상으로 체를 삼는 불법신일 뿐이다. 이와 같은 법은 범부나 이승인은 깨닫지 못할 뿐 아니라, 비록 발심한 보살이 수행하여 증득함이 있다하여도 그것은 소분의 깨달음일 뿐이다. 오직 상근상지의 구도자만이 깨달을 수 있다. 구도자는 먼저 자신의 우상을 버리고 자신의 마음 깊은 곳에 존재하는 망상을 여읜 청정의 본체가 본래의 주인공임을 깨우쳐주는 교훈의 소리를 들을 줄 알아야 한다. 이 소리는 각오의 소리이다. 일체세간법과 출세간법을 모두 섭한 중생은 본래 청정성과 염오성이 동시에 있어서 이것은 둘이 아님이라. 함께 어우러져 진(眞)에 미혹하고 망을 이룬 염오성이 주인이 되어 사성의 법이 일어나 윤회를 멈추게 한다. 사성(四聖)의 깨달은 법은 남음이 없고 육범의 미한 법은 부족함이 없어서 부증불감의 법이라. 본래 진여평등하여〈體大〉여래장의 무량한 성공덕(性功德)을 구족하며〈相大〉일체 세간과 출세간의 선인과(善因果)를 내어〈用大〉타에 의지하여 일어나는 염정의 두 법을 여의고 식과 상의 화합을 파하면 곧 법신이 나타나게 된다.

　이러한 깨달음의 경지는 마치 허공계와 같아서 무상의 상이지만 일체에 두루하여 미치지 아니함이 없다. 차별의 이 세계가 일상의 법계라. 이와 같이 무시무명의 번뇌와 불생불멸의 진여심을 함께 갖추고 있는 중생심은 언제든지 생멸의 망심이 일어나면, 가지가지 번뇌가 일어나 범부로써 존재케 하는 윤회의 굴레에 떨어지게 되며, 만약 망체가 멸하면 일체의 업연도 멸하여 청정성이 나타나게 된다. 이러한 것은 마치 체와 그림자의 비유로써 체가 없으면 그림자도 사라지듯, 망체로 이루어진 것이 어찌 자성이 있으리오, 그러므로 망체에 의하여 생겨난 일체법도 자성이 없는 것이다.

8) 제불의 자비는 진(眞)으로부터 용을 일으킨다

《논문(論文)》
復次諸佛慈悲는 從眞起用하야 救攝衆生하고 應病與藥하야 施諸法門하야 隨其煩惱하야 對治迷津이니라 遇筏達於彼岸하면 法亦應捨니라 無自性故라

《역(譯)》
그 다음의 제불의 자비는 진으로부터 용을 일으켜서 중생을 구원하고 섭수하여 주시므로 병에 응해서 약을 주고 모든 법문을 베풀어서 그 번뇌에 따라 미진을 대치함이라. 뗏목을 만나서 저 언덕에 도달하면 법은 이미 버릴 것이라 자성 없는 연고라.

《의역(意譯)》
염오성(染汚性)의 절복염법(折伏染法) 다음으로 섭수정법에 관한 것이다. 제불의 지혜로부터 나온 자비는 무위법은 물론이요 유위법에서도 과거나 미래의 법에는 작용이 없고 현재의 성품에 따라 나타나는 작용은 법시의 지체로부터 일어나서 중생들을 육도윤회에서 구제하고 부처님문 안에서 섭수하여 주시므로 의사가 육체의 4대병인에 약을 주듯이 부처님도 마음의 5대병인에 대하여 8만4천의 법문을 베풀어서 중생들 낱낱 번뇌에 따라 자비로써 그 병인을 다스리는 것이다. 제불 자비의 뗏목을 만나서 고통이 없는 해탈의 저 언덕에 건너면 방편의 법인 자비의 뗏목은 버릴 것이다. 이 몸도 자성을 빼고 나면 영원성이 없거늘 다만 생활에

편리를 주는 도구에 불과한 몸에 애착을 두는 것은 어리석은 것이니라. 그 속에는 자성이 없다.

《강설(講說)》

제불의 자비는 진(眞)으로부터 용(用)을 일으킨다

중생들이 가지고 있는 청정성과 염오성 가운데 청정성을 밝히는 것이다. 제불이란 법신을 제외한 보신과 응신을 말한다. 법신·보신·응신을 체상용이라 하며 법신의 진체(眞體)로부터 일어나서 임의로 운행하여 용(用)을 일으킨다. 용이란 무위법과 유위법의 과거나 미래의 법에는 작용이 없다. 다만 현재의 성품에만 나타나는 것이다. 이것이 제불의 자비이다. 그리고 자비는 지혜에서 나온다. 그 과정을 보면, 법신불은 진리 그 자체이며 자연법이이다. 그 상을 무엇이라고 이름을 붙이거나 어떠한 모양으로도 표현할 수가 없다. 다만 진리라는 말에서 진(眞)이라 하고, 자연의 그 자체이기에 체(體)라고 할뿐이다. 그것이 한 작용을 일으킬 때 지혜라 한다. 《섭론(攝論)》에 '우주의 근본 실체를 증득하는 지혜를 정체지(正體智)라 하고 이것은 진으로부터 유출된 것이며, 다시 정체지에서 우주만상이나 미오(迷悟)의 차별상이나 중생들의 혹업고(惑業苦)의 상인 차별지가 유출되고 이 차별지에서 자비가 나오게 된다'하였다.

자비는 섭수와 구제의 뜻으로 자(慈)는 섭수요, 비(悲)는 구제이다. 섭수는 위로는 여래무상의 락으로부터 아래로 부부지간의 비소(卑小)한 락에 이르기까지 다 베풀어주는 것이요. 구제는 위로는 바꾸기 어려운 숙세의 고통으로부터 아래로 하찮은 고민(苦悶)까지 모두 구제한다는 것이다. 논의 원전에〈구섭중생〉은 구원섭수와 같이 본다. 구원은 도와준 다는 의미로 타교(他敎)에서 사용하는 의타적(依他的)인 것으로 주는 자는 복을 받지만, 받는 자는 빚을 지는 것이다. 불교에서는 베푸는 자나 받는 자가 다 함께 이익 하는 구제란 말로 사용하는 것이 옳을 것이다. 이로써 섭수라는 의미가 제대로 살아나는 것이다.

중생교화의 두 문중에 중생들로 하여금 염오성을 버리게 하는 지혜가 절복염법이라면, 중생 청정성의 자비는 섭수정법이 된다. 절복과 섭수에 관하여 《진각교전》〈밀교의 삼륜신〉편에 즉 자성륜신(自性輪身)은 법신이니 진(眞)이요, 정법륜신(正法輪身)과 교령륜신(敎令輪身)은 보신과 응신으로 용(用)이 된다. 말법시대 방편의 교를 믿고 있는 자는 미망을 먼저 깨우치게 하기 위하여 절복문에 중점을 두고 있다. 이 절복은 섭수를 위한 또 하나의 방편일 뿐이다. 진언행자들이 수행 정진할 때 삼륜신이 베푸는 당체법문은 상근기는 자성륜신으로부터 법문을 받고, 중근기는 정법륜신으로부터 법문을 받고, 하근기 수행자는 교령륜신으로부터 법문을 받게 되어 자신의 허물과 결점 등을 알게 하여서 자성의 청정성을 깨닫게 하는 것이다. 중생의 근기란 본래부터 정하여진 것이 아니라, 신심으로써 구분한다. 믿음이 순하고 변역이 없으면 중근기요, 부처님의 정법을 조금이라도 이신을 하면 하근기요, 곤긴한 믿음으로 보리를 얻고자 발심을 하면 상근기라 할 수 있다. 이러한 수행자들이 받는 삼륜신의 법문을 보면, 보리심을 일으키는 것과 같이 정진 중에 마음이 자연 절로 환희심이 나서 보시하고 정진하고자 하는 마음의 신심이 더욱 일어나면 이것은 자성륜신의 법을 받은 것이요, 관행 중이나 후에 자신에게 직접적인 이익이나 손해가 없지만, 만물이나 사회사람과 가족 친척들이 간접적으로 손해와 득실이 보이는 것은 정법륜신의 법을 받은 것이요, 나와 가까운 가족이나 집안이 몸으로 직접 이익과 손해를 보면서 특히 육체의 고통스러움이나 재물 등의 이해득실이 생겨서 신심이 무너지고 불화의 조짐이 보이는 것은 교령륜신의 법을 받은 것이 된다. 이러한 삼륜신의 법은 그 나타남에 차제가 있다. 제불은 지혜에서 유출된 자비가 근본이기 때문에 수행자에게 자성륜신의 법을 먼저 받게 하고 이 법문을 못 깨달았을 때, 정법륜신과 교령륜신이 차례로 법문을 베풀어서 깨닫게 하여 큰 고통을 면하게 하는 것이다. 자성륜신이나 정법륜신의 법을 받지 못하는 것은 탐진치 삼독이 치성하기 때문이다. 그리고 불공정진 중에 일어나는 법문은 불공정진을 마치면 없었던 것처럼 된다. 이것이 제불의 자비이다.

응병여약

방편에 관한 것이다. 부처님의 가르침은 가장 우수하여 어느 법과도 견줄 수 없다. 중생을 교화하는 방법 중에 그 능한 것이 세 가지가 있다.

① 도덕과 신통 변화가 자재한 것이요,
② 지혜가 있어 타인의 마음을 다 아는 것이요,
③ 번뇌를 잘 알아서 병에 응하여 약을 베푸는 것이다.

이 논은 이 세 가지를 모두 갖추고 있다. 중생은 본래부터 육체로는 황(黃)·담(淡)·열(熱)·풍(風)의 4대병의 원인을 가지고 있다. 그리고 마음으로는 탐진치만의(貪瞋癡慢疑)의 5대 번뇌병의 원인도 가지고 있다.

육체의 4대병을 치유하는데도 의사가 각각 다르듯이 마음의 5대 번뇌병인을 다스린다는 데도 그 방법이 각각 다르다. 대각의 자비심을 지닌 법신 비로자나불이 제불로써 화현하여 가지가지 자비의 법문을 베풀어서 중생으로 하여금 깨달음을 얻어 영원히 목숨을 보리에 머물게 하는 것이다. 《대일경》에 이르시되, '여래·응공·정변지는 일체지지를 얻어서 무량한 중생들을 위하여 널리 연설하여 제도코자 하시되, 종종취(種種聚)와 종종성욕(種種性慾)과 종종방편도(種種方便道)로써 일체지지의 뜻을 말씀하신다. 그 방편의 가르침이란 만약 어떤 중생이 부처님을 응대하여 제도 받기를 바란다면, 부처님은 부처님의 몸을 나타내어 법문을 베풀 것이요. 만약 어떤 중생이 성문이나 연각이나 보살 등을 응대하여 제도 받기를 바란다면, 부처님은 성문이나 연각이나 보살 등의 몸으로 나타내어 법문을 베풀 것이다.…(중략)…, 만약 어떤 중생이 범천이나 마후라가나 인비인(人非人) 등을 응대하여 제도 받기를 바란다면, 부처님은 그들의 몸으로 나타내어 법문을 베풀어 제도하실 것이다.……' 이러한 것이 모두 방편이다. 그러나 어떠한 모습과 어떠한 방편이든 그 해탈의 맛은 한 맛이다. 제불이 베푸는 8만4천의 법문은 모두가 미진(微塵)의 범부세계에 고통의 근원인 마음의 번뇌 병을 다스리는 것이 그 목적이다.

언덕에 도달하면 뗏목을 버려라

만일 중생이 달을 가리키는 손가락만 보고 달을 보지 못한다면, 이것은 어리석음의 극치(極致)요. 강을 건너고 난 뒤 뗏목을 버리지 못하면, 그것은 고통을 스스로 짊어진 격이다. 천리의 밤길을 가드라도 달은 항상 저만큼에서 따라온다. 그늘에 숨어서 달을 몰래 보면, 달도 나를 몰래 본다. 강을 건넌 후 돌아올 것을 생각하여 뗏목을 잊지 못하면, 영원히 피안의 언덕에는 도달하지 못한다.《금강경》에 '중생이 만일 마음의 상(相)을 취하면, 곧 아(我), 인(人), 중생(衆生), 수자상(壽者相)에 집착하게 되며, 법상을 취해도 곧 아·인·중생·수자상에 집착하게 되며, 법상 아닌 것을 취해도 곧 아·인·중생·수자상에 집착함이 되는 것이다. 이런고로 법이나 법 아닌 것에 집착하지 말라. 나의 모든 설법함을 알기를 뗏목에 비유한 것 같이하라' 하셨다. 세상에 모든 만물은 중생 생활에 편리한 하나의 도구일 뿐이다. 성불할 때까지 잘 사용 하다가 성불 후에는 버릴지니라. 역시 자성을 제외한 제불의 자비인 8만4천 법문은 그 속에는 자성이 없다.

9) 모든 법은 무상이며 허공의 상이라

《논문(論文)》
如大毗盧遮那成佛經云호되 諸法無相이라 謂虛空相이라하시니 作是觀巳를 名勝義菩提心이라하나니라

《역(譯)》
《대비로자나성불신변가지경》에 설하심과 같이 "모든 법은 무상이라. 이르되 허공의 상이라" 하시니, 이 관을 다함을 승의보리심이라 하느니라.

《의역(意譯)》

비로자나불이 경지로부터 시현되는 신변가지(神變加持)를 설하는 《대일경》에 일체법은 자성이 없다는 것을 증명하기 위하여〈입진언문주심품〉중 삼구발문 가운데 제1구인 '보리를 인으로 하고……'의 답변으로써 증명을 하는 것이다. '보리라는 것은 이르기를 실상과 같이 자심을 아는 것이니라' 하여 본래 자연히 갖추어져 있음이지 어떤 알음알이나 그 어떤 모양으로도 알지 못한다 하였다. 그 이유가 곧 '세상의 모든 법은 무상이며. 이르되 허공의 상이라 그 속에는 무위 진실심이 없다.' 하였다. 지금까지 중생근기에 따라 설명한 상설의 법과 염정의 제법을 설한 지진(指陳)의 법은 모두 일체법 무자성을 밝히는 방편법에 지나지 않는다. 이제《대비로자나성불경》의 말씀으로 이 모든 것을 증명하면서 일진법계(一眞法界)의 진각 원리를 설명하여 상설과 지진의 설을 잘못 이해하는 것을 막기 위한 것이다. 이것이 곧 승의보리심이 된다.

《강설(講說)》

모든 법은 무상이며 허공의 상이라

승의보리심에서 밝히고자 하는 '일체법은 자성이 없다' 하는 것을 증명하는 글이다. 이것 외에도 아홉번의 증명이 나온다. 승의보리심에서 5번 삼마지보리심에서 네 번이 있다. 증명의 내용은 '일체법무상(一切法無相)' '불심대자비(佛心大慈悲)' '무위진실심(無爲眞實心)' 등이다. 경전으로는《반야경》,《무량수관경》,《열반경》,《화엄경》,《대일경》,《금강정경》등이다. 이 가운데 특히 중심이라고 할 수 있는 경전은《화엄경》의 불심대자비와 《금강정경》의 증과(證果)와 《대일경》 무위진실심(無爲眞實心) 이다. 이 세 경전은 서로 연관이 있다. 분량으로는 십삼천대천세계 미진 수게와 법이상항본(法爾恒本)으로 되어 있다는 것이다. 이 중에 중생 세계 에는 십만송의 일부인 80권(華嚴經)과 3,500게송(大日經)과 4,000송(金剛 頂經) 등만이 세상에 유포되었다고 하는 것이다. 유포자는 모두 제2 석가 라고 불리는 용수(龍樹)보살로써 용궁(龍宮) 혹은 남천축 철탑에서 오래기 간 감추어져 있던 것을 가져왔다는 것이다. 용궁이나 철탑 등에 넣었던 것이나 가져온 것이나 모두가 신비로운 점이 있다. 그리고 이 경은 본존 불이 비로자나불이다.

경의 내용은 《화엄경》은 싯다르타 태자가 성불한 이후 보리수 아래 에서 삼칠일(三七日) 정(定)에 들어 설한 것으로 영원한 광명의 상징인 비 로자나불이 중생들에게 직접 법을 설하지 아니하고 문수보살 등 제보살 들을 통하여 금강지권인을 결한 삼매 중에 법을 설한다. 이 법은 그 뒤 45 년간 설법한 3장 12부와 5교 10승의 법이 모두 이 속에 있다. 결국은 앞 으로 중생을 위하여 설법할 내용을 정리하신 것이나 다름없다. 45년 설 법의 시나리오와 같은 역할을 한 경전이다.

《대일경》은 비로자나불이 체험한 성불의 경지와 그로부터 시현 되 는 신변가지를 설한 것으로 특히 〈입진언문주심품(入眞言門住心品)〉에 삼 구(三句)를 설하여 보리심은 본래 청정한 것이며, 다만 중생근기에 의하 여 160심의 망심(妄心)이 나타나 어리석음을 행하므로 이것을 없애기 위 함이라 하였다.

《금강정경》은 비로자나불이 법신의 위치에서 진언의 관법을 설하여 시방삼세 일체여래로부터 관정(灌頂)을 받은 의성취(義成就)보살이 금강수(金剛手)보살이 되어 오상성신(五相聖身)을 원만케 하며, 37존이 가진 묘덕을 나타내는 것이다. 이처럼 세 경전은 설법자가 모두 비로자나불이다. 다만 《화엄경》은 무언설(無言說)이요, 《대일경》은 부처님의 직설(直說)이며, 《금강정경》은 보살의 몸으로 설법을 한다는 것이 다를 뿐이다.

이제 《대일경》에서 승의보리심의 주 내용인 일체법은 자성이 없다는 것을 증명하는데 경에 '부처님이 얻으신 일체지지(一切智智)는 무엇으로 인(因)을 삼고 무엇으로 근본(根本)을 삼으며 무엇으로 구경(究竟)이 됩니까?' 하니, '보리가 인(因)이 되고 대비가 근본(根本)이 되며 방편을 구경(究竟)으로 하나니라' 는 것 중에 제1구로써 뜻을 밝히고 있다. 이 중에 보리를 인으로 한다는 설을 보면, '보리(菩提)라는 것은 이르기를 실상과 같이 자심을 아는 것이니라〈如實知自心〉. 비밀주야! 이 아뇩다라삼먁삼보리와 내지 저 법에서는 조금도 가히 얻지 못함이니라. 무슨 까닭인가? 허공의 상은 이 보리라, 알음알이로는 알지도 못하는 것이며, 또 열어 밝히지도 못하는 것이다. 무슨 까닭인가? 보리는 무상이라, 비밀주야! 제법도 무상이며, 이르되 허공의 상이라 하느니라. 히시니, 이때에 금강수보살이 다시 부처님께 여쭙기를, 부처님이시여! 무엇이(누가) 일체지지를 찾아 구하며, 무엇이(누가) 보리가 되어 정각을 이루는 것이며, 무엇이(누가) 저 일체지지를 발기하옵니까? 부처님이 말씀하시되, 비밀주야! 자심이 보리와 및 일체지지를 찾아 구하느니라. 무슨 까닭인가? 본성이 청정하기 때문이니라'고 하셨다. 이에 대하여 설명을 하자면 먼저 깨달음에 대한 정의를 밝혀야겠다. 불교는 깨달음의 교다. 이 깨달음에는 여러 가지 설이 있다. 본각(本覺)이니 시각(始覺)이니 불각(不覺)이니 구경각(究竟覺)이니 상사각(相似覺)이니 하는 것을 셋으로 구분하면, 중생이 어리석어 무명에 가리워서 깨달을 것이 있으면 그것은 망각(妄覺)이요. 부지런히 수행하여 집착을 버리고 깨우침을 얻으면 그것은 명각(明覺)이요. 닦을 것이 없는 것이 진각(眞覺)이다. 그 근기를 보면, 상설장에 인용한 범부와 외도는 망각이요, 성문과 연각 보살 불은 명각이요, 비로자나불만이 진각이다. 이렇게 보아서 경의 아뇩다라삼먁삼보리는 명각이요, 제법은 망각이라 할 수 있다. 이러한 내용을 선종에서 찾아보면, 노행자와 신수 대사의 게송에서 신수는

몸은 이 보리의 나무요,
마음은 명경대와 같은지라
때때로 부지런히 털고 닦아서
하여금 진애(塵埃)를 일으키지 말지어다.

하여 본성의 불생불멸을 보지 못하고 한낮 변화무상한 견해에 빠져서 온갖 집착을 일으키니 이것은 명각의 길을 말함이요. 노행자는

보리라는 것은 본래 나무가 없고,
명경도 또한 대가 아니라,
본래 한 물건도 없거니,
어느 곳에 진애를 일으키리요.

하여 진각의 말씀을 하고 있다. 《진각교전》〈자성법신〉편의 내용은 모든 각이 하나이나 그 수행의 절차에 따라 다르다. 모든 것이 진각에 귀결됨을 말씀하셨으니, '비로자나 부처님은 시방 삼세 하나이라' 하는 명각이요, '온 우주에 충만하여 없는 곳이 없으므로' 는 망각이요, '가까이 곧 내 마음에 있는 것을 먼저 알라' 가 진각이라 할 수 있다.

다음 본성청정으로 진각을 설명하면, 《선문염송》〈낭야산하〉편에 장수자비스님이 낭야선사께 '청정본연(淸淨本然) 하거늘 어찌 산하대지가 생겼습니까?'하고 《능엄경》 구를 인용하여 물었다. 낭야스님도 부처님 답변처럼 오히려 큰소리로 '청정본연 하거늘 어찌하여 문득 산하대지가 생겼다고 하느냐?'고 되받으니, 장수스님은 일언지하(一言之下)에 크게 깨달음을 얻었다. 장수스님은 지금까지 찾고자 한 것은 명각에 지나지 않았던 것임을 알았던 것이다. 그후 청정본연의 화두가 후세에 많은 수행자로 하여금 진각의 원리를 깨닫게 하였다. 이러한 본성청정이 곧 진각이다. 임제스님의 '할(喝)'이나 덕산스님의 '방(榜)' 등을 쓰는 것도 결국 일체법 무자성과 본성청정의 법을 밝히는 것에 불과한 것이다. 이처럼 진각은 묘명(妙明)하여 일진이체(一眞理體)로써 일체의 현실과 습용(襲用)을 답습하지 아니하는 것이다 묘명(妙明)외 고요힌 그 자제에 천연으로 본구(本具)하여 있는 것이다. 그러기에 《능엄경》에 이르기를 '성각〈眞覺〉은 반드시 밝건마는 허망하게 명각이 되었느니라.' 하였다. 즉 망으로 명을 가하여 명각이 된 것이 잘못이다. 만일 '반드시 밝은' 것을 억지로 요달하여 알고자 한다면, 그것은 곧 본성청정에 허물을 씌우는 것이요, 보리와 본성청정은 영원히 알지 못할 것이다. 이로써 《대일경》에 '보리는 무상(無相)이라 제법도 무상이며, 이르되 허공의 상이라' 하여 승의보리심에서 밝히고자 하는 일체법에는 자성이 없다는 것을 분명하게 증명하고 있다.

승의보리심의 의의(意義)

중생근기에 따라 차등(差等)으로 설명한 상설법과 염정의 법으로 설명하는 지진 등의 모든 것은 다 일체법 무자성을 밝히면서 보리 및 본성청정은 원래 진각임을 관하게 하고자 하였던 것이다. 여기서 승의라는 것은 여러 가지로 표현한다. 온(蘊) · 처(處) · 계(界) 등을 중심으로 설명하는 세간 승의와 사제법으로 설명하는 도리승의(道理勝義)와 이공진여(二空眞如)로 설명하는 증득승의 등에 대하여 일진법계로 일체법 무량성의 진각의 원리를 설명하는 것이 승의 중 승의이다. 낮은 법을 버리고 구경진실의 최승법으로 향하게 하는 진각의 진면목을 밝히는 것이 곧 승의보리심이다.

제 8 강
심공을 밝힘

10) 일체의 법은 공이라

《논문(論文)》

當知하라 一切法空이라 已悟法本無生하면 心體自如하야 不見身心하고 住於寂滅平等究竟眞實之智하야 今無退失하나라

《역(譯)》

마땅히 알지어다. 일체의 법은 공이라. 이미 법의 본무생을 깨치게 되면 심체자여하여 신심을 보지 않고 적멸 평등 구경진실의 지에 주하여 물러가고 잃지 않게 하느니라.

《의역(意譯)》

지금까지는 인법(人法)과 염정(染淨)의 두 법으로 '모든 법은 인연 화합에 의하여 나타난 법이라 그 속에는 자성이 없다.' 설명하였다. 이제 다시 있는 듯이 없고, 없는 듯이 있는 진공의 법과 그러면서도 무한히 작용하지만, 그 작용 역시 잡히지 아니하는 묘유의 법으로 나누어 설명하면서 먼저 일체 법공(法空)으로 진공(眞空)을 알게 되고 나타난 현상세계의

그 본성은 비로자나 법신의 체로써 변함이 없어서 생도 아니오, 멸도 아니라는 것을 깨치게 하고, 또 색심불이(色心不二)의 육대체성(六大體性)은 한결 같아서 몸과 마음으로 나누어 보지 않고 자성법신을 제외한 적멸평등 구경진실 등 법신의 실상지(實相地)에 주하게 되어 중생윤회의 바퀴나 화신방편의 법용(法用)까지도 자연히 물러가서 법신 진각의 자리를 영원히 잃지 않게 되느니라.

《강설(講說)》

일체의 법은 공이라

'마땅히 알지어다.' 지금까지 밝힌 승의보리심의 인법과 염정의 제법은 모두 자성이 없다. 다만 인연 화합에 의하여 존재한다는 설명 다음으로 진공묘유(眞空妙有)의 법을 알게 하는 것이다. 먼저 진공을 설하고 다음에 묘유를 밝힌다.

진공과 묘유를 나누어 보면, 진공(眞空)은 승의보리심의 경계요, 묘유(妙有)는 행원보리심의 경계이다. '일체 법은 공이라'는 것은 진공을 밝히는 것이다. 부처님의 세계인 실상지를 '일체법무자성(一切法無自性)' '일체법인연소생(一切法因緣所生)' '일체법공(一切法空)' '일체법본무생(一切法本無生)' 등으로 나누어 설명하지만, 그러나 그 뜻은 모두 하나로 통한다. 현상세계의 모든 법은 인연화합으로 생겨나기 때문에 아체(我體)다, 본체(本體)다, 실체(實體)다, 라고 구분할 수가 없다. 그러기에 공상이며 공상이기 때문에 자성이 없고 자성이 없는 제법은 비로소 얻어지는 것이거나 홀연히 멸하는 것이 아니며, 본래부터 갖추어져 있는 자성청정심이라. 그러므로 일체법은 공이요, 본무생이며 이것이 곧 진공이다. 이처럼 진공이기에 연기의 제법이 완연할 수 있고 이 완연한 법이 묘유로 나타날 때 인과의 만법이 일여(一如) 할 수 있다. 《반야심경》에 '제법은 공상(空相)이라 불생불멸이며, 불구부정(不垢不淨)이며, 부증불감(不增不減)이라' 한 것도 진공의 실상을 설명한 것이다.

불생불멸은 중생세계는 인연으로 이루어진 것이다. 예를 들면 물이라는 것은 액체이다. 여기에 온도를 영하로 내리면 고체인 얼음이 되고 섭씨 100도로 높이면 기체인 수증기로 증발한다. 이와 같이 물은 온도의 높고 낮음의 인연으로 얼음, 물, 수증기 등으로 변한다. 이러할 때, 물이 얼음이나 수증기로 변하여 물의 형태는 없어져 멸하지만, 그 모양이 얼음이나 수증기로 변하여 있다. 얼음이나 수증기의 위치에서 보면 생이 된다. 그러나 근본 위치에서 보면 생멸이 없는 것이다. 이처럼 어느 경계에서 보는가에 따라서 생멸의 경계가 달라진다. 어느 한쪽만을 보고 생이다 멸이다, 라고 한계를 지을 수는 없다. 물의 본성은 본래 습성(濕性)이라. 얼음이든 물이든 수증기든 모양이야 어떻게 바뀌든 간에 눅눅한 습성만은 변함이 없다. 그러므로 본성의 입장에서는 불생불멸이 된다. 이것을 일러 일체법본무생(一切法本無生)이라 한다.

불구부정은 일월성신 산하대지 청황적백 두두물물이 모두 허공 속에 있다. 허공성은 무애성이며 자성이 없다. 무애성으로 자성이 없는데 어찌 더럽고 깨끗함의 구별이 있겠는가? 그러므로 진공법상은 불구부정이다. 이것 역시 생멸 없는 본무생이다. 이러한 본무생을 깨치게 되면 곧 열반적정에 들게 된다. 이러한 열반적정의 경계는 다음과 같다.

심체자여한 모습이 부증불감이다

　　진공법 가운데 색심불이(色心不二)의 깨달음을 구체적으로 설명하는 구절이다. 색심은 몸과 마음이다. 그 가운데 마음의 체성만을 설하여서 몸의 묘용을 자연히 알게 하고 있다. 심체(心體)란 깨달은 경지의 체다. 능소(能所)가 함께 없어져서 공상과 같은 것이라 하여 가히 그 형상을 얻을 수 있는 것이 아니다. 자여(自如)는 본래 진여의 육대체성이 상주하여 일여(一如)하다는 뜻이다. 심체일여하다는 마음을 《대일경》은 "마음은 안에도 있지 아니하며 밖에도 있지 아니하며, 중간에도 있지 아니하다." 하였다. 심의 체성은 이와 같이 안도 아니오 밖도 아니며 중간도 아니다. 그러나 심체의 공상은 연을 만나면 언제든지 형상이 나타나기 때문에 없다고도 할 수 없다. 예를 들면 '지금 여기 바람은 없어도 부채를 부치면 바람이 홀연히 일어난다. 어느 인연의 힘에 의하여 생겨난 것이다. 그것이 부채인가? 허공인가?' 또 '바다에 파도가 일어나고 있다. 이때 바다와 파도는 구분되는 것이 아니다. 파랑 그 자체가 곧 바다이다. 파랑을 떠나서는 바다는 있을 수 없다' 다시 또 예를 들면 '어두운 방에서 그 어두움을 몰아내려면 불을 켜야 한다. 불을 켜면 어두움은 사라진다. 이때 어두움은 어디로 갔는가? 불이 켜졌을 때 어떠한 물체가 불빛 앞에 서면 그 물체 뒤에는 반드시 그림자가 생긴다. 이것이 곧 어두움이다. 어두움은 멀리 있는 것이 아니라, 밝음 속에 있었던 것이다.' 물과 불과 바람과 허공의 사대가 모두 이와 같다. 즉 색이 곧 공이요 공이 곧 색이다. 그러므로 더함도 없고 덜함도 없다. 이것이 부증불감이다. 달마스님은《반야심경》게송에서 "색과 더불어 공은 일종이다〈色與空一種〉. 공 이외에 별도의 색이 없음이다〈色外無別空〉." 하였다. 이와 같이 심과 심법을 나누어 보지 말라. 모두 실상의 불이(不二)법으로써 비로자나 법신의 체를 이루고 있음이다.

적멸평등 구경진실의 지에 주하라

열반적정의 공덕을 나타내는 것으로써 비로자나 법신의 체는 불생불멸 불구부정 부증불감 하는 진공의 진리이다. 이 진공의 진리는 변함이 없는 법의 본무생인 적멸평등과 현실과 진리가 일치되는 구경진실의 지로 표현한다. 이와 같은 모든 것은 실상으로는 닦음이라든가, 깨달을 것이 없는 본 법신의 진각이지만, 유정계에 떨어진 중생들은 그러하지 못하여 앞에서 밝힌 모든 것을 수행하여 깨달아 얻는 성공덕인 것이다. 이 성공덕에는 다섯이 있다.

첫째는 적멸이다. 적멸은 불각(佛覺)이라. 인연 화합에 의하여 생겨난 능소의 번뇌법이 없어진 본성 청정의 무루법신을 말함이요.

둘째는 평등이다. 평등은 공성의 제법실상이라 일체법이 허공에 가득하여 차별로 만유를 이루고 있으나 막히거나 걸림이 없는 무애자재한 평등법신을 말함이요.

셋째는 구경이다. 구경은 궁극의 본체라. 진리 그 자체로써 절차를 뛰어넘은 절대적 차원의 과체가 무위신으로써 생멸거래가 끊어진 절대 구극의 구경법신을 말함이요.

넷째는 진실이다. 진실은 원만 구족성이라 무자성으로 허망을 여읜 진실 자체는 영원불멸의 실아(實我)로써 일체의 성공덕이 충만하며 참다움으로 본성을 삼는 진실법신을 말함이요.

다섯째는 자성법신의 공능인 지혜(智慧)이다. 비로자나불을 가리키는 것이다. 그 공능이 곧 적멸지, 평등지, 구경지, 진실지라 이름한다.

이러한 다섯 가지 공능을 다 갖춘 것을 지라 한다. 이러한 지(智)는 깨달을 것이 없는 자연지와 수행의 의하여 깨달음을 얻는다는 전식득지(轉識得智) 등 두 가지를 합한 것이다. 그 뜻은 중생계는 식(識)에 의하여 현실〈事〉을 움직이지만, 부처님의 세계는 지(智)로써 진리〈理〉를 나타내어 활동한다. 현실은 윤회로 반복되지만, 진리는 자연법이(自然法爾)로써 영원불멸인 것이다. 이 논에서 말하는 자연지는 수행지를 다 포함한 것으로써 진공의 지요, 진각의 지며 일체지지요, 실상지를 말하는 것이다. 이것은 모두 청정무구로서 그 체를 삼고 있다. 《진각교전》《대승이취육바라밀다경》을 인용한 〈청정법신에 귀명〉편의 말씀에 '한번 목숨을 비로자나 법신에 돌리면, 공덕법신을 얻게 된다.' 하였다. 이 공덕법신이 곧 진공의 공덕을 말하고자 하는 적멸평등 구경 진실의 지이다. 그러기에 여기에 한번 물들면, 다시는 중생계에 떨어져서 윤회하지 않을 것이다. 또 불의 본성을 잃어버리거나 퇴전하는 일이 없을 것이며, 또한 법신을 제외한 나머지 방편의 불위에도 들어가지 않게 될 것이다.

11) 망심이 쉴 때 심원공적 하리라

《논문(論文)》
　　妄心若起하면 知而勿隨하리니 妄若息時에는 心源空寂하리라 萬德斯具하야 妙用無窮이라 所以로 十方諸佛이 以勝義와 行願으로

爲戒하나니라 但具此心者는 能轉法輪하야 自他俱利이니라

《역(譯)》

망심 만약 일어나거든 알고 따르지 말지니, 망심이 만약 쉴 때는 심원공적 하리라. 만덕을 이에 갖추어서 묘용이 무궁함이라. 연고로 시방의 모든 부처 승의 행원으로써 계를 삼느니라. 다만 이 마음을 갖춘자 능히 법륜을 전하여 자타가 함께 이익 되느니라.

《의역(意譯)》

승의보리심을 선지식 삼아 현상세계의 모든 법은 자성이 없음을 깨달았으나, 아직 누겁에 지은 미세한 망령된 마음이 다시 일어나게 될 때는 탐진치 삼독이 도리어 법신 세계에 들어가는 좋은 사다리가 됨을 알고 억지로 탐진치에 물드는 망령된 마음을 일으키지 말지니라. 망령된 마음이 만약 쉴 때는 자성 법신불의 공능이 성취되어 자연히 심원공적(深遠空寂)하게 될 것이다. 이러할 때 미오염정(迷悟染淨)의 대립과 구분이 사라지고 낱낱 상에서 생겨난 부처님의 작용이 아닌 무한한 상의 법신 공능인 만덕이 갖추어져서 법신 성공덕의 묘용이 무궁하게 됨이라. 이런고로 낱낱 공덕을 지닌 시방의 모든 부처님도 진공의 수생을 밀하는 승의보리심과 묘유의 본유를 밝히는 행원보리심으로써 계로 삼았느니라. 사종법신(四種法身)의 공덕은 물론이요, 자성법신의 묘용의 덕까지 갖춘 자는 능히 청정법신의 자리로 귀명하게 하는 법륜을 전하여서 설법자나 청법자가 비로자나 법계궁에서 함께 이익 하게 되느니라.

《강설(講說)》

망심이 쉴 때 심원공적 하리라

　앞은 진공의 사종법신을 논하였고 이제 자성법신의 작용인 묘유의 공능을 말한다. 마음의 본성은 본래는 깨달을 것이 없지만, 홀연히 생겨난 무명 번뇌의 업으로 말미암아 중생의 몸을 받아 육도를 윤회하다가 다시 비로 법신의 자리로 돌아가려면, 깨달음을 얻는 수행이 필요하다. 중생계는 깊고 깊은 생사의 밤을 헤매듯 항상 삼독과 오욕만을 생각하고 그것으로 만다라세계를 장엄하여 탐착하고 즐기면서 오히려 삼독과 오욕이 공덕인양 그 경계에 떠돌면서 영원이 헤어나지 못하고 있다. 이것이 망심이다. 이러한 망심의 번뇌업고는 일상생활 가운데 안과 밖에서 많은 연들이 보탬이 되어 끊임없이 일어나 그칠 줄 모르고 있다. 아무리 심성이 본래부터 청정하였다 하더라도 밀려오는 누겁의 업을 어찌하겠는가? 이제 승의보리심을 선지식으로 삼은 그 인연의 힘으로 만법은 본래 무상으로 불생이라는 사실을 깨달아서 불지(佛地)에 머물면서 다시 망령된 마음의 습관에 의하여 인정한 삼독오욕으로 장엄된 만다라가 자성청정의 불세계 만다라가 아님을 깨달아서 삼독 오욕의 망심이 쉴 때, 삼독과 오욕은 도리어 법신세계로 돌아가는 좋은 사다리가 될 것이다. 이 탐진치 삼독과 오욕칠정을 버린 의업의 말로 바꾸어보면, 고요한 가운데 〈貪=大定〉지혜의 눈을 가리 웠던 번뇌의 안개가 사라지고〈瞋=大悲〉대비로의 성공덕의 빛이 법계에 두루 비치게 하는〈癡=大智〉세 가지 덕이 되며, 또한 오욕도 방편의 오종법신의 공덕이 될 것이다. 이때 망심과 무명 번뇌에 의하여 생겨난 삼라만상은 곧 법신 비로자나불의 지권인(智拳印)

으로 화하게 된다. 이것이 법신 의밀의 공덕이 나타나게 되어 마음이 곧 심원공적하게 된다.

만덕을 갖추어 묘용이 무궁함이라

진공묘유 중에 이하는 다시 묘유로써 본유를 밝히는 구절이다. 마음 속의 미망과 깨달음의 시시비비나 더럽고 깨끗함의 차별이나 번뇌와 보리 등의 대립 등은 모두 감정과 이성의 싸움이요, 본능과 양심의 대결이며 선악의 구분으로 서로 충돌하는 것에 지나지 않는다. 이러한 것은 미오일여(迷悟一如)와 염정불이(染淨不二)와 번뇌 즉 보리로 조화를 이루어서 안정을 얻을 때, 실지 중생계 공덕은 무궁한 묘용으로 나타날 것이다. 이러한 묘용은 오직 자성법신의 작용이다. 그러나 이러한 자성법신의 작용인 묘용은 묘용으로써만이 존재할 뿐 그것의 실상은 없다. 묘용의 공덕에 관하여 밝혀보면, 우선 현실세계의 수행자가 복과 지혜를 얻기 위하여 불보살 전에 서원하고 정진할 것이다. 이때 어떤 중생이 관세음보살의 명호를 부르면서 그 상에 서원정진 한다면, 그 중생은 관세음보살이 지닌 현세안락의 대비만이 성취할 것이요, 만약 어떤 수행자가 문수보살의 명호나 그 상에서 서원정진을 한다면, 그 수행자는 문수보살이 가진 지혜만을 성취할 것이다. 만약 어떤 중생이 지장보살의 명호나 그 상에 서원정진 한다면, 그 중생은 지장보살의 원력인 지옥중생을 해탈시키는 서원만 성취될 것이다. 또 만일 어떤 중생이 보현보살의 명호나 그 상에 서원정진하면, 그 중생은 행원을 이루어서 등각위(等覺位)만을 성취할 것이다. 이와 같이 아축불의 명호나 그 상에 서원정진하면, 아축불이 가진 보리를 구하는 공능(功能)만을 얻을 것이요, 보생불의 명호나 그 상에 서원정진하면 보생불이 가지고있는 공덕만이 모여서 장엄 될 것이요. 아미타불의 명호나 그 상에 서원정진하면 아미타불이 지닌 공능인 지혜문과 극락의 즐거움만이 얻을 것이요, 불공성취불의 명호나 그 상에 서원정진하면 불공성취불이 지닌 공능인 일체 고를 여의고 해탈을 얻을 것이다.

　이처럼 모든 불보살들은 법신 비로자나불의 일문의 덕만을 가졌기 때문에 베푸는 공덕도 일정하게 있는 것이다. 그러나 행상이 없는 불생불멸의 법신 비로자나불은 낱낱 보살과 낱낱 부처님이 지닌 공덕을 모두 갖추어 있기에 그 공능 또한 무한한 것이다. 이름이 있거나 모양이 있는 것은 한계가 있어 끝이 있지만, 법신 공능은 이와 다르다. 그러기에 승의보리심과 행원보리심에서 무자성과 본불생 등을 밝히면서 묘용이 무궁한 한량없는 법신의 성공덕을 말하고 있다.

제불은 승의·행원으로써 계를 삼았다

　승의보리심과 행원보리심을 결론 짓는 구절이다. 일체의 견해를 부정하다가 겨우 번뇌망상이 일어나지 않게 하는 소극적인 차정문(遮情門)을 버리고 법의 본불생과 일체법무자성의 그 자체를 바로 보는 깨달음을 얻은 후 다시 중생심의 오욕의 망심이 일어나면 알고 따르지 아니하는 적극적인 표덕문(表德門)으로써 오종법신의 공덕으로 삼았느니라. 그 근본은 역시 한량없는 성공덕을 갖춘 자성법신이다. 이 자성법신이 지닌 본유(本有)와 수생(修生)은 앞에서도 밝혔듯이 진공의 수생은 승의보리심이 되고, 묘유의 본유는 행원보리심이 된다. 진공의 심원공적과 묘유의 만덕이 합하여 묘용이 무궁한 실상지(實相智)를 얻어서 비로 법신의 자리로 돌아가게 되는 것이다. 이러한 이치에서 일체 모든 응화불들이 수행의 계위에 계실 때 이 두 가지 보리심으로써 일체지지를 밝히는 계율로 삼았던 것이다.

승의 행원의 법륜으로 자타가 함께 이익하게 된다

'《대일경》에 이르시되……'로부터 여기까지가 이 논의 아홉 부분의 인증 가운데 ①로써 가장 중심이 되는 제법무상과 일체법 무자성에 대한 총결구라 할 수 있는 제일 증명구이다. 흔히 논을 잘못 보면, '《대일경》에 설하심과 같이……'로부터 '승의보리심이라 하느니라'까지만《대일경》의 말씀으로 볼 수도 있다. 그것은 잘못된 견해이다. 물론 오종법신 중에 사종법신의 뜻이《화엄경》의 인용으로만 본다면 그렇게도 판단할 수 있다. 그러나 이 부분은 앞에서 밝혔듯이 사종법신의 공능을 먼저 밝힌 것은 오로지 자성법신의 공능을 밝히는데 그 중심이 있기 때문이다. 자성법신의 심심의 묘용은《화엄경》에서는 볼 수 없다. 다만《대일경》의 〈주심품〉에 들어가야 그 뜻이 분명하게 나타나 있다. 중생의 변화하는 마음을 60심 또는 160심 등으로 표현하고, 그러면서 삼아승기겁 중에 제3 유기행의 수행으로 육무외의 공덕을 얻게 되며, 다시 십연생구의 관법 등을 통하여 망심과 보리가 다르지 않다는 확신을 얻게 하여 번뇌 즉 보리, 중생 즉 부처라는 깨달음을 갖추게 될 때, 비로소 집착 없이 일체 현상세계를 제도하는 화도불이 되어 충만한 자비로서 중생을 교화하여 법신 비로자나불의 자리로 귀명케 하는 기초적인 법륜을 전하여서 자타가 함께 이익되게 하는 것이다.

제 9 강
제경의 인증

12) 화엄경의 인증

《논문(論文)》

如花嚴經云하되

悲先慧爲主하야 　方便共相應하며
信解淸淨心과 　　如來無量力과
無礙智가現前하야 　自悟하야不由他라
具足함이同如來하야 　發此最勝心이니라
佛子始發生하야 　如是妙寶心하면
則超凡夫位하야 　入佛所行處하고
生在如來家하야 　種族無瑕玷하며
與佛共平等하야 　決成無上覺하리라
纔生如是心하면 　卽得入初地하야
心樂不可動함이니 　譬如大山王이라하니라

《역(譯)》

화엄경에 설하심과 같이
"자비를 먼저 하고 지혜를 주로 하여
방편 이 함께 상응하면
신해청정한 마음과
여래 무량한 힘이 있어
무애지가 앞에 나타나서
스스로 깨달아서 타에 의지하지 않고
구족함이 여래와 같아서
이 최승의 마음을 발하느니라.
불자 비로소
이 같은 묘보심을 발생하면,
곧 범부의 위를 초월하여,
불이 행 하는 곳에 들어가,
여래의 집에 살고 있으며,
종족에 하점 없고,
불과 함께 평등할지니,
결단코 무상각을 이루리라.
조금 이와 같은 마음을 내면,
곧 초지에 들어감을 얻어서,
심요를 움직일 수 없는 것이,
비유하면 대산왕과 같은지라."
하시니라.

《의역(意譯)》

　　부처님께서 고행 후 보리수하에 이르러 성불하신 후 삼칠일동안 정에 머물러 설하신 최초의 경전인《화엄경》에 '구도발심하여 중생을 고뇌에서 도탈시키고자 하는 자비를 먼저하고 8만4천의 말씀이 모두 일체지지를 근본으로 하는 지혜를 주인공으로 하여 중생근기에 따른 육바라밀의 방편도가 함께 상응하여 자심의 근본무명의 차별지가 사라지고 삼라만상의 모든 상이 훤하게 비치는 신해청정한 마음과 여래의 무량한 힘이 있어 시각과 본각을 나누지 아니하고, 원융무애한 법계체성지인 무애지가 현상세계에 나타날 때, 다른 사람의 힘을 빌리지 않고 스스로 자연지를 깨달아서 부처님이 가진 지혜와 자비의 공능이 구족함으로써 부처님의 세계에 들어가 법신과 같아져서 지비용이 상응한 승의의 대보리심을 일으키게 되느니라. 정적(靜的)인 지혜와 동적(動的)인 자비를 갖춘 불자가 비로소 보현보살의 행원인 자비의 묘보심을 일으키게 되면, 곧 범부로써 성문과 연각 등의 자리만을 구하는 경계를 초월하여 지혜와 자비를 함께 행하는 부처님의 세계에 들어가는 보살이 되어서 부처님의 집에 태어나되 지혜를 닦고 자비를 베푸는 자비보살로써 부족함이 없는 법신의 오종지혜와 무량한 방편의 공능이 부처와 다를 바가 없으며, 구경에 가서는 위없는 보리를 이루게 되리라. 외도나 이승의 위가 아닌 범부의 위에서 지혜를 머금은 자비로 약간의 보리심을 일으키면, 곧 보살과 불의 초지인 환희지(歡喜地)에 들어감을 얻어서 어떠한 객진 번뇌에도 움직이지 아니하는 삼매에 들게 되는 것이 비유하면 대산왕과 같게 되느니라.' 하시었느니라.

《강설(講說)》

화엄경의 인증

승의와 행원보리심을 인증하는 경전에 《관무량수경》, 《열반경》, 《화엄경》, 《대일경》 등 넷이 있다. 먼저 현교경이요. 다음 밀교경전 순으로 하였다.

부처님께서 성도하신 후 삼칠일동안 보리수 아래에서 삼매에 들어 처음으로 자내증으로 자수법락하는 중에 설하신 《화엄경》을 먼저 하였고, 쿠시나가라에서 열반에 들기 전 마지막 설하신 《열반경》을 뒤에 하였다. 게송 중간에 《관무량수경》을 인증하였다. 이것은 또한 화신불로써 일대설법의 순서이면서 삼신불의 차례이기도 하다. 먼저 법신에서 중생들의 원력에 의하여 나타난 화신의 몸으로 법을 설하고〈華嚴經法身無言說〉다음 화신으로 말미암아 수행자가 수행한 그 과보로 부처를 이룬 보신불이 탄생하게 되니, 이가 곧 아미타불이다. 끝으로 법신으로 환원하여 가면서 법등명(法燈明) 자등명(自燈明)의 법을 설하신 모습을 지나〈涅槃經化身釋迦說法〉본래의 자리인 청정법신 비로자나불에 돌아가게 되니, 현교의 방편설법을 떠나 밀교의 진실설법을 알게 하는 것이다. 이 경이 곧 밀교의 소의경전인 《대일경》의 인용이다. 이러한 내용은 모두 자비와 지혜가 중심으로 되어 있는 부분들이다. 그 중에도 특히 자비에 중점을 두고 있다. 경전을 인용하면서 경전의 첫머리에 여(如)자는 같다는 의미로 해석하는 것보다는 그 경을 가리키는 어조사로 풀이하여야 한다. 이로써 여는 곧 자비와 지혜의 상징일 수 있다. 곧 '저《화엄경》에 이르되……'로 하여야 더욱 그 뜻이 분명하게 될 것이다. 여기서 《화엄경》의 대의를 모두 설명할 수는 없지만, 간단하게 밝히면 지혜의 총지문(總持門)으로 된《화엄경》은 걸림이 없는 지혜의 본성과 원융무애한 자비로 법계를 장엄하여 화장세계를 이룩한다는 것이《화엄경》의 내용이다.

자비・지혜・방편이 상응하여 신해청정한 불심을 이룬다
실차난타가 번역한 80화엄의 제34〈십지품〉중 초지인 환희지를 밝히는 46송 반 게송의 자비와 지혜를 밝히는 부분이다. 그중 앞부분으로

첫째, 그 게송은 선근의 종자를 말하는 것이요. 다음 4게송은 부처의 득과에 관한 것이며,
둘째, 2게송은 대자비가 곧 발심의 인(因)이 됨을 설한 것이요,
셋째, 3게송은 범부의 허물 됨을 버리고 발심하여 얻은 성인의 복지(福智)의 상을 말하고 있다.

이 논의 인용부분은 제3과 제4의 5게송으로 현교의 53계위 가운데에 제41계위인 환희지의 일부이다. 이것은 또한《대일경》의 삼구 중에 제2구와 제3구의 내용과 같다.《화엄경》의 자비와 지혜를 구체적으로 밝힌 것이《대일경》의 삼구설이다. 자비를 밝히는 환희지는 일체법을 관통하고 있다. 먼저 지전 30심을 설한 다음 십회향법으로써 이(理)와 지(智)의 대비로 회향하게 하고 다시 대원(大願)을 발하게 하기 위한 것이다. 환희지에 오르면 인간 세상의 모든 의욕과 미련함이 사라지고 혼잡하고 시끄러운 마음의 생각이 없어져서 안온하고 평안한 가운데 부처님의 가르침에 대한 깨끗하고 순수한 기쁨이 끝없이 생겨나는 지위이다. 게송에

'자비를 먼저하고 지혜를 주로 한다.' 것은 지혜가 주인공이요, 자비가 나그네가 된다. 또 지혜가 승의심의 자리(自利)라면 자비는 행원심의 이타(利他)가 된다. 수행자가 구도발심하여 중생들을 고뇌에서 도탈(度脫) 시키고자 하는 것이 자비이다. 지혜가 비록 자기의 주인공이지만, 자비의 베풂이 없다면 그 지혜는 한낱 꾀나 지식에 불과하다. 이처럼 자비를 베풀 때, 고통을 불쌍히 생각하는 넉넉한 마음이 부족할 때, 지혜에서 그 힘을 얻을 수가 있다. 이와 같은 지력을 얻는 것이 수행이다. 이 두 가지 성취로 중생근기에 따른 방편의 법을 쓸 수 있다. 8만4천의 말씀은 방편의 업용으로써 지혜가 본체가 되고 자비가 덕상이 되어 일체법에 다함이 없게 된다. 이 셋이 서로서로 융합하여 고액중생을 구제하게 된다. 이에 화엄초지의 지혜가 성취되어 평등성지 묘관찰지 성소작지의 3종지가 이루어진다.

신해청정한 마음

세간 외도와 범부와 천신 등에 귀의하지 아니하고 오로지 선지식의 말씀에 따라 부처님의 미묘한 법에 순응하고 발심으로부터 성불에 이르기까지 행원을 세워 심심(深心)의 마음을 좇아 자심 근본무명의 차별적인 경계가 사라지고 문득 자심의 이(理)와 지(智)가 하나로 된 부동지불(不動之佛)의 청정한 업용이 될 때, 삼라만상의 모든 상들이 거울 속에 비쳐져서 속속들이 훤하게 보이는 것이 신해청정한 마음이요 대원경지의 마음이다. 대원경지는 자신 스스로는 알지 못하여 이익됨이 없으나, 자신의 맑은 바탕 때문에 밖에서 비춰오는 일체의 다른 경계를 되받아 줄 수 있기에 이것이 이타(利他)며 대비(大悲)며 행원(行願)이 된다.

여래 무량한 힘

지혜와 자비와 방편이 서로 상응하여 신해청정한 마음의 영역에 들 때, 여래 무량한 불가사의한 힘이 성취된다. 이것이 법계체성지이다. 그러나 이때의 법계체성지는 아직 완전한 것이 아니다. 작용 없이 장엄된 부동지불적(不動之佛的)인 체성지이다.

밀교적 해석으로는 자비와 지혜가 함께 제도의 인이 되고, 삼밀상응의 방편으로 자리이타의 공덕이 몰로 나타나는 삼마지보리심에 들었을 때, 비로소 법계와 진리가 하나로 상응하여 무량한 성공덕을 성취시키게 된다. 이로써 완전한 법계체성지가 이루어진다. 법신무언지설인《화엄경》의 입장에서의 승의와 행원보리심에서는 아직 완전하다고는 할 수 없다. 그러나 자비만은 원만하다. 그러기에 현교 최고경전인《화엄경》의 이 게송을 첫머리에 인용하는 것이다.

무애지 현전하여 최승의 마음을 발한다

사섭의 방편으로 중생고를 뽑고 여래 불가사의한 힘의 법을 얻어 법계체성지인 무애지가 생겨난다. 무애지는 시각과 본각을 둘로 나누지 않고 일치함을 말한다. 온갖 교법의 요의(要義)를 통달하고 여러 가지 언어의 변재낙설(辯才樂說)을 얻은 4무애변과 대비 무변지 등의 작용으로 다른 사람의 힘을 빌리지 않고 스스로 자연법이의 진리를 깨달아 본심청정한 본래불과 같아지게 된다.

깨달음이나 수행에는 처음부터 타력이 필요 없다. 오직 자력으로만이 성취된다. 그러나 수행자가 그것을 알지 못하기에 이 논에서《화엄경》의 응송을 빌려서 상세하게 증명하고 있다. 자력에 의하여 얻어진 무애지는 승묘한 대자비의 공덕으로 미래제에 한 중생이라도 남김 없이 환희한 마음을 가지게 하고 다시 대발심하게 하여 불지에 오르게 하는 것이다. 8구 40자의 이 게송은 모두 자비를 인으로 하여 대보리심을 발하며, 본래부터 주인공인 여래의 공덕지를 성취하게 하는 것이다. 끝에 최승심이란 지혜와 자비와 방편을 원만하게 갖춘 대보리심을 말한다.

묘보심을 발생하면, 곧 범부의 위를 초월하게 된다

승의보리심과 행원보리심을 결론 짓는 것으로 10구 60자 게송은 발심의 자비를 논하는 것이다.

자비와 지혜가 온전하게 융합하여 서로가 있는 듯이 없고, 없는 듯이 있으면서 자비와 지혜의 수승한 공덕이 성취되어 본래 불(佛)인 법신의 위에 오르게 된다. '불자 비로소'라는 것은 정적(靜的)인 지혜와 동적(動的)인 자비심을 함께 말하는 것이다. 셋으로 구분하면,

'묘보심……' 이하는 비체(悲體)를 말하고,
'불과 함께……' 이하는 비덕(悲德)을 가리키며,
'조금 이 같은……' 이하는 비능(悲能)을 말한다.

보다 상세하게 지혜와 자비의 관계를 알아보면, 지혜와 자비는 부처님의 가르침 일체를 말하는 것이다. 8만4천의 법문이 모두 이 두 법을 중심으로 하여 설해져 있다.

수행한다는 것도 한없는 지혜와 자비를 이루기 위함이다. 부처님의 덕도 이것으로 이루어져 있다. 또한 보살이 발심을 일으키는 자비의 상

은 행원을 바탕으로 하고 있지만, 필요에 의하여 승의의 지혜를 찾게 된다. 보살이 발심한다는 것도 결국 지혜를 포용한 자비 발심인 것이다. 부처님은 지혜와 자비로 십지 경계를 나타내 보이면, 보살은 자비 발심으로 곧 십지에 들어가서 다섯 방편을 갖춘 십지의 지혜를 성숙시키게 된다.

　이와 같이 불보살의 지혜와 자비는 수레의 두 바퀴와 같고 새의 두 날개와 같아서 어느 하나가 부족하면 완전한 공덕을 성취못한다. 만다라 상의 불상의 배치를 보면, 잘 표현되어있다. 비로자나불의 좌우 보처로 문수보살과 보현보살을 안치하는데 문수는 지혜를 상징하고 보현은 자비를 상징하는 것이며, 아미타불의 좌우 보처보살로 대세지보살과 관세음보살을 두는데 대세지보살은 지혜를 관세음보살은 자비를 표하는 것이며, 석가불의 탱화에도 좌우에 십대제자를 그리는데 가섭존자와 아난다 존자를 둔다. 이것도 가섭은 자비요 아난다는 지혜를 상징한다. 이러한 것은 삼존불이 하나의 세계를 이루는 것으로 불은 지혜와 자비를 갖춘 자이며 보살은 중생들을 위하여 각각의 방편을 쓰는 모습들이다.

　또 불법을 외호하는 금강력사나 사천왕상을 보면, 조각하든 그림을 그리든 입의 모양에 나타난다. 어느 한쪽은 입을 벌리고 어느 한쪽은 입을 다물게 되어 있다. 입을 벌린 것이 자비라면 입을 다문 것은 지혜이다. 이로써 지혜는 정이 되고, 자비는 동이 된다. 부처님 탱화 그림에 보면 가섭은 혹 입을 벌리지만, 아난다는 반드시 입을 다문 것도 이것을 의미한다. 이러한 지혜와 자비는 소승의 근기로는 동시에 행하지 못하고 그 가운데 하나만을 행하는 데도 힘에 벅차지만, 대승의 근기는 쉽게 행하게 된다.

'묘보심(妙普心)'은 삼밀로써 몸과 마음을 가지하여 문수보살의 큰 지혜의 바다에 들어가는 문수지혜의 묘보심이 있지만, 여기서는 수승한 대승심으로서 일체중생을 제도코자 하는 보현보살의 미묘한 자비의 행원심을 뜻한다. 그것은 약사여래의 12대원이나, 아미타불이 인행시(因行時)에 세운 48원이나, 석가불의 500원(五百願) 등도 자비의 묘보심이며 또한 출가승의 4홍 서원이나 밀교의 5대서원도 모두 환희 발심한 최승의 자비 묘보심이다.

이러한 모든 원은 그 근본이 곧 고통받는 중생을 애민하게 생각하는 마음에서 생기는 것이다. 범부위에서 이미 수행자는 무상의 행원자비를 행하게 되면, 범부이면서 범부위를 초월하여 곧바로 부처가 행하는 곳에 들어가게 될 것이다. 외도나 성문 연각의 위를 뛰어넘은 것이다. 왜냐하면 외도와 이승은 자기 자신만의 해탈을 구하는 소승이기에 자리심(自利心)은 있어도 보살의 이타심은 없을 뿐 아니라. 최승심은 지혜와 자비심의 묘보심은 더욱 없다. 오히려 어떠한 경계의 법에도 물들지 않은 범부가 부처님의 진리의 법을 만나 중생 연민의 마음을 일으킬 때, 그때가 바로 자비의 묘보심이 근원인 초지에 들어간다.

여래의 집에 살면서 무상각을 이루리라

《화엄경》에 '처음 마음을 일으킬 때가 문득 정각을 이룬다' 하였다. 이때의 발심도 자비행을 갖춘 발심이다. 특히 불법에 귀명하는데 환희심을 일으키는 동기 중에 가장 으뜸가는 것도 이 자비행이다. 초지 이상의 보살들은 위로는 깨달음을 얻고 아래로는 중생을 제도하는 것이다. 위로 깨달음을 구한다는 것은 지혜 닦음을 말함이요, 아래로 중생을 구제한다는 것은 자비 베풂을 말하는 것이다. 범부가 자비 발심하여 올바른 보살이 되었으면, 이제 원만한 공덕을 쌓아야 다시 여래의 집에 태어나는 진실한 불자가 되어 그곳에서 살게 된다.

이와 같이 여래의 아들로 태어나려면, 성문 연각으로 태어나서는 아니 된다. 대승보살로 태어나야 할 것이다. 예를 들면, 군주시대에 왕자로 태어나려면 장자로 태어나야 한다. 차자(次子)나 서자(庶子)로 태어나서는 왕이 되기 어렵다. 적장자(嫡長子)로 태어나서 왕위를 계승하여야 어느 누구도 넘볼 수 없게 된다. 이처럼 범부의 위에서 곧바로 최상승의 법을 행하여야 성불의 인이 구비하게 된다. 이러한 자비불자가 비록 부처는 아니더라도 부처와 동등한 공능을 지니게 된다. 이것이 자비의 덕이며 구경에 위없는 깨달음을 이루게 되는 것이다.

초지에 들어가면 대산왕과 같은 신심이 생기리라

자비의 공능을 말하는 것으로 인용한 《화엄경》의 총결이다. 범부로서 만약 지혜를 머금은 약간의 자비심으로 보리심을 발하고 이승의 십지가 아닌 보살의 십지 중에 곧 초지에 들어가서 불퇴전을 얻으면 이것이 보현의 초지요 부처님의 초지가 된다. 그리고 이 초지에서 지혜를 닦아 무상정각을 얻으면 곧 다섯 지혜를 갖추게 되고, 이것으로 다시 또 5종법신을 나타나게 된다. 5종법신이란 심성에 티끌이 없는 청정한 법성생신(法性生身), 원인을 추구하여 지혜의 공덕을 쌓는 공덕법신(功德法身), 중생 근기에 낱낱이 감응하는 변화(變化)법신, 크기로는 허공에 가득하나 나타내기는 가는 티끌에까지 나타내는 허공법신(虛空法身)과, 무진장의 묘색신으로 실상을 밝히는 실상법신(實相法身)이다. 이러한 5종법신의 공능도 그 근본은 지혜를 머금은 자비이다. 이러한 지혜는 대산왕과 같이 움직임이 없는 삼매에 의하여 그 본지의 자비가 밖으로 드러나게 될 것이다.

바다를 지혜에 비유하면, 파랑은 객진 번뇌이다. 파랑처럼 쉬지 아니하는 객진번뇌를 쉬게 하는 데는 중생을 생각하는 자비의 환희 발심이 필요하다. 이 환희 발심의 자비행을 쌓아서 본성의 지혜로 하여금 다시는 객진에 떨어지지 않게 하는 것이다. 싯다르타 태자가 성도하기 전에 마왕 파순이의 공격을 연꽃으로 변화시키듯이 모든 것에서 미움이 없는 초연함을 보이는 것이 곧 부처님의 자비정신이며 진리의 본 모습이다.

13) 화엄경 십지의 인증

《논문(論文)》
又准花嚴經云호되 從初地로 乃至十地히 於地地中에 皆以大悲 爲主라하나니라

《역(譯)》
또 《화엄경》에 설함에 준하면, 초지로부터 점점 십지에 이르기까지, 지지 가운데 다 대비로써 주장함이 되느니라.

《의역(意譯)》
다시 부처님이 성도하신 후 삼매 중에 처음으로 설하신 《화엄경》의

뜻에 따르면, 원(願)의 환희지, 계행의 이구지(離垢地), 공덕의 발광지(發光地), 전일(專一)의 염혜지(焰慧地), 미묘한 난승지(難勝地), 깊고 깊은 현전지(現前地), 광대한 지혜의 원행지(遠行地), 장엄의 부동지(不動地), 불가사의한 선혜지(善慧地), 가진 자의 복인 법운지(法雲地)에 이르기까지 보살의 자리마다 일체 자비심을 발하여〈歡喜地〉, 죽음의 색신까지도 받지 않는 두타의 정행으로〈離垢地〉, 삼매에 들어가서 세간의 모든 가명을 버리고〈發光地〉, 한가지 맛으로 도행이 청백한 불공덕으로 더불어〈焰慧地〉, 무량한 진보배의 방편을 얻어서〈難勝地〉, 인연생기의 깊은 이치를 관찰하고〈現前地〉, 광대무량한 지혜를 얻어〈遠行地〉, 장엄국토에 몸을 시현하며〈不動地〉, 일체중생에게 깊은 해탈의 법을 설하되 그 시기를 놓치지 아니하고〈善慧地〉, 일체제불이 대법명우를 내리되 가득하여 넘치지 않게 하는 것이〈法雲地〉, 부처님의 직을 받은 십지보살이 중생계에 뛰어들어 불가사의한 공덕을 짓는 것도 모두 그 근본은 대비로써 내외로 주장함이 되느니라.

《강설(講說)》

대자비를 주장하는 화엄경 십지

깨달음이란 무명에서 벗어나는 것이다. 즉 중생의 알음알이인 식(識)을 돌이켜서 부처의 지혜 얻음을 말한다. 이 지혜를 얻기 위하여 자비 수행이 필요한 것으로 되어 있다. 석가모니불의 전생담에 보면, 중생을 애민하게 생각하는 비심으로 무수겁을 통하여 위법망구(爲法亡軀) 하는 보시바라밀을 닦아 이로써 부처를 이룬 것이다.

만약 지혜만 있고 자비심이 없으면, 방편의 법을 갖추지 못할 뿐 아니라, 또한 보리도 이루지 못하며, 육바라밀을 갖추지 아니한 채 중생을 교화하는 것이 되어 원만한 교화가 못 된다. 범부가 망령되이 망상을 일으키는 것도 모두 지혜만을 위주로 하기 때문이요, 연각과 성문이 자리만을 구하고 이타법을 닦지 아니하는 것도 대비심이 없기 때문에 결국 대승의 불도를 얻지 못하고 있다.

이와 같은 이치를 대승의 경전을 인용하여 밝힌 가운데 화신불의 최초설법이요, 최고의 말씀인《화엄경》에서 좀 더 구체적으로 그 내용을 밝혀 놓았다. 현교에서는 성불에 이르려면 삼아승기겁 동안 52계위를 닦아야 된다고 한다. 내용을 보면, 십신으로부터 제40위인 십회향까지 제1 아승기겁이 소요하며, 제41위부터 제47위까지 제2 아승기겁이 소요되고, 제48위부터 제50위까지 제3아승기겁을 수행해야 비로소 수행의 인(因)인 등각에 오르고 다시 수행의 과(果)인 묘각을 이루게 된다고 하였다. 물론 이것에 대하여 그 의미는 여러 방면으로 생각할 수 있다. 여기서는 생략하고 다만 52계위 중에 제2 아승기겁과 제3 아승기겁 사이에 닦는 십지만을 논하면, 이 십지는 곧 대승보살도의 수행이다. 모든 보살 위마다 그 중심은 대비이다.《화엄경》의 십지를 설명하면,

① 환희지

'보살이 대비로써 머리를 삼아서 광대한 지략을 가지고 일체 선근을 부지런히 닦아 믿음과 수행과 회향법을 성취시키게 한다' 하였다. 믿음이 성취된다는 것은 지혜가 청정하여지고 확고한 믿음이 결정되며, 중생을 애민하게 생각하는 마음이 발생 되며, 대자심이 성취되고 마음에 피

로가 쌓이지 아니하며, 부끄러움으로 장엄이 되고 융화가 성취되며, 제불의 교법을 경순하고 존중하게 되는 것이요, 수행취라는 것은 선근 모으기를 싫어하지 아니하며, 선지식을 친근하여 법을 즐거이 들으며, 다문(多聞)하지만 들은바 법을 바로 관찰하며, 마음에 집착이 없을 뿐 아니라. 일체 자생의 재물을 구하지도 아니하면서 마음 가운데 항상 미묘한 보배구슬을 다 가진 듯이 넉넉하여지는 것이요. 회향성취라는 것은 일체지지를 구하며, 여래의 십력과 4무외와 18불공법과 육바라밀과 37조도품이 완성되어 여래집을 번뇌로 물들게 아니하며, 항상 실다운 말로써 일체 자비심을 생하며, 대산왕과 같이 부동하며, 일체세간을 버리지 아니하고 출세간법을 성취하며, 상상의 법으로써 수승도를 보이는 것이다.

② 이구지

'대비심을 일으켜서 최상의 일체 지혜의 도를 행하여 성문과 연각의 때를 벗어날 뿐 아니라, 광대불법과 광대지혜에 머물게 된다' 하여 모든 선근에서 사대오음의 죽음에서 벗어나 무소유처에 주하게 되며, 청정지계를 호지하여 능히 자비심이 증장하게 되는 것이다.

③ 발광지

'지혜의 빛이 더욱 빛나게 하는 것은 곧 대 비심이다' 하였다. 중생에게 교화의 목적으로 나타나는 선교방편도 자비심을 갖추어야 함을 말하고 있다.

④ 염혜지

'대비(大悲)를 머리로 삼고 대자(大慈)를 성취하여 저절로 일체지지를 생각하게 되고 불국정토가 장엄하게 된다.' 하여 부처님의 32상과 80종호와 음성이 다 자비에 의해 구족성취하게 되며, 최상의 수승한 도를 구할 수 있는 것도 모두 대비이며, 대지혜 선교방편을 사유하게 되는 것도 대자비심에서 비롯된다.

⑤ 난승지

'부끄러움으로 옷을 삼고 정계로 향을 삼고 선정의 도향(塗香)과 지혜방편의 묘장엄으로 총지림삼매원에 들어가며, 여의로 발을 삼고 자비로 눈을 삼고 지혜의 싹과 무아의 사자후로 번뇌 원적을 파한다' 하여 자비 혜안이 우리의 법신에 중심이 되어 있음을 말한다.

⑥ 현전지

'오직 대비로 머리를 삼아서 중생을 교화하여 즉시 원 없는 해탈문이 앞에 나타남을 얻게 된다' 하여 너와 나의 생각을 여의며, 짓는 자나 받는 자는 이 생각을 여의며, 유와 무의 생각을 여의는 세 가지 해탈문을 얻어 세 가지 삼매에 들어가며, 중생을 교화함이 이승들보다 뛰어남을 부이고 있다.

⑦ 원행지

'십바라밀이 구족하여 생각 생각이 다 대비로써 머리로 삼아 불법을 수행하여 부처님 지혜에 향하게 된다. 4섭법과 37조도품과 삼해탈문과 내지 보리분법을 생각 가운데 모두 만족하게 된다.' 하여, 청정한 국토에 머물면서 무량한 중생계를 교화하는 업에 들어가서 어떠한 차별법이나 어떠한 신해의 경지나 가지가지 색신과 가지가지 음성을 나타내어 모든 근기마다 다 응하여 일체중생을 이익하게 하는 것도 모두 자비가 그 ①임을 밝히고 있다.

⑧ 부동지

'대비로 머리를 삼아서 방편선교를 능히 분별하여 대원을 일으켜서 부처님의 법력으로 보호하는 것이 되며, 부지런히 중생을 이롭게 하는 지혜를 닦고 익혀 널리 무량한 차별 세계에 머물되 동함이 없이 신어의 업을 짓는 바를 부처님의 법과 일치하게 되느니라' 하여, 이 보살의 자리에서도 대비심으로 말미암아 열 가지 자재를 얻어서 과실 없는 신업과 과실 없는 어업과 과실 없는 의업이 지혜 따라 행하게 되어 반야바라밀이 증장하는 것을 말함이요.

⑨ 선혜지

'널리 대비를 행하기 때문에 세계의 차별을 알며 중생세계에 뛰어들어가 여래의 행처에서 부처의 적멸평등행의 삼매에 수순하게 된다' 하여 이구삼매와 해인삼매(海印三昧) 등 열 가지 삼매를 얻어 대복지혜를 증장하는 것도 모두 이 대비가 근본임을 말하고 있다.

⑩ 법운지

'대자대비를 머리로 하여 일체중생의 번뇌를 덮고 지혜를 키우는 것이다.'라고 하였다.

이와 같이 십지의 낱낱 지에 오르는 것도 모두 그 근본은 자비이며, 또한 이 자비의 자리를 가짐으로써 《화엄경》초발심의 5위 수행이 원만하게 된다. 5종 초발심은 여래의 근본지혜를 개발하는 십주 초발심과 모든 행에 물들지 않는 십행 초발심과 법신과 융화하여 평등한 곳에 이르는 십회향 초발심과 보리의 싹을 발생하는 십지 초발심과 중생교화에 임운자재(任運自在)하는 십일지 초발심의 근본도 모두 자비에서 비롯된 것이다.

14) 무량수관경의 인증

《논문(論文)》

如無量壽觀經云호되 佛心者는 大慈悲是라하시니라

《역(譯)》

《무량수관경》에 설하심과 같이 "불심이라 함은 대자비를 말함이라."

《의역(意譯)》

소승의 경지에서 벗어나 대승의 경지에 들어가면서 다시 상에 집착하는 마음을 버리고 오로지 부처님의 명호를 불러서 자연법이의 현실세계를 관하게 하여 세 가지 복전과 영원히 살아가는 길인 부처님의 세계에 태어나는 것을 제시한《무량수관경》에 설하심과 같이 중생을 애민하게 생각하여 고통의 세계에서 피안의 세계로 건져주고자 하는 부처님의 마음을 곧 상대성이 있고 댓가를 바라는 자비가 아니라. 절대 평등의 마음으로 무연의 자비를 말씀하신 것이니라.

《강설(講說)》

대자비를 설하는 무량수관경

석가모니불이 중생을 교화하기 위하여 설법한 일대시교를 보다 쉽게 알게 하기 위하여 중국의 천태지자대사는 5시교로 나누었으나 여기서는 셋으로 나눈다.

① 보리수아래에서 깨달음을 얻어신 후 중생근기에 비하여 법이 너무 어려워서 이익이 되는 것보다는 오히려 마음에 번뇌만 가중시킬 것이라는 것을 생각하고 곧바로 열반에 들려고 하였다. 이때 제석천과 모든 천신들이 과거 모든 부처님들의 행장(行狀)을 전거들어 중생 근기에 따른 방편의 교설로 제도하기를 권유함에 따라 마음을 바꾸고 삼매 중에서 자설하신《화엄경》의 37일(三七日) 법문
② 중생들의 근기가 성숙함을 보고 다시 대승의 입장에서 설하신 것 가운데 하나인《관무량수경》
③ 중생교화를 마치고 열반에 드실 때, 마지막으로 설하신《열반경》

등으로 시작과 중간과 끝의 세 단계로써 부처님의 무연대자비에 관한 인증의 문으로 삼았다. 논자가 이 세 가지 경전을 인용문구로 삼는 데는 여러 가지 의미가 있다.

① 불신관(佛身觀)으로써 법보화 삼신으로 나타내었다. 즉 《화엄경》은 자연법이의 법을 깨달아 중생을 제도하기 위하여 근기따라 몸을 나타내신 법신에서 화신탄생을 의미하는 경이요. 《무량수관경》은 화신 설법에 의하여 수행자가 원을 세우고 발심하여 고행정진한 결과로 부처를 이룬 보신 탄생을 의미하는 경이요, 《열반경》은 화신으로써 설법을 마치고 다시 영원불멸의 법신으로 돌아감을 의미하는 경이다.
② 교리면은 선(禪)과 교(敎), 현(顯)과 밀(密)의 전개를 말하는 것으로써 《화엄경》은 장차 교설 할 일대시교의 내용을 예시한 경이요, 《무량수관경》은 수행 가운데 교리에 가까운 염불문을 개창한 것이요, 《열반경》은 화신불의 열반의 모습이 교와 선을 동시에 섭한 현교에서 영원삼매로 이어지는 밀교법신 환원의 경이다.
③ 수행면은 《화엄경》은 자연법이의 무언설법으로 의밀(意密)이요, 《무량수관경》은 불의 명호를 불칭명함으로 구밀(口密)이요, 《열반경》은 육신과 법신의 모습을 나타내시니 심밀(心密)을 뜻한다.

현교의 이 세 경전은 독자적으로는 완전한 삼밀이 설립되지 않지만, 셋을 하나로 합할 때, 비로소 화신불의 체를 보지 아니하고 자성을 갖춘 이 몸 이대로 곧 불이 된다는 삼밀선정의 기틀이 되는 것이다.

이와 같이 현교의 삼대경전을 인용하여 증거를 삼은 것은 결국 밀교의 수행을 설명코자 하기 위한 것이다. 《무량수관경》 원제는 《관극락국무량수불관세음보살대세지보살경》이며, 이를 《관무량수경》 또는 《십륙관경》이라 하며, 짧게는 《관경(觀經)》이라 하여 《무량수경》과 《아미타경》을 합하여 정토삼부경(淨土三部經)이라 한다.

내용은 인도 마갈타국 빔비사라왕의 부인인 위제희 왕후가 아들인 아사세 태자가 제바달다의 악계로 말미암아 왕권을 빼앗고 부왕을 일곱 겹의 감옥에 가두고 일체 음식을 들이지 못하게 하여 굶어 죽기를 바랄 때, 위제희 왕비는 몸을 깨끗이 씻고 꿀과 밀가루와 우유를 반죽하여 몸에 바르고 영락 구슬 속에 포도즙을 담아 면회를 한다면서 옥사장 몰래 왕에게 올려 21일 동안 옥중에서 살게 하였다. 이것을 안 아사세태자는 어머니마저 살해하려다 신하들의 반대로 옥에 가두었다. 왕비는 자식이 부모를 해하는 악이 많은 세상을 비통하게 생각하면서 옥중에서 간곡한 염원으로 부처님의 법문 듣기를 청한다. 부처님은 먼저 목련과 부루나존자를 보내어서 위로하였다.

그후 부처님께서 위제희 왕비에게 설법하였다. 위제희 왕비가 부처님에게 말씀하기를, '저는 과거생에 어떠한 악업의 인연으로 악독한 아들을 두게 되었으며, 부처님은 어찌하여 제바달다와 같은 나쁜 무리들과 친속이 되었습니까?' 하면서 원망의 말을 하였다. 이에 부처님은 자연의 이치를 하나하나 관법하는 일상관(日想觀) 등 16관법을 설하였다. 그 가운데 앞의 13관은 잡념을 버리고 오로지 선을 행하게 하는 정선관이요, 뒤의 세관법은 산란한 마음이 끊어지지 아니한 상태에서 모든 악을 짓지 아니하고 많은 선을 행하게 하는 산선관(散善觀)으로써 세 가지 복전과 구품의 세계에 태어남을 얻는다고 설하였다.

    이 논은 이중에 제9 진신관(眞身觀)을 인용하였다. '부처님의 몸을 볼 수 있으면, 또한 부처님의 마음도 볼 수 있는 것이다. 부처님의 마음은 곧 불심이다, 이 불심은 곧 대자비이며 모든 부처님은 이러한 무연대자비로써 모든 중생을 섭수하시느니라' 하셨다. 자비에는 세 가지가 있다.

① 중생연자비(衆生緣慈悲)다. 고통만 보고 바깥 모양에 따라 자비심을 일으키므로 이는 소비(小悲)며, 범부의 자비요 소승의 자비이다.
② 법연자비(法緣慈悲)이다. 법연이란 심성을 통괄하며 무아의 이치에서 일으키는 자비인데 이것은 중비(中悲)요. 보살의 자비이다.
③ 무연대자비(無緣大慈悲)이다. 이 자비는 삼륜청정관에 머물면서 의지함도 없고 멀어짐도 없는 마음으로 대비(大悲)를 일으키는 부처님의 자비이다. 대자비의 법체가 된다.

    이 논에서는 상대성에 의하여 일으키는 자비가 아니라, 절대의 자비로써 시방의 모든 이들에게 여래자성을 보게 하는 것이다. 남녀노소 선악경중 등을 가리지 아니하는 것이다.

    여기서 제바달다와 아사세 태자의 악연을 보면, 제바달다는 부처님의 4촌형제로써 자랄 때부터 싯다르타 태자를 시기질투 하다가 싯다르타 태자가 부처가 된 이후에도 인도에서 가장 사나운 코끼리를 부처님 다니시는 길목에 풀어서 부처님을 밟게하였다. 움직이는 어떠한 것만 보아도 밟아 죽이는 그 코끼리가 부처님 앞에서는 도리어 무릎을 꿇고 온순한 코끼리로 변하였다. 다시 독사를 풀어서 나무 그늘에서 정에 들어 계시는 부처님께 보냈다. 독사 역시 머리를 숙이고 오히려 부처님의 말씀을 듣는 듯한 자세를 취하게 된다. 제바달다는 코끼리나 독사로는 부처님을 해치지 못함을 알고 아사세 태자에게 접근하여 출생의 비밀을 말하면서 악이 싹트게 하였다. 아사세 태자의 출생의 비밀이란 빔비사라왕이 늙도록 자식이 없어 바라문에 물었다. 바라문이 말하기를 '비부라산에서 수행하는 선인이 죽으면 아들로 태어난다는 것이다.' 왕은 그때를 기다리지 못하고 선인을 미리 죽였다. 이로부터 왕후가 태기가 있어 다시 바라문에 물었다. 바라문은 놀라는 기색으로 '잉태된 아이는 수원심(讐怨心)을 갖고 태어나서 뒷날 아버지를 살해하고 어머니를 욕보이는 자식이 될 것이다' 하였다. 이 말을 들은 왕은 놀랍고도 두려워서 높은 누각에 산실을 설치하고 분만하게 하여 밑으로 떨어지게 하였다. 손가락만 부러지고 목숨에는 이상이 없었다. 태자가 성장하여 장년이 될 때에 제바달다로부터 출생의 비밀을 듣고 이로써 부왕을 죽이고 어머니를 가두는 무도한 왕이 되었던 것이다. 부처님은 자기를 해하고자 하는 제바달다를 용서할 뿐 아니라, 생암지옥에 떨어지는 것을 구제하여 제자로 삼아 참회정진하게 하여 아라한과를 얻게 하였다.

또한 바라문의 꾀임에 빠져 999명의 목숨을 끊고 마지막 천 명째 부처님을 해하고자 하는 앙굴리마라와 같은 살인마도 굴복시켜 출가하게 하여 아라한과를 얻게 하였다. 이처럼 제바달다의 시기질투심으로 지은 죄과와 앙굴리마라의 살인성도 부처님은 자비로 참회하게 하고 득과하게 하였다. 이를 본 위제희 왕후도 악연의 아들을 자비로 감싸는 마음이 생겨 영원히 악연의 수레바퀴에서 벗어나게 되었다. 이것이 부처님의 무연자비를 표한 것이다. 논에서 이경을 인용한 것은 그 뜻이 대승경전 가운데 이 경만큼 무연자비에 대하여 설명된 경이 드물기 때문이다.

15) 열반경의 인증

《논문(論文)》

又涅槃經云호되 南無純陀는 身은 雖人身이나 心同佛心이니라 하시니라. 又云호되 憐愍世間하시는 大醫王은 身及智慧가 俱寂靜하야 無我法中에 有眞我하나니 是故로 敬禮無上尊하나니라. 發心과 畢竟은 二無別이라 如是二心에는 先心難이로다. 自未得度하야도 先度他하리니 是故로 我禮初發心하나니라. 發心은 已爲人天師하시고 勝出聲聞及緣覺하시니, 如是發心은 過三界하나니 是故로 得名最無上하나니라 하시니라

《역(譯)》

또《열반경》에 이르되, "남무 순타는 몸은 비록 사람의 몸이라도 마음은 불심과 같으니라" 하시니라. 또 이르되 "세간을 애민하시는 대의왕은 몸과 지혜가 함께 적정하여 무아의 법 가운데 진아가 있나니, 이러한 연고로 무상존에 경례함이라. 발심과 필경은 둘의 구별이 없나니, 이 같은 두마음은 선심이 어렵다 함이라. 자기가 아직 제도되지 못하여도 먼저 남을 제도함이니, 이런고로 내가 초발심에 예 하노라. 초발심은 이미 인천의 스승이 되고 성문과 연각에 뛰어남으로 이 같은 발심은 삼계를 넘은 지라. 이런고로 최무상

이라 이름함을 얻느니라" 하시니라.

《의역(意譯)》

또 화신불이 중생근기에 따라 45년간의 설법을 마치시고 최후의 말씀으로 법신은 상주하며, 일체 모든 중생은 모두다 부처가 될 수 있는 성품을 지니고 있다. 그러기에 자신 속에 있는 불 성품을 등불로 삼고 지금까지 설한 방편의 일대시교(一代示敎)를 등불로 삼아 부지런히 수행하면 반드시 불과를 얻게 될 것이라고 설법하신《열반경》에 보면, 세상에 어려움 가운데 가장 어려운 것은 부처님께서 열반에 드시려 할 때, 최후의 공양을 올리는 것이다. 이 공양의 공덕은 또한 가장 훌륭한 공덕이 된다. 순타에게 부처님에게나 붙이는 존경의 말씀인 '남무'를 붙이게 한 것도 그 공덕의 큼을 의미하는 것이다. 열반의 마지막 공양의 공덕은 곧 부처님과 동등함의 공덕이 있다는 뜻이다. 부처님께서는 순타에게

"몸은 비록 사람의 몸이나 최후의 공양으로 보시바라밀을 성취한 순타의 마음은 중생들의 삼독의 병을 치유하는 부처님의 광대원만한 자비심과 조금도 다를 바가 없이 같다" 하셨다. 이 경전 역시 자비의 극치를 말하는 경전이다. 자비행만이 불이 된다는 것이다.《열반경》에 말씀하시기를,

"세간에서 욕심내고 성내고 어리석음의 삼독이 병이 되어 고통받고 있는 불쌍한 중생들을 애민하게 생각하시어 병에 따라 약을 주어서 쉽게 복용하고 완벽하게 낫게 하시는 대의왕(大醫王)은 마음의 지혜를 펼치고 색신(色身)의 몸으로 자비를 함께 베푸는 것은 모두 법신불의 공능인 적정(寂靜)에서 나와서 이승까지도 갖지 못하는 오직 법신의 내면속에 있

는 무아 가운데 자재하는 진아를 보게 한 것이다. 이런고로 법신불의 당체인 무상존에 경례를 하는 것이다. 범부가 발심하는 것은 반드시 필경의 성불을 구하고자 하는 것이다. 그러기에 이 둘은 구별할 수 없으나 그 차별성을 억지로 논하면, 필경의 열반을 하기 위하여 먼저 발심이 있어야 하기 때문이다. 필경보다는 발심이 더 중요하며, 또한 발심이 어렵다고 하는 것이다. 발심이 되면, 자기가 아직 제도되지 않았다 하여도 얼마든지 남을 제도할 수 있다. 그러기에 부처님께서도 초발심자를 찬탄하면서 예를 하는 것이다. 필경을 목적으로 발심한 것은 이미 부처가 된 것이나 다름없기 때문에 인천의 스승이 되고 성문과 연각의 경계까지도 초월하였다. 이러한 발심은 또한 삼계를 넘어서 육도윤회까지도 벗어나는지라. 무수겁을 지나지 아니하고 그 자체로 법신의 정보리심에 들어가서 보현의 대비 방편심을 만족하게 됨이라. 이런고로 최무상이란 이름을 얻게 되느니라." 하시니라.

《강설(講說)》

열반경의 순타 이야기

　제4 인증문이다. 이 인증문은 다시 둘로 나누어서 보기도 한다. 지금 이 글은 행원의 증명구요, 뒤의 게송 체는 승의의 증명구다.《열반경》은 쿠시나가라 가까이 흐르는 아리나발제하 강가에 서 있는 사라쌍수 사이에서 2월 15일 입멸하고자 하시는 석가모니불께서 최후로 설하신 경이다. 경의 원명은《대반열반경》이다. 이 경은 소승의《대반열반경》과 대승의《대반열반경》의 두 종류가 있다. 대승의《열반경》을 소승의《열반경》과 구분하기 위하여 줄여서 대승의 경전을 《열반경》이라고 한다. 소승의 《대반열반경》은 주로 부처님의 열반에 관한 사항을 역사적으로 기록한 것이요, 대승의 《열반경》은 교리를 중심으로 서술되어있다. 전래는 남송 때 혜관, 혜엄 등이 담무참이 번역한 북본을 기초로 법현스님의 역과 대교하여 36권 25품으로 만든 것이다.

　이것을 《남본 열반경》이라 하며, 후세에 이 경을 중심으로 연구되고 독송되었던 것이다. 열반이란 nirvana의 음사로써 반열반(般涅槃)(parinivana)이라고도 하며 멸도(滅度)라고 번역한다. 멸도를 다시 입멸(入滅)이라 하였다. 실지로 열반에 든다는 것은 싯다르타 태자가 수행 끝에 성불한 그 자체가 곧 열반이다. 그러나 지금은 주로 멸도의 의미로써 열반이라 하고 있다.

　중생세계에서 부처님의 경지로 들어가는 해탈을 유여열반이라고 한다면, 화신불의 세계에서 법신불의 세계로 환원하여 가는 것이 무여열반이라 할 수 있다. 경의 내용으로는 법신상주(法身常住). 상락아정(常樂我淨). 일체중생실유불성(一切衆生實有佛性)등의 세 가지 사상을 밝히고 있다.

　'법신상주' 란 참된 부처님은 육신을 가진 부처가 아니라, 육체를 벗어난 순수한 정신적 존재이며, 영원한 존재의 위치로 다시 돌아감을 뜻한다.

　'상락아정'이란 부처는 위와 같이 육신으로서가 아니라, 속박되는 무명에서 벗어나 부처로 하여금 부처이게 한 진실한 깨달음은 그 자체가 곧 법신이므로 무상한 육신이 아닌 상주신이요〈常〉 이 상주하는 법신은 곧 해탈신이므로 일체의 행위가 고가 되는 것이 아니라, 도리어 락이 되며〈樂〉, 이러한 즐거움은 또한 반야가 되므로 무지에서 벗어나 절대자유의 대아가 있게 된다〈我〉, 결국 그것은 정성으로 본체를 삼으니 번뇌가 없는 존재가 된다〈淨〉.

'일체중생실유불성'이란 중생이라면 누구나 다 불성을 가지고 있다는 뜻이다. 일천제 999명을 살해한 앙굴리마라가 참회하고 수행하여 아라한과를 얻는 것도 모두 부처가 될 수 있는 성품을 지니고 있기 때문이다.

이 경에서 이 세 가지 사상을 말씀하시면서 화신불로써 육체는 비록 사라지지만, 그것에 반연하거나 의지하지 않고 자기 자심속에 있는 불성을 등불로 삼고 지금까지 설법한 모든 법을 등불로 삼아서 수행하면 구경에 가서는 모두 성불한다고 설하시고 열반에 드신 것이다. 이론의 인증구는 36권 25품 중에 앞의 인용구는 〈순타품〉의 것이요 뒤의 인용구는 〈가섭품〉이다.

〈순타품〉에서 순타는 쿠시나가라 성에 살고 있는 대장장이 아들로써 부처님에게 최후의 공양을 올린 불자이다. 부처님에게 올리는 공양 가운데 가장 큰 공덕을 가져다주는 두 가지 공양이 있다. 하나는 성불하고난 첫 번째 공양과 열반하기 직전에 올리는 마지막 공양이다. 최초의 공양은 싯다르타 태자가 육년간 육체의 지탱을 극단끼지 몰고 간 고행에 의해 바라던 최고 이상의 경지에 도달하지 못함을 알고 육체를 괴롭힐 것이 아니라, 육체의 힘을 잘 사용함으로써 고뇌에서 벗어날 수 있는 해탈을 얻을 수 있지 않겠는가! 생각하고 정각산을 내려와 니련선하 강가에서 목욕하고 잠시 쉴 때에 목우녀 수자타로부터 우유죽의 공양이 그 ① 공양이요, 이제 순타가 올린 숫카라맛다바〈일종의 버섯음식〉가 ②이다. 수자타의 최초공양을 받고 무상정등정각을 얻었으며, 순타로부터 최후의 공양을 받고 화신에서 법신으로 돌아가는 열반의 공덕을 얻게 되었다. 최초공양을 받을 때는 같이 수행하던 5비구가 부처님 곁을 떠나게 되었는데 싯다르타 태자는 오히려 연민의 정을 끊는 좋은 기회가 되었다. 그리고 마지막 공양으로는 사바세계와 인연을 끊는 계기가 되었다.

　이 두 가지 공양 중에도 특히 화신에서 법신으로 돌아가게끔 인연을 만들어 준 순타의 공양을 더욱 찬탄하셨다. 경에 말씀하시기를, '나는 실로 먹지 아니하나 모인 대중을 위하여 너의 마지막 공양을 받는다. 순타여! 너는 사람이 세상에 태어나서 얻기 어려운 다시없는 이익을 얻었다. 착하도다. 순타여! 부처님이 세상에 나심이 어려운 일이요, 부처님의 세상을 만나 발심하여 법문을 듣는다는 것은 더욱 어려운 일이다. 또한 부처님께서 열반에 드시려 할 때, 마지막 공양을 마련한다는 것은 이보다 더 어려운 일은 없다. 그러므로 그대는 최고의 보시바라밀을 구족하였다. 모든 대중은 순타에게〈남무 순타〉라 부를지니라. 남무 순타여! 그대는 이제 뚜렷한 가을달과 같아서 모든 중생들이 쳐다보지 않는 이가 없으리라. 남무 순타는 비록 사람의 몸을 받았지만 마음은 부처와 같으니라, 지금 순타는 참으로 부처님의 아들이며 라후라와 같아서 조금도 다르지 아니하리라' 하셨다.

　이처럼 최후에 공양을 올린 공덕을 부처님과 보살들에게만 사용하는 불교 최고의 존경구인 '남무'를 붙이게 하였던 것이다. 남무(南無)는 범어로써 '나모'라고도 하며, 그 뜻은 정례의(頂禮義)이다. 한역으로 남은 귀요 무는 명(命)이다. 일체경음의에서도 계수정례로써 귀명이라 하였다. 그 외에 귀의나 신종(信從)의 뜻으로도 표현한다. 구체적인 행위로는 입으로 부처님을 부르고 몸을 굽혀서 예를 올리며 뜻으로는 부처님의 마음과 같이 되고자 하는 생각을 가지고 부처님 발에 머리를 대고 예배하여 신명(身命)을 바친다는 것이다. 순타가 행한 최후의 공양은 곧 의지함도 없고 집착함도 없는 가운데 무엇이든 공과를 바라지 아니하고 베풀 수 있는 자비가 곧 행원의 자비가 될 뿐 아니라, 지혜를 머금은 승의의 자비도 동시에 성취되어서 삼업이 하나로 되어 원만한 보시바라밀이 성취되었던 것이다. 이 성취의 공덕으로 곧 부처님으로부터 '남무'의 예칭을 받게 되었다.

그리고 순타를 부처님의 아들인 라후라와 같다고 한 것은 인위(因位)의 순타가 가진 자비의 마음은 과위(果位)의 부처님이 가지고 있는 무한의 자비와 같다는 것을 의미한다. 그것은 중생들의 삼독의 병을 치유할 수 있는 불심인(佛心印)이기 때문이다. 몸속에 가득 찬 불심인의 자비가 밖으로 넘쳐 활용하는 모양이 마치 부처와 같다는 것이다. 아들인 라후라도 이미 부처님의 내면속에 있는 진실한 자비의 깨달음인 불심인을 어느 제자들보다도 원만하게 깨달았다는 것이다. 즉 법신불의 모든 공능을 얻은 것이므로 부처님과 육신만 나누어가졌을 뿐 아니라, 그 정신세계까지도 조금도 다를 바가 없다. 보통인으로는 여래가(如來家)에 태어날 수가 없다. 다만 아버지인 부처님의 그늘에 가리어져 있어서 그 빛을 발하지 못했을 뿐이다. 이것을 아신 부처님께서 순타를 통하여 라후라의 경지를 확실하게 말씀하신 것인데도 후학들은 한 번도 그것에 대하여 생각을 하지 못하고 있다. 진정한 깨달음을 얻고 나면 알게 될 것이다.

《열반경》에서 순타를 말하면서 라후라를 거명한 것은 화신인 석가불이 비록 열반에 들어서 법신으로 환원하여 가지만, 또 한 분의 화신불을 사바세계에 남겨두고 간다는 의미이다. 그가 곧 다름 아닌 라후라이다. 《열반경》에서 순타에게 남무를 붙이게 한 것은 결국 라후라를 의식한 것이며, 라후라와 같다고 한 것은 더욱 그 뜻을 분명하게 하고 있다. 이것은 곧 부처님의 비밀적인 말씀으로서 십대제자를 논하면서 라후라에게 밀행제일(密行第一)이라는 그 의미만 보아도 알 수가 있는 것이다. 라후라가 세상에 있으므로 부처님의 육신은 영원히 존재하며 석가불이 열반에 드심으로 하여 법신불 또한 영원히 존재하게 된다. 이것이 부처님의 대자대비한 마음이며 그것을 표시한 것으로 마지막 공양의 인용구이다.

무상존에 경례함이라

경전 상으로 제4증경(證經)이요, 실지로는 제5증구(證句)이다. 이것은 《열반경》 제24품 〈가섭보살품〉으로써 그 내용은 모두 자비에 관계되는 것으로 초발심의 공덕을 찬탄하는 구절이다. 제1, 2의 게송은 행원증(行願證)이요, 제3 게송은 승의증(勝義證)이다. 또 제1송은 발심한 이후의 사람에게 경례함을 밝히고, 제2, 3게송은 아직 성불하지 못한 마음과 더불어 성불한 마음을 밝힌 것이다. 세간에서 고통받고 있는 중생을 불쌍하게 여기는 것이 부처님의 대자비심이 될 뿐 아니라, 모든 중생들이 근기에 따라서 평등하게 무상의 보리를 보이는 것이기도 한다.

대의왕의 몸과 지혜가 함께 적정하다는 것은 법신 비로자나불의 본체의 공능중에 하나이다. 법신 부처님은 중생들이 삼계육도에 윤회하면서 시간적으로 생주이멸(生住異滅)하고 공간적으로 성주괴공(成住壞空)하는 원리 속에 생노병사(生老病死)의 번뇌를 일으키면서 갖가지 고통을 받고 있다. 그 고통의 근원은 탐진치(貪瞋癡)삼독이다. 이 삼독의 병을 치유하는 데 지혜를 바탕으로 하며, 몸으로 자비를 베풀어서 약을 쓰되 그 약의 성품을 잘 알아서 병에 따라 약을 주어 중생으로 하여금 쉽게 복용하고 완벽하게 낫게 함으로 무명의 번뇌 등을 흘러버리고 해탈케 하는 것이다. 이러한 발심의 공능은 대자재한 진아(眞我)에서 나온다. 이승인들은 진정한 내면세계의 아(我)를 보지 못하며, 또한 무아(無我) 그 자체가 곧 대자재, 대무애한 진아라는 것을 모르기 때문에 결국 무아의 법만을 보는 이승의 경계에 머무르고 있다. 법신 비로자나불은 능히 모든 부처님 가운데 대자재왕이 되기 때문에 명심실상(明心實相)의 여래응정등각이 곧 내심의 진아가 됨을 시현하시니 청황적백(靑黃赤白)이나 시비장단(是非長短) 등 여러 가지 분별의 외연에 집착하고 부딪쳐서 벗어나지 못한다. 이러한 생각을 여읠 때, 진정 그 속에 진아가 있다는 것을 알아야 한다. 진아는 곧 위없는 법신불의 당체가 무상의 위치에서 뚜렷하게 빛을 발하고 있다. 중생계는 물론이요, 이승인마저도 진정한 공경의 예를 올리게 된다. 여기서 예를 올린다 함은 의식적인 존경의 예보다는 일체중생은 누구나 다 그와 같이 될 수 있는 진아를 함장하고 있다는 것에서 자기자신에게 예를 올리는 것이다.

발심과 필경은 구별이 없다

초발심의 공덕을 찬탄하는 것이다. 발심은 42수행계위 중에 제1 발심주이다. 이 발심이 인이 되고 필경은 열반을 나타내는 것으로 과가 된다. 인과(因果)나 범성(凡聖)은 같은 것으로 지혜가 인(因)이 되면 자비는 과(果)가 되고 범부가 인(因)이라면 부처는 과(果)가 된다. 이 둘은 체가 같아서 구별이 없다. 다만 명(明)과 무명(無明)으로 번뇌와 지혜로 구분할 뿐이다. 범부가 발심하는 것은 반드시 필경의 열반을 목적하고 일으키는 것이며, 그것은 또한 이타의 자비사상이 없이는 일어나지 않는다. 이타의 자비 사상은 남을 제도함을 목적으로 한다. 그러기에 결과인 열반의 경지에 오르는 것보다 먼저 인(因)이 되는 자비발심이 선행되어야 한다. 그러므로 열반의 경지를 얻는 것보다 초발심이 더욱 어렵다고 한다. 예를 들면, 대나무를 쪼갤 때 첫마디만 쪼개지면 그 다음 마디는 자연스럽게 쪼개지는 것과 같이 첫마디에 온 힘을 기울여야 하니 어려운 것이다.

초발심은 최무상의 도리이다.

남을 제도하는 자비 발심을 갖는다는 것도 이와 같다. 남을 제도한다는 것은 설혹 자신이 깨달음을 얻지 못하여 해탈하지 않았다 하여도 발심을 하게 되면 보리심을 일으킨 그것만으로도 모든 사람에게 존경받을 만하다. 그러나 소승의 경지에 머무른 자나 소아의 경지에 있는 자는 그렇게 생각하지 아니한다. 《비바사론》에 '나는 중생을 제도해야겠다' 말하지 않고 '자신이 제도가 된 뒤에 중생을 제도해야겠다' 말하고 있다. 그것은 자신이 아직 제도 되지 못했으면 남을 제도하지 못한다는 사상이다. 마치 사람이 자기가 흙탕에 빠져있으면서 어찌 다른 사람을 건져낼 수 있겠는가? 또 마치 자신이 물에 떠내려가면서 어찌 물에 떠내려가는 다른 사람을 건져내고자 할 수 있겠는가? 그러므로 내가 먼저 제도 된 연후에 남을 제도하여야 한다. 또 이르기를, '만약 사람이 스스로 착하지 못하면 남을 착하게 할 수 없다. 자신의 몸이 편안함을 얻은 후에 다른 사람을 편안하게 하여야 한다.' 하였다. 그러나 대승불교나 밀교에서는 이것과 다르다. 남녀노소 빈부귀천 누구를 막론하고 자비로운 마음으로 보리심만 일으키면, 그것만으로도 해탈시킬 수 있다.《현자오복덕경》을 보면, 현자가 법을 설하여 다른 사람으로 하여금 부처님의 가르침을 믿게 인도하면 다섯 가지 복전이 있다. 다섯 가지 복전이란 그 사람이 태어나는 곳마다 장수함을 얻음 이 그 ①요, 설법자가 태어나는 곳마다 큰 부자가 되어 재물이 한량없음이 그 ②요, 태어나는 곳마다 단정하여 견줄 바가 없음이 그 ③요, 태어나는 곳마다 명예가 멀리 들리는 것이 그 ④요, 태어나는 곳마다 총명하고 슬기로움을 얻게 되니, 이것이 ⑤ 공덕이다. 법을 전하여 얻는 오복전을 풀이하면,

① 장수함을 얻는다

현자(賢者)가 법을 설할 때 위와 중간과 아래의 말이 착하여 뜻이 두루 구족하고 적멸무위(寂滅無爲)에 돌아가는 법이므로 살생하기를 좋아하고 즐기던 사람이 살생을 멈추고 자비심을 일으켜 방생(放生)의 마음이 생겨 살생하지 아니하기 때문에 장수함을 얻게 되며 이로써 설법자도 동시에 그 공덕을 받게 된다.

② 큰 부자가 된다

현자가 법을 설할 때, 위도 착하고 중간도 착하고 아래도 착하여 그 뜻이 두루 구족하여 적멸무위의 법이 성취되므로 도둑마저 이 법을 듣고 훔치는 행위를 그만두고 도리어 남에게 보시하는 복을 지어 해탈하게 되면 그 인연으로 설법자도 동시에 해탈하는 복을 받게 된다.

③ 단정함을 얻는다

현자가 법을 설할 때, 위와 중간과 아래가 착해서 그 뜻이 두루 구족하여 적멸 무위에 계합함으로 진심 많은 사람이 이 법을 듣고 화기(和氣) 있는 안색으로 성냄을 끊고 얼굴빛이 부드럽고 스스로 광택이 나게 되면 이 인연으로 설법자도 동시에 그 복을 받게 된다.

④ 명예가 멀리 들린다

현자가 법을 설할 때, 위로 중간으로 아래로의 말이 착하여 그 뜻이 적멸무위에 계합함으로서 불법승 삼보를 공경하지 아니하던 사람이 이 법을 듣고 부처님을 공경하고 법(法)을 공경하고 승(僧)을 공경 공양하게 되어 그 인연으로 해탈의 미를 맛보게 되면 설법자도 동시에 그 공덕을 받게 된다.

⑤ 총명하고 슬기롭다

현자가 법을 설할 때, 위로도 중간으로도 아래로도 그 말이 착하여 두루 구족하므로 적멸무위의 법에 계합하면, 이 법을 듣는 자가 무명 번뇌에서 벗어나 미묘한 지혜를 깨치게 되어 총명하고 슬기롭게 되면 그와 동시에 설법자도 같은 공덕을 얻게 되는 것이다.

이와 같이 법을 듣는 사람이 각각 그 법을 듣고 깨달음을 얻어 고통의 세계에서 해탈하게 되면 그 인연으로 설법자도 같은 공덕을 얻게 된다고 하였다. 이제 진언행자들도 자성중생이 먼저 제도되어서 공덕이 널리 회향이 되어 모두 해탈하였으면 더 말할 나위 없이 좋겠지만 그러하지 못하였으면 이와 같은 방편의 법을 세울지니라. 수년간 서원을 세우고 정진하여도 아직 입교당시의 서원과 그 뒤의 갖가지 서원이 성취되지 아니하여 해탈함이 없었으면, 이제부터 자신을 위한 서원과 정진을 중단하고 초대승의 보살정신으로 돌아가서 남을 위하여 서원을 세우고 정진을 하여보자.

예를 들면, 나 자신 아직 가난에서 벗어나지 못하였으면 먼저 이웃의 가난한 사람들을 찾아다니면서 열 명이든 백 명이든 자비의 보시법을 설하여 교에 입문케 하라. 그 가운데 한 사람이라도 입문하여 나의 법을 듣고 실천하여 해탈하게 되면, 그 인연으로 나 자신은 지금까지 올바른 무주상보시(無住相布施)법을 실천하지 아니하여 해탈하지 못하였다 하여도 법을 설한 공덕으로 그와 동시에 가난에서 벗어나게 될 것이다.

또 지금까지 병으로 고통받으면서 해탈함이 없었으면, 다시 이웃의 병든 자 열 명이든 백 명이든 찾아다니면서 부처님의 살생을 금하는 법과 자비법을 전하라. 나의 법을 듣는 사람 중에 한 명이라도 불법에 입문하여 그 법을 실천하면 그와 동시에 실천하지 아니하던 나 자신도 올바른 법을 실천하게 될 뿐 아니라, 법을 듣는 자가 해탈함과 동시에 나 자신도 속히 병고로부터 벗어나는 공덕을 맛보게 된다.

이것으로 보아 설혹 나 자신 올바른 정진을 못하여 입교할 때부터 세워온 서원이 성취되지 않았다 하드라도 《현자오복덕경》의 말씀과 같이 방편의 법을 사용하여 남을 먼저 제도하면 자신도 해탈할 수 있다. 이것이 이타자리의 보살정신이다.

발심이란 반드시 마음이 청정한 자만이 일으키는 것이 아니다. 만약 마음이 청정한 자나 근기가 높은 자만이 일으킬 수 있는 것이라면, 부처님의 법은 이 사바세계 중생들에게는 필요 없는 법이요, 부처님의 세계나 보살의 세계에서만이 통용되는 특수한 법일 것이다. 그렇게 되면 부처님 말씀은 세간을 위한 말씀이 아니다.

앞에서도 인용하였듯 회당 대종사께서 《진각교전》서문에 "불법은 현실에 입각한 이상을 말씀한 것이며, 세간을 토대로 출세간법을 설하여 인간사회에 도덕적 생활을 고조한 것이라" 분명하게 밝히셨다. 중생은 누구나 부처가 될 수 있는 성품을 가지고 있다고 모든 경전에서 설하고 있다. 다만 무명 번뇌에 가리어져 있기 때문에 자신의 불성을 보지 못할 뿐이다. 이제라도 마음을 비우고 부처님의 업을 짓는 신심을 일으키기만 하면, 그 자신 아무리 두터운 죄과가 있다하여도 이 몸 이대로 앉은 그 자리에서 부처와 같이 되리라, 이로써 곧 자성중생이 제도 된 것이므로 얼마든지 남을 제도 할 수 있다.

발심은 인간세계와 천상세계의 스승이 될 뿐 아니라, 성문과 연각의 세계를 거쳐 삼아승기겁의 수행을 요하는 시간을 뛰어넘어 곧바로 불세계(佛世界)로 가는 지름길이다. 진언행자는 위와 같이 처음 정보리심을 일으키면, 무수겁을 지나지 아니하고도 보현의 대비방편을 만족하게 되는 수행이 이룩되어 제불의 공덕이 그 가운데 다 갖추어져 비로 법신의 체인 최무상이란 이름을 얻을 것이다. 이것이 《열반경》의 말씀이다

16) 대일경의 인증

《논문(論文)》

如大毗盧遮那經云호되 菩提爲因하고 大悲爲根하며 方便爲究竟이라하시니라

《역(譯)》

《대비로자나경》에 설함과 같이 "보리를 인으로 하고 대비를 근으로 하고 방편을 구경으로 함이라."

《의역(意譯)》

중생들에게 직접 법을 설하지 못하는 현(顯)의 화엄세계를 벗어나 밀(密)의 당체법으로 법을 설하는 저 《대일경》〈주심품〉에 설하시기를,

'부처님께서는 어떻게 일체지지(一切智智)를 얻었으며, 이 일체지지는 허공과 땅과 불과 바람과 물 등의 5대 작용과 기틀이 중생들의 근기에 맞춰 모든 분별을 없애게 하고 의지케 하며, 일체 집착의 섶을 태우고 번뇌를 제거하며, 환희하고 즐겁게 하신다. 이러한 일체지지는 무엇으로 인(因)을 삼고 무엇으로 근(根)을 삼으며, 무엇으로 구경을 삼았습니까?' 집금강비밀주의 물음에 비로자나부처님의 답변으로써 '깨달음의 본성인 보리를 인(因)으로 하고, 중생을 널리 사랑하는 대자비로 근본을 삼고, 고통받는 중생으로 하여금 구경성불의 경지에 이르게 하기 위하여 방편을 구경으로 삼느니라' 말씀하시었다.

《강설(講說)》

<u>보리를 인으로 대비를 근으로 방편을 구경으로 함이라</u>

승의보리심의 처음 인증(認證)하는 경도 《대일경》이며, 마지막 경전도 이경이다. 처음 제법무상의 공의 도리를 시작으로 무자성을 논하였고, 이제 삼구설을 인용하여 자비를 밝히고 있다. 경에 '집금강비밀주가 일체지지는 허공계와 대지와 불과 바람과 물의 5대 작용을 비유하면서 모든 중생들이 일체지지를 얻어 모든 분별을 없애게 하고 그것에 의지케 하며, 무지로 집착하는 섶을 태우게 하고 전도된 번뇌 티끌을 제거케 하며, 환희하고 즐기게 하는 것이…생략…,이러한 일체지지는 무엇으로 인을 삼고, 무엇으로 근본을 삼으며, 무엇으로 구경을 삼으리까?' 질문한 것에 대하여 비로자나불께서 답하신 구절이다.

이 삼구에 관하여 앞에서도 밝혔지만, 보리라는 것은 원래 자성이 없어서 생멸도 없으며, 염정도 없고 증감도 없다. 견고부동하여 변함이 없음이 곧 보리이다. 수행자가 처음 보리심을 일으켜서 윤회의 업을 여의고, 본불심의 생을 받아 진성을 성취하게 된다. 보살만행의 공덕이 이로 쫓아 증장하게 된다.

이것을 '보리를 인으로 한다' 함이요. 점차 수행하여 광대한 지혜가 발생하게 될 때 그 속에 자연스럽게 대비가 원만하게 갖추어지게 된다. 부처님의 지혜를 대비원만이라 한다. 이것을 '대비를 근본으로 한다' 함이요. 대비의 뿌리에서 충분하게 생성하여 그 결과가 성숙되고 성숙한 열매를 일체 중생에게 반드시 회향하여야한다. 회향은 근기에 따른 방편을 잘 사용하여야한다. 이것이 '방편을 구경으로 함이라' 하는 것이다.

또 삼구는 인(因)과 행(行)과 과(果)로 구분하여 60심 160심 등의 중생 심상의 모습 그 자체를 밝히는 것으로 진언행자들의 용심(用心)이다.

이러한 보리가 중생에게 있으면, 인(因)이 되고 부처에게 있으면, 과(果)가 되며 둘의 행위가 행(行)이 된다. 중생과 마음과 부처가 구분 없듯이 인과 행과 과도 구분이 없다.

현교는 이를 중생의 위치에서 종인향과(從因向果)라 풀이하고 밀교에서는 부처님 자리에서 종과향인(從果向因)이라고 밝혀 나간다. 또 밀교는 태장만다라에서는 보리가 대비만행으로써 양육수호 하는 것이라 하고, 금강만다라에서는 대지만행으로써 제법을 안으로 관하는 것이라 한다.

이 삼구를 회당 대종사의 지비용(智悲勇)의 말씀에 배대하면, 보리는 지(智)요, 비는 대비(大悲)요, 방편은 용(勇)이다. 사람의 일생에 배대하면, 방편의 용은 처음 부모로부터 받은 소년의 몸이요, 보리인 지혜는 자신이 본래부터 가지고 온 자성으로써 부모의 슬하를 떠나 독자적 삶을 살아가는 중년의 몸이요, 비인 자비는 모든 풍상의 해를 보내고 얻어진 결과를 베푸는 노년의 몸이다. 부모로부터 받아온 몸은 과거의 인에 의한 것으로써 태어난 그 자체가 곧 불의 몸이지만, 이것은 모두 인에 의한 일시적 방편으로 구성된 몸이다. 그러기에 변화가 무상하여 어느 하나라도 인법(因法)에 맞지 않음은 없다. 부모로부터 양육 받은 방편의 대징세계를 떠나〈少年期〉, 나 자신 스스로 자립함으로써 보리의 금강세계에 뛰어들어 새로운 인지음으로 본성의 지혜를 찾아 독립된 자신의 삶을 살게 된다. 이 독립된 자신의 삶은 오로지 자기의 인으로써 이룩한 금생의 인과 누겁을 통하여 가져온 깨달음의 인이다〈中年期〉. 이렇게 하여 얻어진 슬기로움의 결과를 바탕으로 자신의 다음 생을 위하고 또 중생들의 다음

생을 위하여 자비의 덕행을 쌓아 성불의 근본을 만들게 된다〈老年期〉.

　　화신 석가모니불의 일생에서도 잘 나타나 있다. 카비라국 정반왕의 태자로 태어난 싯다르타가 부모의 슬하에서 성장하는 것은 자기 자신의 생을 사는 것이 아니라, 즉 부모나 타에 의한 생을 사는 것이다. 과거 누겁을 거치면서 닦아온 선행이 32상과 80종호가 구족한 성인의 상으로 태어난 것은 모두 중생들에게 보여주고자 하는 하나의 방편이다. 이것은 곧 용이며 구경이다. 이때 자신의 주장은 없다. 다만 부모의 뜻에 따른 삶일 뿐이다. 부모가 지어준 삼시전(三時殿)의 생활도 자신의 뜻은 아니다. 이러한 삶을 살다가 어느 날 사대성문 출입에서 생노병사의 자신의 진면목을 발견하게 된다. 이로 발심하여 성을 뛰어넘어 고행의 길로 들어가게 된다. 스승을 찾는 6년과 정각산의 좌부동(坐不動)의 6년 등 홀로서기의 12년의 수행으로 최후에 보리수하에 이르러서 모든 번뇌마들의 의지처까지 뿌리치고 내면 깊숙이 자리하고있는 불성을 찾아 완전한 자신이 되는 깨달음을 얻어 새로운 삶이 시작된다. 깨달음이란 완전한 자신의 삶을 영위하는 것이다. 이후 자신의 힘으로 이룩한 지혜를 자비로 번성케 하는 삼칠일간의 삼매에 들어간다. 이것을 선종에서는 보림(保任)이라 한다. 중생들을 위한 45년간의 설법이 이러한 보림의 단계가 없었으면 행하여지지 않았을 것이다. 그런고로 이 시기(時期)를 중생을 사랑하는 마음을 일으키는 대자비의 시기라 한다.

　　보리수하를 떠나는 것은 부처로써의 짧은 생을 마친 것이 된다. 그 후 바라나시에서 초전법륜을 굴리시는 것은 우리가 처음 태어나서 부모를 의지하듯이 보살로써 태어나서 중생을 의지하는 삶이 시작된 것이라 하겠다. 사바세계에 몸을 나타낸 싯다르타로써의 삶과 성불을 거쳐 열반을 취하지 아니하고 보살로써 설법의 세계에 뛰어든 것은 모두 방편의 세계이다. 하나는 중생으로써 과거 인지음의 방편이요, 하나는 부처의 경지를 지난 보살로써의 방편을 보인 것이다. 만일 32상과 80종호가 방편이 아니라면, 중생들은 선의 인을 짓지 않을 것이요, 깨달음을 얻은 부처로써 보살의 방편을 쓰지 아니 한다면, 중생들은 한마디의 법도 알아듣지 못할 것이다. 이렇게 될 때 중생의 세계를 벗어나는 수행을 한다는 것은 감히 생각조차 내지 못할 것이다. 그러기에 보살의 몸으로 나타나서 중생근기에 맞는 설법을 하게 된다. 이러한 모든 것은 구경의 방편이 되는 것이다.

　보드가야에서 성불을 하신 후 바로 열반에 들고자 한 것은 깨달음의 경지는 중생의 경지로는 도저히 이해하지 못하고 오히려 혼란만을 가중시킬 것임을 알았기 때문이다. 자성 내면에 간직한 인(因)인 보리와 수행을 통하여 얻어진 자비와 중생들을 위한 방편 등은 모두 일체지지의 본성들이다.

　이상으로 발보리심과 행원보리심과 승의보리심 등은 모두 화신의 설법을 인용한 것이다. 이제 현교에서 설하지 못하는 삼마지보리심〈修證〉에 관하여 밀교적 입장에서 이야기를 전개하기로 한다. 지금까지는 밀교의 초대승을 설하기 위한 기초작업에 불과하였다.

제 10 강
삼마지보리심

5. 삼마지보리심 _ 깨닫고자 하는 마음에 비밀스런 수행

1) 삼마지보리심

《논문(論文)》
第三言에 三摩地者는 眞言行人은 如是觀巳이니라 云何能證無上菩提인가 當知하라 法爾는 應住普賢大菩提心이니라 一切衆生은 本有薩陀로되 爲貪瞋癡煩惱之所縛故라하시니라

《역(譯)》
③ 삼마지라 함은 진언행인 이와 같이 관함으로써 어찌하여 능히 무상보리를 증하는고? 마땅히 알지어다. 법이에 보현대보리심에 응주함이라. 일체중생은 본유살타로되 탐진치 번뇌 때문에 얽매이는 연고니라.

《의역(意譯)》

　깨닫고자 하는 마음에 비밀스런 5부의 비밀관을 닦아 만덕의 마음을 가지게 하는 밀교 수행법의 총체인 삼마지보리심이다. 중생과 부처가 일여(一如)하다는 삼밀평등만을 닦는 진언행인은 앞에서 설한 것과 같이 오로지 아뇩다라삼약삼보리만을 구하는 관을 함으로써 능히 무상보리를 증득하게 된다. 이승법이나 선관만을 닦는 수행자들은 이것을 알지 못하고 도리어 의심하면서 어찌하여 그러한가? 라고 반문하는 것이다. 상근상지의 조화를 이루는 진언행자는 마땅히 알지어다. 생멸이 없는 진리, 그 본성은 또한 형체가 없으나 대 비로자나불의 일체처 상락아정바라밀이니라. 이를 증득한 자는 인격화한 법이(法爾)의 보현대보리심에 응당히 머무를 수 있다. 이것은 일체중생들은 어떠한 인력(因力)이나 업력(業力)을 가하지 아니하고 자연 그대로 일체여래성에 들어갈 수 있는 본유살타(本有薩陀)를 지니고 있기 때문이다. 그러나 어리석은 중생은 탐진치의 삼독에 얽매여서 법신의 자리인 본유의 보현대보리심이 자신에게 있음을 알지 못하고 그곳에 응주하지 못하는 것이니라.

《강설(講說)》

삼마지보리심

　《보리심론》은 이제부터가 중요하다. 처음 '대아사리 이르시되…중략…. 그 다음에 제존이 다 대 비로자나불신과 같으니라.' 이어진 문장은 생략하여도 무방하다. 삼마지보리심이 성불의 근원이 되는 말씀이기 때문에 발보리심이나 행원보리심이나 승의보리심의 내용을 생략하여도 무방하다는 뜻이 된다. 원래 이 논이 설하고자 하는 것은 이 삼마지보리심이다.

불교라는 것은 그 목적이 수행하여 깨닫는 것에 있다. 그리하여 삼마지보리심이라는 소재를 바꿔서 '깨닫고자 하는 마음에 비밀스런 수행'이라 하였다. 지금까지 설한 행원과 승의는 앞의 서론에 해당하는 부분이며, 자세하게 설명한 것에 불과하다. 이제 이 구절은 삼마지보리심의 자문자답으로 묻고 답하는 것으로 설하는 것이다.

삼마지를 번역하면 등지(等至), 등념(等念), 등지(等持)라고 한다. 즉 보현의 지혜에 들어가서(等至), 그 지혜를 가지고 금강 같은 견고한 마음으로 일체 유정들을 평등하게 섭수하여(等持), 그 유정으로 하여금 삼밀이 상응하는 5부의 비밀관을 닦아 제불이 스스로 청정하여 자연스럽게 제도하는 만덕의 마음을 가지게 한다(等念)는 것이 삼마지보리심이다. 이 등념의 삼마지보리심은 실상은 깨닫는 지혜로써 근기에 따른 인연소생법을 설하는 산선문(散善門)에서는 설하지 못하고, 근기에 구애받지 아니하면서 오로지 법신의 자내증을 개시하는 밀교의 정선문(定善門)에서만 설하고 있다〈顯敎名爲散說門 眞言唯說三摩地〉.

그 이유는 진언행자는 발심한 처음부터 중생과 부처가 일여하다는 삼밀평등을 닦기 때문이다. 차제수행(次第修行)을 중시하는 산선문에서는 감히 들어가 볼 수가 없다. 이로써 삼마지보리심은 밀교 수행법의 총칭이라 하며, 정중(定中)의 관으로써 밀교의 극체(極體)라 한다. 삼종보리심을 비유하면, 행원보리심이 관음의 대비라면, 승의보리심은 문수의 대지가 되고, 삼마지보리심은 지혜와 자비를 겸비한 보현의 대보리심이다.

또 관음의 행원이 덕을 표하는 것이라면,〈表德〉문수의 승의는 세정(世情)을 막는 것이요,〈遮情〉보현의 삼마지는 불이법(不二法)을 설하는 것이다.〈表遮不二〉또 승의 행원의 순차가 종인지과(從因至果)요, 행원승의의 순차가 종과향인(從果向因)이라 하여 지금까지 학설에서는 종인지과가 현교의 교리요, 종과향인은 밀교의 교리체계라고 구분하고 있지만, 필자는 그렇게 생각하지 않는다. 실상은 이 둘을 동시에 받아들이는 것이 삼마지보리심이라는 것이다. 진정으로 삼마지지보리심이 밀교의 최고의 수행법이라며, 어찌하여 하나는 받아들이고 하나는 배척하겠는가? 밀교라는 것은 부처님 말씀 모두를 다 아울러 있어야 하는 것이다. 행원 승의 보리심이 능구(能求)의 보리심이라면, 삼마지는 소구(所求)의 보리심으로써 주(主)와 객(客)이 다를 뿐이지 따로 배척할 수는 없다. 이제 삼마지보리심을 총과 별로 나누어서 설하면, 총으로는 보현대보리심을 밝히는 것으로 제불의 선교지(善巧地)와 수행자의 관상(觀想)과 비로법신의 보리심과 4불의 보리심을 차제로 밝히고 별로는 16대보살의 보리심을 밝히고 있다.

서두에 '대아사리 이르시되'로 시작되는 것은 밀교에서 법신불의 대변자가 곧 대아사리이다. 대아사리는 삼마지부리신이 최극의 지리에 오른 자이다. 상근기의 대용을 밝혀 행원보리심의 경계를 초월하게 하고, 상지의 대도량을 밝혀 승의보리심의 경지를 뛰어넘게 함으로써 이승에 머무르지 아니하고 오로지 무상보리만을 구하라는 것이 곧 삼마지보리심의 가르침이다. 그러나 중생들의 근기는 아직 상근상지의 조화를 이룬 경지에 들어가지 못하였는데, 무조건 진언만을 수행한다하여 곧바로 법신 자내증의 경지인 무상보리를 증득한다는 것은 어렵다는 생각으로 반문을 하는 것이다.

법이의 보현 대보리심에 응주함이라

자문자답 중에 답변에 해당한다. 논의 첫머리에 '대비로자나불신과 같으니라' 한 것은 '오로지 진언만을 수행하는 자만이 모든 위를 초월하여 무상보리를 증득 할 수 있다' 하는 것을 밝힌 부분이다. 그리고 '그 다음의 제존은 다 비로자나불신과 같으니라' 한 것은 곧 행원보리심과 승의보리심에서는 설할 수 없는 법신밀법의 가르침을 삼마지보리심에서만 설한다는 것이다.

생멸이 없는 진리, 그 본성 또한 형체가 없는 보리심, 이 보리심을 인격화한 것이 보현대보리심이다. 이것은 곧 일체중생들의 당체이며, 자성청정심으로써 지혜의 성품이다. 이것이 중생세계에 나타나면 본유살타요, 부처세계에 나타나면 비로자나불 일체처 상락아정바라밀(常樂我淨波羅密)을 이룬 소습의 법교가 된다. 일체중생 본유살타는 곧 보현살타요, 보현살타는 대보리심이며, 이것이 탐진치에 얽매이게 될 때 비로 법신의 일체처인 상락아정바라밀을 이룰 수 없게 된다. 이제 이 삼마지보리심에서 부처와 중생이 둘이 아닌 불이법(不二法)을 깨닫게하여 일체중생들로 하여금 누구나 번뇌만 끊으면, 곧 금강살타의 몸을 얻어 비로법신의 일체처인 상락아정바라밀의 삶을 살게 될 것이다.

삼마지보리심의 경지에서 보면, 2500여 년 전에 이 땅에 오신 석가불도 실상은 금강살타의 당체였다. 그러므로 자신의 소리를 전하는 것이 아니라, 법신 자내증의 법을 전하는 천백억 화신불 중에 한 분인 것이다. 그러기에 《금강정경》에서는 의성취보살이라 하는 것이다. '일체중생들의 몸은 모두 대 비로자나불신과 같다.' 함을 다시 한번 상기하기바란다. 이 한마디가 삼마지보리심을 설하는 중심 내용이다. 이것을 이해하여 알지 못하면, 삼마지보리심설은 무용지설(無用之說)이 된다. 대 용맹심의 근기와 대 도량의 지혜로 오로지 삼마지보리심만을 닦게 한 것은 그 뜻이 여기에 있기 때문이다. 법이의 경지 즉 자연의 경지인 삼마지보리심을 닦을 수 있는 자리가 곧 법이 보현대보리심이다. 법이란 천연 자연 그대로의 상태로써 어떠한 인력(因力)이나 어떠한 업력(業力)을 가하지 아니하며, 본래모습 그대로란 뜻으로 이것이 법신 비로자나불의 힘이다. 이에서 4종의 공능이 나오게 된다. 불의 뜨거움과 물의 윤습함과 땅의 단단함과 바람의 움직임으로 이 4대가 한곳에 어우러져서 공의 세계에서 무한의 만상들을 이루는 것이다.

이러한 만상은 법신의 당체법에서는 일체여래(一切如來)로 표현하고 있다. 일체여래 속에는 모두 지혜의 성을 갖추고 있다. 이 지혜의 성이 일체여래성이며, 일체여래성이 곧 법신 비로자나불성이다. 일체여래성을 가진 일체여래가 보현마하보리살타의 삼매에 들어가서 하나의 경지를 가지 입게 될 때, 이것을 일체 여래심이라고 한다. 이 일체여래심은 비로자나불이 일체중생들의 당체에서 작용하는 마음이며, 이 작용을 가지 하는 곳이 금강삼마지며, 곧 일체여래 대승현증삼매야가 된다. 다시 말하면, 일체여래성(一切如來性)이 자신에 가지하여 보현살타보리삼매에 들어가서 변함이 없는 견고한 금강살타로 출생하게 된다. 이 금강살타는 16대보살의 수장으로써 법신 비로자나불의 공능을 중생들에게 나타 나게 한다. 이 나타냄을 가지 받은 중생은 누구나 다 보현대보리심에 안 주할 수가 있다. 그것은 중생은 본래부터 본유살타의 공능을 가지고 있 기 때문이다. 일체여래성에서는 금강계만다라상으로 37존의 체가 출생 하게 된다. 이것이 본유의 보리요, 여래장성(如來藏性)이며 이신(理身)비 로자나불이 되며 일체여래심(一切如來心)에서는 37존의 상이 출생하게 되는 것이다. 37존이 또한 수생보리(修生菩提)며 여래장성의 현증(顯證)이 요, 지신(智身)비로자나불이 되는 것이다. 일체여래성이 37존의 일체여 래를 출생시키는 법체라면, 일체여래심은 별덕의 문으로 16대보살의 심 이 되는 것이다. 이것이 또한 보현대보리심이다. 비록 깨달음 의 보현대 보리심이라지만 어리석은 중생에 있으면 탐진치의 근본으로 갖가지 번 뇌를 일으키게 되나니, 그런고로 법신의 자리인 본유의 보현대보리심 의 삼마지보리심에 응주하지 못하게 된다. 그러나 진언의 밀법으로 법이 의 보현대보리심을 가지하게 되면 앉아서 일어나기 전에 이미 삼마지보 리심에 머물게 되어 영원히 중생의 잠에서 깨어나 불보살의 세계에 들어 갈 수가 있다. 이러한 금강살타를 현교의 입장에서 보면, 보현보살이요 무언설의 화엄세게 비로자나불이며, 밀교의 경지에서 보면, 금강견고한 금강삼마지로써 법이의 보현대보리심이며,《금강정경》의 의성취보살 이요, 당체설법의 법신 비로자나불이 된다. 이 보현 대보리심을《금강정 경》에 찬탄하였다.

"기이 하도다 나 보현이여!
견고한 금강의 살타는 자연의 그 당체이며,

이 견고함으로 좇아 사대 별덕의 몸을 나타냈으니,
실상은 형상의 몸이 아닌 법체의 몸이라.
다만 방편상으로 삼마지보리심의 주인인
금강살타의 몸을 얻었을 뿐이로다.
〈奇哉我普賢 堅薩唾自然 從堅固無身 獲得薩唾身〉"

2) 일월륜관

《논문(論文)》
　諸佛大悲의 以善巧智로서 說此甚深秘密瑜伽하며 今修行者하야 於內心中에 觀白月輪이라함이니

《역(譯)》
　제불의 대비선교지로써 이 심히 깊은 비밀유가를 설하여 수행자로 하여금 내심 가운데 일월륜을 관하게 함이라.

《의역(意譯)》
　법신 비로자나불의 가지를 받은 부처님들께서 중생들로 하여금 윤회의 틀에서 벗어나게 하고자 대자비 방편법으로 상근기가 아니면 들어갈 수 없는 법신불의 자내증이 있다. 유정물의 불변진리와 무정물(無情物)의 불변진리가 상응하게 하는 불교 최고의 관행법인 비밀유가의 관법을 행하게 한다. 오로지 진실법만을 수행하는 진언행자들로 하여금 자

심에 본래 자리한 뚜렷한 자성 청정심의 원만하고 모자람이 없음을 알게 하기 위하여 일월륜의 불성을 관하게 하느니라.

《강설(講說)》

일월륜관이란

증도과(證道果)에 속하는 불교 최고의 관행법을 말하는 것이다. 이 삼마지보리심에서는 여섯 종류의 관법을 말한다. ① 일월륜관이요. ② 아자(阿字)관이요. ③는 차제관(次第觀)이요. ④는 돈오의 수행을 밝힘이요. ⑤는 문답결의(問答結義)요. ⑥는 보리심을 나타내는 것이다. 이 가운데 앞의 다섯은 최후의 보리심을 나타내는 것의 서관(序觀)에 불과하다. 논에 나타나는 일월륜관의 내용을 보면, 먼저 바른 관행을 밝히고 다음 수행의 덕을 나타내며, 그리고 비유하는 원인을 밝히고 있다.

바른 관행이라는 것은 일상생활 그 자체가 모두 관행임을 말한다. 중생 생활이 곧 불보살의 생활임을 알아야 한다. 무엇인가 특별한 그 무엇을 바라거나 있는 것처럼 생각하고 그것을 찾기 위하여 동서남북으로 헤매고 다니거나, 또는 모든 선사들의 전적(典籍)을 뒤적이면서 선각자들의 수행 모습을 흉내를 내고자 한다거나, 아니면 어떠한 특수한 무슨 방법을 생각해 내려고 한다면, 이것은 바른 관행이 될 수 없다. 그때는 오히려 큰 마장이 일어나게 된다. 그리하여 불의 경지에 오르기는커녕 대 암흑에 빠져서 자신도 헤어나지 못할 뿐 아니라, 다른 사람으로 하여금 불의의 일을 겪게 하면서도 그것을 알지 못하고 꼭 부처님을 뵈옵는 것 같고 내가 불이 된 듯한 착각을 일으키며, 손 한번 움직이고 발 한번 움직이고 눈 한번 깜박하여 찰나에 불가사의하고 희유한 어떤 변화가 생길 것이라고 믿게 되는 것이다. 이것은 마치 한 손바닥으로 소리를 내고자 하는 것과 같다. 이러한 이치는 있을 수 없다. 이것은 부처님 가르침 중 하나인 인과법을 무시한 것이며, 수행의 참뜻을 모르는 무지한 사람이다. 그러므로 법신부처님과 제불보살들은 이러한 우둔하고 위험한 수행자를 위하여 '법에는 자성이 없다.' 누누이 강조하고 밝혀서 올바른 수행을 시키시고자 하였던 것이다.

그러나 이 뜻을 알지 못하는 중생들은 지금도 눈앞에 어떠한 특수한 상황이 나타나기만을 기다리고 허황한 망상의 수행을 하고 있다. 이로 말미암아 깊은 수렁에 빠져 있으면서도 그것을 인증(認證)하려 하지 않고 있다. 이와 같이 바른 관행이란 쉬운 것이 아니다. 그러므로 올바르게 인도하는 스승과 진리를 바로 이해하고 방편법을 잘 쓰는 선지식을 만나야 한다. 대 자비심을 가진 부처님은 중생의 근기로는 부처님의 정법을 곧바로 보지 못함을 알고 중생 근기에 따른 방편법을 설하셨다. 방편법에는 선방편과 악방편이 있다. 악방편은 자신의 이익만을 위하여 수단과 방법을 쓰는 중생의 방편이요. 선방편은 대자비심을 품고 모든 중생들을 윤회의 틀에서 건지기 위하여 사용하는 불보살의 방편을 말한다. 훌륭한 선지식은 중생 생활에서 고통받는 그 자체가 곧 깨달음을 얻을 수 있는 길이며, 가지가지 막히고 또 뚫리는 신구의(身口意)는 모두 성불할 수 있는 지혜의 출구임을 가르친다. 윤회의 업에 훈습 되어 있는 중생은 이것을 알지 못한다. 그러기에 낱낱의 근기에 맞는 설법으로 수행하게 하니 이것이 대비 선교지이다. 방편의 말씀이 아닌 진언의 진실법으로써 중생을 제도하는 밀교에서는 다섯 지혜를 설하는 오불을 나타내 보이신다.

다섯 지혜는 올바른 관행에 의하여 생겨난 덕이다. 다섯 지혜의 중심은 법계체성지(法界體性智)이다. 법신불의 지혜인 법계체성지에서 현실세계에 있는 그대로를 비로자나불의 당체로써 그 모습을 나타내어 보이는 것이 대원경지(大圓鏡智)며, 이 대원경지에서 증감(增減)과 친소(親疎)를 구분하지 아니하는 것이 평등성지(平等性智)이며, 평등성지에서 평등 중에 차별, 차별 중에 평등이 있으며, 전체(全體) 중에 별(別) 별 중에 전체가 있으며, 가는 티끌이 우주를 머금고 우주가 티끌을 토해내어 존재 한다는 무애 원리를 바로 아는 것이 묘관찰지(妙觀察智)이며, 묘관찰지에서 수행이 성숙 되어 해탈의 법열미(法悅味)를 얻어 부처와 중생의 생활이 둘이 아님을 깨달음 성소작지(成所作智)를 이루게 된다.

이 다섯 지혜에서 37존의 체상용(體相用)이 나오고, 다시 1,061존의 중생 근기의 본존이 유출된다. 유정계에서는 이러한 신비스럽고 비밀스러운 부처세계가 적나나하게 펼쳐지고 있으나 무명에 덮힌 중생들은 이것을 보지도 못하고 알지 못한다. 그러므로 법신 비로자나불이 심히 깊은 비밀불의 유가관행을 설하여서 그 관행을 통하여 보리심의 체인 불성으로 돌아가 보고 듣게하는 것이다. 비밀에는 중생비밀(衆生秘密)과 여래비밀(如來秘密)의 두 종류가 있다. 중생은 본래부터 비로 법신의 이(理)와 지(智)의 덕상(德相)을 갖추고 있어 불과 다름이 없으나, 무명 번뇌에 덮여서 그 덕상을 알지 못하기 때문에 이것을 중생비밀이라 한다. 변화신이나 수용신은 권교방편(權巧方便)만을 설하므로 법신의 비밀법을 설하지 못하므로 여래비밀을 알지 못하는 것이다. 이것이 중생비밀이다. 중생비밀은 변화신이나 수용신의 경지에서 보면 비밀이 아니며, 여래비밀도 법신의 자리에서 보면 비밀이 아니다. 결국 비밀이란 없는 것이다. 그러나 어느 한쪽에 집착하면 비밀은 존재한다.

이와 같이 삼매야보리심의 경지에서는 진실로 비밀이란 없다. 비밀 없다는 것을 이 논에서는 여섯 종류의 비밀문을 설하여 수행자로 하여금 스스로 비밀 속에 파묻혀 비밀 없음을 알게 하고 있다.

① 법신의 체는 미묘하여 중생삼밀(衆生三密)과 여래삼밀(如來三密)이 상응하는 관행을 통하지 않고는 볼 수가 없음을 말함이요.
② 제불이 비록 자내증(自內證)의 경지를 설하여도 중생의 위에서 보면 그 모양을 볼 수가 없음을 말함이요.
③ 상근기가 아니면 구할 수 없음을 말함이요.
④ 중생들이 비록 깨달음을 얻었다고 하나 몸속의 불성은 아님이니 역시 보지 못함을 말함이요.
⑤ 아직 삼매야경지에 들어가지 못하고서 진리를 보았다고 할 수가 없다. 중생의 습관의 눈을 가리지도 못했음을 말함이요.
⑥ 진언을 관행 하는 자의 구족한 깨달음은 현불의 지위에서는 감히 생각조차 내지 못함을 말하는 것이다.

이 비밀 아닌 비밀을 이 삼마지보리심에서만 설하고 있다. 그러므로 삼매야보리심에 들어가지 못하면 비밀은 영원한 비밀이 된다. 그러기에 이 보리심의 수행문이 가장 수승한 수행문으로써 비로 법신만이 유가관행(瑜伽觀行)의 깊은 법을 설하신다는 뜻이다.

　이와 같은 모든 원리가 곧 자심에 내재해 있음을 말하는 관법 중 하나가 일월륜관이다. 자성청정심의 덕상이 원만하다는 일월륜관을 혹은 백월륜관이라고도 한다. 이것이 비유문이다. 법신불과 화신불과 중생을 동시에 관하는 것을 일월륜관이라 함이요. 화신만을 관하는 것을 백월륜관이라 한다. 이 논에서는 넓은 의미로 일월륜관으로 표기하고 해석하는 것이 옳을 것이다. 그것은 화신불로부터 시작하는 현교와 달리 밀교라는 것은 법신으로부터 시작하기 때문이다. 비유하면, 태양과 달의 운행과 같다. 달은 태양에서 분화되어 나왔건마는 그 자체의 능력이 없어져서 스스로는 빛을 발하지 못한다. 오로지 태양의 빛을 받아 반사작용만 할 뿐이다.

　그러나 그것도 지구라는 것이 중간에 놓임에 따라 초생 반달 보름달 등의 모양을 짓는다. 이와 같이 중생세계도 중생들은 본래 불성을 가지고 태어난 심일륜(心日輪)의 마음이 있으나, 무시 이래로부터 현재에 이르기까지 홀연히 본연의 빛을 잃어버리고 육도에 윤회하는 업과를 받고 있다. 이제 다시 부처님의 자비의 빛을 만나 자성의 일륜에 반연하고자 하는 것이 이 일륜관이다. 그러나 그 반연의 빛이 하근기, 중근기, 상근기로 나누어서 받고 있다. 이 모든 원인은 탐진치 무명 번뇌가 근본이다. 이 삼독의 번뇌만 제거하면 중생은 본래의 모습인 법신의 모습으로 돌아가게 된다. 삼독의 번뇌 가운데 탐욕의 때를 여의는 것이 달의 자성청정에 비유함이요. 진에의 열뇌를 여의는 것은 달의 청량함을 말함이요, 우치의 암흑을 여의는 것은 달의 광명 있음에 비유한 것이다. 탐진치를 제거하면, 자성 속에 원만한 일월륜의 상이 있음을 알게 될것이다. 이러한 본래의 모습은 선지식들은 일원상(一圓相)으로 표현을 하였다. 현종의 선가에 보면, 중국의 덕산스님은 후학들을 인접하는 가운데 땅에 원을 그려두고 '들어가도 30방 나가도 30방 들어가지 않아도 30방, 이럴 때 너는 어찌하겠느냐?' 다그치면서 법방을 휘둘렀다. 즉 자성의 불성(佛性)을 보았는가? 보지 못했는가? 하는 시험인 것이다. 밀교는 이와 다르다. 억지로 상을 그리지 않는다. 특히 이 논에서는 더욱 그러하다. 안과 밖의 구별이 없으며 유정물의 불변진리와 무정물의 불변진리가 서로 하나가 되어 같은 듯 다르며 다른 듯 같음이라. 이로써 중생과 불이 합일하여 본분으로 돌아가는 시점에서 닦고 쓸고 할 것이 없다. 이것이 비밀유가(秘密瑜伽) 관행이다. 어떠한 희귀한 상을 짓지 말라. 회당 대종사께서도 '내 마음에 본래 있고 다른 데서 못 얻으니, ……'라고 하였다. 또한 '실상과 같이 자심을 알아서 자기의 심체(心體)를 관하기를 진언을 항상 끊어지지 않게 외워라. 그러면 육자진언의 선정삼매에 들어가게 되며, 이 삼매에 들어가게 될 때 백천의 무수한 삼매를 다 얻게 된다.' 하였다. 엄연하게 자심 속에 있는 것을 어찌 다른 곳에서 구하리요?

3) 허공에 두루 찬 법신불의 청정성

《논문(論文)》

由作此觀으로서 照見本心케하야 湛然淸淨호미 猶如滿月하야 光遍虛空하야 無所分別이라하야 亦名無覺了며 亦名淨法界며 亦名實相般若波羅密海라하나니

《역(譯)》

이 관함을 연유하여 본심을 비추어 봄에 담연하여서 청정함이 오직 만월광명이 허공에 두루 차서 분별할 것이 없는 것과 같으므로 또한 무각료(智)라 하고 또는 정법계(理)라 하고 또는 실상반야바라밀해〈理智不二〉라 하나니,

《의역(意譯)》

청정법성은 인연소생의 무정유(無定喩)의 일월륜관을 연유하여 불생불멸의 본심 자리에서 변화무상한 중생계를 비추어 볼 때, 분별의 중생심 속에는 있지 아니하며, 일체 변화성을 여의고 담연함이로다. 인연업에 물들지 아니하는 청정과 청량과 무량성을 갖춘 만월광명이라. 오로지 부처와 중생계와 허공계 등에 두루 차서 비로법신의 당체와 같이 차별도 변화도 없음이라. 이것에서 세 가지 덕을 갖추게 된다. 법신의 덕을 갖춤을 무각료라 하고, 중생계의 해탈의 덕을 갖춤을 정법계라 하며, 부처와 중생계가 하나로써 반야의 덕을 갖춤이 실상반야바라밀해라 하나니라. 이 실상반야바라밀해는 반야를 일으키는 근원의 반야지로써 뭇 중생이 그 속에 존재하면서 또한 증득의 법을 얻게 되느니라.

《강설(講說)》

허공에 두루 찬 법신불의 청정성

관을 통하여 수행의 덕을 구체적으로 나타내는 구절이다. 이 관을 설명하는 데는 두 가지 비유가 있다.

첫째, 무정유(無定喩)요,

둘째, 유정유(有定喩)이다.

일반적으로 생각하는 유정과 무정과는 다르다. 무정이란 인연소생을 말함이요. 유정은 청정법신의 본성청정을 말한다. 해와 달은 언제든 변함이 있다. 그리하여 무정이며 자성청정심은 영원히 존재하기 때문에 유정유(有情類)이다. 그러나 유정유는 잘 인용하지 아니하며 다만 무정유(無情類)를 인용하여 유정의 진실을 알게 하는 것이다. 그것은 인연소생의 중생심으로는 자성청정심을 알 수도 없고 나타내 보일 수도 없기 때문이다. 우주 자연 속에 나타나는 해와 달의 상응한 만월 원명의 빛은 실상이 아니다. 아무리 허공에 가득하게 비치지 아니함이 없다하여도 그것은 한낮 무정물의 빛일 뿐이다. 자성청정의 본 빛은 아니다.

불생불멸의 본심이란 천성, 심성, 본성을 동시에 말하는 것이다. 성인과 부처와 중생이 똑같은 본심의 자리라, 본래 갖추어져 있어서 담연하고 청정하여 깨달을 것이 없건마는 중생심의 망상에 습관이 되어 이러한 이치를 알지 못하고 있다. 이 이치를 깨닫게 하고자 방편상으로 일월륜관을 설하게 된 것이다. 이와 같이 본심 그 자체는 본래부터 담연하고 청정하여 변함이 없지만, 색수상행식의 5온의 인연에 따르면 사람이 되고, 선악 시비 호오(好惡)의 인연에 따르면 법이 된다. 이렇게 인연화합에서 생겨났기 때문에 그 어떠한 형체에도 자성은 없다. 다만 본심지(本心地)의 진실심(眞實心)에서 중생심의 분별처를 비추이되, 서로 받아들이고, 서로 배척하면서도 걸림이 없을 뿐 아니라, 또한 남음도 없고 모자람도 없는 것이 마치 허공계와 같은 것이다. 허공은 문이 없어서 어디에서나 들어갈 수 있기도 하지만, 또한 사방이 꽉 막히어서 들어갈 틈도 없는 것이 허공이기도 하다. 그리하여 이 허공은 비어있는 듯하면서도 가득 차 있고 가득 차 있는 듯하면서도 텅 비어있다.

비유를 분석하면, 자신의 깨달음 얻음이 해와 달이요, 다른 사람을 깨닫게 함이 일월륜관이요, 깨달음의 행과 덕이 원만함이 담연청정이다. 이러한 담연청정은 분별의 중생심으로는 보아도 보이지 아니하고 들어도 들리지 아니하며, 먹어도 그 맛을 알지 못하나니 이것을 증득케 하기 위하여 몸을 닦는 것이나 실상은 마음을 닦고 있다. 그러기에 무미건조한 마음의 광명이 원만하게 되면, 자성청정의 본심이 나타나서 탐진치 삼독만 멸하는 것이 아니라, 희노애락 등의 칠정(七情)이 없어지고 성주괴공(成主壞空)의 사상(四相)이 없어지며, 생노병사 등의 중생고를 여의게 된다. 이것이 또한 담연청정의 본심이다. 중생들은 마음 밖에서 망령되이 있다 없다 하는 것을 믿어서 순수하지 못한 행위를 몸으로 하게 되나니, 이제 이지불이(理智不二), 자타불이(自他不二)의 관을 통하여 청정성과 청량성과 무량성을 얻게 하는 것이다.

청정성은 탐욕을, 청량성은 진에(瞋恚)를, 무량성은 어리석음을 다스리게 된다. 이 같은 삼륜의 빛은 모두 심성 본연의 빛이다. 이 심성 본연의 빛이 법계에 두루 하고, 불 세계에 두루 하며, 중생계에 두루 비추니 이 빛이 삼륜불이심의 빛이다. 이것이 현상세계에 나타날 때, 안과 밖이 없는 대 비로자나보리심에서 출생한 보현대보리심의 체가 된다.

대 비로자나 법신의 빛은 견고성과 장엄성과 수용성과 변화성의 공능을 지닌 4불 보리심을 출생시키고, 이 4불 보리심에서 원만성과 평등성과 지혜성과 무량성의 4바라밀 보리심이 나타나며, 이 4바라밀보리심에서 16대보살 보리심과 8공양 보리심과 4섭 보리심을 나타내어서 37존의 금강 대보리심을 이루게 되며, 다시 금강법계궁의 1061존의 자권속 보리심이 성취되는 것이다. 이러한 만다라상의 보리심 등은 각각의 일월륜을 지니고 있어서 각각의 관을 통하여 이(理)와 지(智)가 상응하는 불(佛)의 본심을 얻어 온 법계에 비치어서 원만무애하게 되는 것이다. 이것을 식에 비유하면, 진리의 본심은 불생불멸 하는 일심으로 백정식(白淨識)이 되고, 조견(照見)하는 지혜는 생멸문의 제8아뢰야식이 되는 것이요. 담연청정은 여래본무생의 심(心)이라 부처에 있으면 불심(佛心)이요, 중생에 있으면 중생심(衆生心)이라. 중생심중에도 나무에 있으면 나무의 마음이요, 돌에 있으면 돌의 마음이다. 일체 모든 색의 사물은 모두 담연청정성에서 관을 하면, 불성을 이루게 되어 모두 법신비로자나불의 설법을 하게 될 것이다. 이에 무엇을 분별하고 차별을 하리요. 무차 무별의 진리가 곧 법신의 지리인 것을 알아야 한다.

법신불의 덕

법신의 덕이 무각료(無覺了)의 체가 되고 해탈의 덕이 정법계(淨法界)로써 상(相)이 되고 반야의 덕이 실상반야바라밀해로써 용(用)이 된다. 이 셋이 삼대(三大)로 나누어져 있으나 실지로는 하나이다. 즉 삼륜불이신인 것이다. 본심을 조견하는 삼륜불이심(三輪不二心)의 성을 보면, 본심은 본래 각성(覺性)이라, 시각이니(始覺), 본각(本覺)이니 하고 구분하는 것이 아니다. 또한 그 어떤 사상이나 사리판단에 의한 것이 아님이요, 진실지로써의 무각료이다. 정법계는 원만한 해탈의 경지로써 청정성의 진리체요. 실상반야바라밀해는 진실지와 진리체를 동시에 포용한 성품의 작용이다.

다시 해석하면, 무각료는 각과 불각(不覺)을 초월하여 자신은 본래부터 깨달아있어서 다시 깨달을 것이 없음을 말하며, 삼부에 배대하면 금강부(金剛部)라 하고 지혜가 됨이요, 정법계는 성품의 본체는 청정하여 어떠한 것에도 물들지 않기에 연화부에 비유하며, 다른 사람 역시 깨달을 것이 없다고 보는 대자비의 마음이요. 실상반야바라밀해는 지혜와 진리가 합하여도 둘이 아니며, 깨달음의 행과 덕이 원만하여서 두루 미치지 아니함이 없는 것이니 갈마부(羯摩部)에 비유함이라. 실상은 이치를 가리키는 이(理)요 반야는 지혜이며 바라밀은 구경성취가 됨이요, 해는 무량의 출생을 뜻한다. 반야를 일으키는 그러므로 근원의 반야가 곧 실상반야이다. 진리의 체가 곧 만유의 본체라, 불이(不二)라 하며, 법성의 진리체는 둘이 아니므로 구경성취의 지혜가 출생하게 된다. 바다라는 것은 백천의 강물을 받아들이되 넘치지 아니하며, 일체의 죽음의 시신을 용납하고도 8공덕수를 이루어서 뭇 생명이 변함없이 그 속에 안주하는 것과 같이 이것은 곧 증득의 법을 얻은 실상반야바라밀해가 되는 것이다.

제 11 강
월륜관

4) 월륜관

《논문(論文)》
能含種種無量三摩地호미 猶如滿月이 潔白分明케하나니라 何者오 爲一切有情은 悉含普賢之心이라 我見自心을 形如月輪이니라

《역(譯)》
능히 종종 무량의 진보삼마지를 함장하는 것이 오직 만월이 결백하여 분명한 것과 같으니라. 어찌하여 그런가 하면 이르되 일체 유정은 모두 다 보현의 마음을 함유함이라. 내자심 보기를 형월륜과 같이 하느니라.

《의역(意譯)》
능히 가지가지 공덕이 비오듯 하는 묘용이 무궁한 진보삼마지를 법신의 유가내증인 평등성지에 함장하는 것이 오직 태양광명을 받는 반사의 만월의 빛이 결백하여 분명한 법신의 공능을 받은 화신과 같으니라. 어찌하여 그런가 하면, 이르기를 일체 유정은 모두 금강계 37존 등의 공

양 쏨의 마음인 법이의 보현대보리심을 함유하고 있기 때문이라. 법신의 공능이 넷에서 16으로 나누어서 서로 공양하는 작용이 곧 보현의 공능이며 중생들의 공능이다. 이러한 공능은 모두 달의 16분의 변화하는 형상과 같이하느니라.

《강설(講說)》

다시 월륜관에 대하여

삼마지보리심을 모두 설한 것이 된다. 현교에서는 삼마지보리심을 설하지 아니한다는 이유도 이 구절에서 구분이 된다. 우리는 항상 가르침을 받아 수행하면서도 왜? 현교에서는 삼마지보리심을 설하지 아니하는데도 아라한과를 얻으며 성불할 수 있다 하고, 밀교는 반드시 승의보리심의 경지보다 위인 삼마지보리심을 수행하여야만 성불할 수가 있다고 하는가?

불교는 성불을 목적으로 하기 때문에 시간상으로만 즉신성불의 시기와 삼아승기겁을 논할 것이지 교리까지 우열을 나누어 주장할 필요가 없을 것 아닌가? 수행자가 시간적인 빠르고 늦음을 생각하지 아니한다면, 구태여 어려운 삼마지보리심을 닦을 필요가 없지 않겠는가? 이와 같은 여러 가지 의문들을 이곳에서 그 의의를 풀고자 한다. 논 속에 승의보리심과 삼마지보리심의 구절을 5불과 5지에 배대하여 비교하면, 먼저 삼마지보리심의 말씀 중에

'수행자로 하여금……' 이하는 곧 다섯 지혜를 총히 밝힘과 동시에 법계체성지를 밝히는 것이요.

'무각료……' 이하는 대원경지를 밝힘이요.

'진보삼마지……' 이하는 평등성지를 밝힘이요.

'실상반야바라밀해……' 이하는 묘관찰지를 밝힘이요.

'정법계……' 이하는 성소작지를 밝히는 것이다.

법계체성지

'만월광명이 허공에 두루 차서 분별할 것이 없다.' 이것은 비록 만월이지만, 그 빛은 태양의 빛과 같다는 것이다. 그것은 달이 스스로의 빛이 없고, 태양의 광명을 받은 반사의 빛이기 때문이다. 이와 같이 화신불도 법신 비로자나불의 공능을 받아 방편으로 나타나지만, 그 작용은 법신의 작용과 다름이 없다. 법신의 결백하고 분명한 작용은 그 실상을 알 수 없다. 이제 알 수 없는 실상을 화신을 통하여 방편으로 나타날 때, 무궁한 공능을 한 분으로서는 다 나타내지 못하기 때문에 그 힘을 분산시켜 네 분의 부처로 나타내는 것이다. 이것은 퇴실함이 없는 부동지인 법계체성지는 중앙의 비로자나불이다. 논문에 '적멸평등 구경진실에 주하여 물러가고 잃지 않게 하느니라' 함은 법계체성지를 말하는 것이다.

대원경지

'무각료'의 뜻을 지닌 대원경지는 동방의 아축불이며, 본유의 정보리심을 상징하는 것이다. 논문에 '일체법은 공이라'와 '망심이 만약 일어나거든 알고 따르지 말지니라' 이것은 대원경지를 말하는 것이다.

평등성지

'진보삼마지'의 뜻을 지닌 평등성지는 남방 보생불이며, 법신불의 유가내증의 평등구경 공덕을 비오듯 함이라. 논문에 '이미 법의 본무생을 깨치게 되면'과 '묘용이 무궁함이라' 이것이 평등성지를 말하는 것이다.

묘관찰지

'실상반야바라밀해'의 뜻을 지닌 묘관찰지는 서방 아미타불이며 심체자여한 진실지를 나타내는 것이다. 논문에서는 '심체자여 하여'와 '만덕을 이에 갖추어서' 이것은 묘관찰지를 말함이요.

성소작지

'정법계'의 뜻을 지닌 성소작지는 북방 불공성취불이며, 적멸에 주하여 심원공적케 함이라. 이것을 승의보리심에서는 '일체법은 공이라……, 묘용이 무궁함이라.'까지가 이에 속한다. 논문에서는 '신심을 보지 않고'와 '망심이 만약 쉴 때는 심원공적 하리라' 이것이 성소작지를 말하는 것이다.

이와 같이 승의보리심에서도 5불과 5지를 설하고 있지만, 법계체성지나 법신 비로자나불 등의 용어를 구체적으로 사용하지 않기 때문에 그 공능이 없는 것 같이 되어서 현교에서는 삼마지보리심을 설하지 아니한다. 하는 것이다. 현의 승의보리심과 밀의 삼마지보리심에서 똑같이 5불과 5지를 설하였으나 다른 점이 있다면, 그것은 승의보리심에서는 '법이의 보현대보리심'을 설하지 아니한다는 것이다.

일체유정은 보현의 마음을 함유하고 있다

　법이의 보현대보리심은 곧 일체중생들의 마음이다. 이미 첫 구절에 '법이의 보현대보시심에 응주(應住)함이라' 하여 모든 것을 다 밝혔다. 일체중생들이 삼독을 여읜 자성청정의 광명이 곧 보현심이며 보현심이 곧 삼마지보리심이다.《법화경》에 설한 인해행(因解行)의 삼승보현이나《화엄경》의 일승보현은 모두 법신 비로자나불의 자비를 상징하는 협씨보살로만 나타나 있다. 그러나 밀교에서는 보현보살을 금강살타. 금강수. 일체의성취보살로 표현하고 있다. 또 금강계 37존이 모두 총히 보현여래며, 보현법신이 된다. 삼밀관행을 통하여 오상성신이 구비하며, 이로써 부처를 이루는데 이때 가장 원만한 것이 곧 보현신이다. 그러므로 16대보살은 곧 보현대보리심에서 출현한 보살들이다. 이러한 보현대보리심이 다시 다섯 보현으로 나타낸다.

　　법계체성지를 쓰는 자는 자체보현(自體普賢)이요.
　　대원경지를 쓰는 자는 당위보현(當爲普賢)이요.
　　평등성지를 쓰는 자는 융섭보현(融攝普賢)이요.
　　묘관찰지를 쓰는 자는 불후보현(佛後普賢)이요.
　　성소작지를 쓰는 자는 제위보현(諸位普賢)이다.

　이와 같이 법신 비로자나불에서 출현하여 모든 작용을 쓰게 되니 그 작용에는 공양작용이 으뜸이 된다. 모든 보살들이 공양하고 부처님은 이것을 받아 전전하여 보현에게 공양함이라. 이러한 것을 허공계가 다하고 중생계가 다하고 중생의 번뇌가 다할 때까지 나타내고 갈마들여 서로가 끝이 없음이라. 이로써 일체 유정을 모두 보현의 공양 씀에 마음이 함유되어 있다는 것이다.

자심이 곧 형월륜이다.

법신불의 공능이 넷으로 또는 다섯으로 나누어지고, 다시 16존으로 나눠져서 서로서로 공양함으로 법계가 성립된다. 이것은 모두 자심 가운데로부터 시작되었다. 특히 자심의 16분의 구별이 생겨나는 것이 마치 달의 형상이 흑월(黑月)에서 보름까지 16 모습이듯 중생도 일심에서 16분의 모습이 있다. 이것은 중생 근기의 모습이다. 법신 비로자나불이 중생근기에 따라 각각의 본존을 출현하나 이것이 16대보살이요, 이로써 법계 권속이 출현하여 뭇 만다라를 이루게 된다. 태양 빛의 힘이 곧 달빛의 작용이요, 법신의 체상이 곧 중생들의 모습이다. 자성법신의 체가 화신 형상의 모습과 같음이니라.

5) 만월원명의 체는 곧 보리심이라

《논문(論文)》

何以故오 以月輪으로 爲喩하면 謂滿月圓明體는 則與菩提心相類이니라 凡月輪에 有一十六分하나니 喩하면 瑜伽中에 金剛薩埵로 至金剛拳히 有十六大菩薩者이니라

《역(譯)》

　　어찌한 연고인가? 월륜으로써 비유한다면, 이르되 만월원명의 체는 곧 보리심과 서로 같음이라. 무릇 월륜에 일십육분이 있나니, 유가 중에 금강살타로부터 금강권에 이르기까지 십육대보살이 있음을 비유함이라.

《의역(意譯)》

　　어찌한 연고인가? 스스로의 빛이 있는 태양과 그 빛을 받아 모양을 나타내는 월륜으로써 법신과 화신에 비유한다면 이르되, 어두운 흑월일 때나 밝은 만월일 때나 그 자체의 체는 동일하여 차이가 없다. 이것은 곧 중생이나 부처가 가지고 있는 보리심과도 서로 같음이라. 이러한 원리에서 태양의 빛을 받아 비추는 월륜에는 무릇 일십육분으로 그 모양을 나눌 수 있다. 곧 금강계 유가 37존 중의 법신 비로자나불이 중생을 위하여 출생시킨 응화법신인 금강살타로부터 금강권에 이르기까지 십육대보살이 있음을 비유한 것과 같음이니라.

《강설(講說)》

만월원명의 체는 곧 보리심이라

　　월륜관(月輪觀)의 비유문이다. 월륜의 체는 곧 중생들의 원에 의하여 나타난 응화법신(應化法身)이며 법신으로는 비로자나불을 가리키는 것이다. 그리고 월륜의 빛은 제존의 작용으로써 금강계(金剛界) 37존 중 36존의 불보살을 의미하는 것이다. 이것도 또한 응화법신이다. 법계의 상이

둥글고 교연하여 밝은 것이 마치 어두운 밤에 세상을 비추는 만월과 같은지라. 일체중생들이 지니고 있는 본래의 성품도 또한 이와 같아서 본심의 형상이 모난 것이 없음이 월륜이요. 본심의 공덕이 한량없이 원만한 것이 월광에 비유하는 것이다. 《약출염송경》에 '마음을 관할 때는 가득 차는 것과 청정함을 관할지라' 하셨다. 가득하다는 것은 곧 지혜요. 청정함은 곧 자비이다. 법신 비로자나불의 본성은 지혜뿐이다. 응화법신으로 나타내는 것은 곧 자비를 방편으로 쓰는 것이다. 만일 방편의 자비를 쓰지 아니하면 응화법신으로 나타나지 못한다. 이러한 방편의 자비는 지혜를 근본으로 하여 생겨나는 것이다. 이 법신의 체를 세상을 비추는 월륜에 비유한 것은 태양은 본래 변화가 없지만 달은 변화가 있다. 법신도 변화가 없지만, 중생들의 원에 따라 모습을 나타낸다. 달의 모양과 달의 빛과 같은 것이다. 그러나 모양과 빛은 비록 다르지만, 달의 본체는 태양과 같다. 중생들이 가지고있는 보리심도 또한 법신의 보리심과 같은 것이다.

월륜과 십육대보살

그믐에 달빛이 없다 하나 체(體)는 원만하다. 이것은 공덕을 성취할 수 있다는 것이요. 보름달 빛의 밝음은 본성청정을 의미하며, 고요함을 증득 할 수 있다는 것이다. 앞은 지혜성취요. 뒤는 자비성취를 말한다. 달의 변화하는 모습은 곧 아름다운 응화법신의 변화 모습이다. 지혜와 자비가 서로 교차하는 가운데 16분의 보살이 출생하게 되니 그 근본은 보리심이다. 달의 형상을 나누면, 빛이 전혀 없는 그믐과 초하루가 흑월(黑月)이요. 빛이 시작되는 초이틀부터 백월의 보름달을 합하면 16분의 달의 모습이 된다. 이와 같이 16분의 모습이 깨달음의 16대보살에 비유됨이다. 그믐의 달이 곧 금강살타이다. 깨달음을 지니고 있으면서도 유정의 성품이 충만하기 때문이다. 그러나 그 지닌 바의 덕은 보름달과 같이 조금도 다름이 없다. 언제든지 빛을 만나면 모든 곳에서 빛을 발하여 펴고 거둠이 자재한 금강권보살에까지 이르게 된다. 여기서 태양과 달의 비유로 법신과 화신을 나누어보고 또 그 빛의 작용의 비유로 부처와 중생을 생각해 보자. 태양은 스스로 빛을 발하여 만물을 소생시키기도 하고 조락(殂落)시키기도 한다. 달은 스스로 빛을 발하지 않지만, 반사의 빛으로 만물의 소생과 조락을 빠르게 느리게 조율하는 것이다. 법신과 화신도 이와 같아서 법신은 곧 우주자연의 법칙이다.

이 진리의 모습을 구체적으로 표현할 수는 없으나 화신이라는 방편의 모양을 나타내어 법신의 본성을 조율하는 것이다. 이 조율의 법칙은 중생들의 근기에 따라 다르다. 중생의 근기는 곧 원력이다. 법신이 임의로 화신을 나타내는 것이 아니라, 중생들의 원력이 있어야 비로소 그 모습을 나타나게 되며, 만약 중생들의 원력이 없다면 법신은 또한 억지로 화신의 모습을 나타내지 않는다. 이런고로 부처의 빛을 조율하는 것은 중생이라 하겠다. 태양은 원래 뜻이 없어서 밝음과 원만성(圓滿性)으로만 존재하나 달이 임의로 그 밝음과 원만성을 조율하게 되니 이것은 지구의 탓이다.

이와 같이 법신도 아무런 뜻이 없으나 중생들의 원력에 따라서 응화불로 나타나게 되니, 이때 응화불은 그 자체가 법신 비로자나불로부터 출생하는 것이기에 응화법신이라 이름한다. 2600여 년 전 인도 카비라국에 출생한 싯다르타도 도솔천 내원궁(內院宮)의 호명보살로 수행하는 중에 도솔천부처님께서 사바세계 중생들이 부처님을 뵈옵고 제도 받기를 바라는 간곡한 원이 있음을 관하시고 뜻을 일으켜 미륵보살과 호명보살로 하여금 정진하게 하였다. 정진 결과 미륵보살 무릎 앞에 우담발화가 먼저 피어있었다. 이것을 본 호명보살이 사바세계에 먼저 내려가서 제도하고자 하는 마음이 강한지라. 그 우담발화를 자기 무릎 앞에 옮겨 놓았다. 부처님은 사바세계에서 제도 받기를 바라는 중생들이 도심(盜心)이 가득함을 당체로 알고, 곧 호명보살을 선택하여 사바세계에 보내면서 부처님께서는 "사바세계에 먼저 내려가서 교화하지만, 그 세계 중생들은 도적심이 많을 것이다." 하셨다. 이것도 또한 중생들의 원에 의한 결과이다. 이러한 인연으로 인간세계의 수명은 100년을 머물게 되었는데 도솔천 시간으로 6시간에 해당된다. 석가모니불은 사바세계 중생들의 복 없음을 애민하게 생각하여 당신이 받을 100년의 복(福) 중에 20년을 중생에게 남기고 80세에 열반에 드시게 되었다. 이 또한 수행한 중생들의 원력이다.

　석가불이 이 땅에 오신날 우리들은 이날을 봉축하며 등불을 밝히지만, 이것 역시 부처님에게는 아무런 소용이 없다. 우리들이 밝히는 연등의 불빛은 모두 어두운 사바에 아직도 깨달음을 얻지 못한 나 자신의 마음에 지혜의 불을 밝히는 것이다. 그러면서도 우리는 각자의 지혜의 불을 밝히지 못하여 무명에 가리어서 무한한 고통을 받고 있는 것이다. 설사 등불을 밝혔다하여도 그것은 부처님을 위하여 밝혔다고 생각하는 것은 크게 어리석은 것이다.

　찬란하게 빛나는 태양은 이 세상 어떠한 빛도 그 빛을 견줄 수가 없듯이 법신 비로자나불의 광명도 불가사의한 빛이라. 중생들이 밝히는 수천수만의 빛을 모아도 이것에 견줄 수가 없다. 태양의 빛은 어떠한 물체가 있어도 빛을 보내어 모두 다 빛을 발하게 되는 것이다. 밤하늘의 별빛이 그러하고 달빛이 그러하며 지구의 빛이 그러하다. 이와 같이 법신의 빛도 어떠한 중생이라도 자신의 원력에 따라 그 빛을 받을 수 있게 된다. 16대보살을 비유로 삼는 것은 이것을 두고 하는 것이다.

제 12 강
37존

6) 오방불 위에 각각의 일지(一智)를 표한다

《논문(論文)》

於三十七尊中에 五方佛位에 各表一智也하나니라 東方阿閦佛은 因成大圓鏡智로 亦名金剛智也라하고 南方寶生佛은 由成平等性智로 亦名灌頂智也라하고 西方阿彌陀佛은 由成妙觀察智로 亦名花華智라하며 亦各轉法輪智也라하고 北方不空成就佛은 由成成所作智로 亦名羯磨智也라하고 中方毗盧遮那佛은 由成法界智로 爲本이니라

《역(譯)》

삼십칠존 중에서 5방의 불위에 각일지를 표하나니, 동방 아축불은 대원경지를 이룸으로 인해서 또한 금강지라 하고 남방 보생불은 평등성지를 이룸으로 인해서 또한 관정지라 하고 서방 아미타불은 묘관찰지를 이룸으로 인해서 또한 연화지라 하며 또는 전법륜지라 하고 북방 불공성취불은 성소작지를 이룸으로 인해서 또한 갈마지라 하고 중앙 비로자나불은 법계체성지를 이룸으로 인해서 본체가 되느니라.

《의역(意譯)》

　　금강계 9회만다라 중 1,061존 권속을 가진 갈마만다라의 근본존인 37존 중 중앙의 비로자나불은 법계체성지를 표하고, 동방의 아축불은 대원경지를 표하며, 남방의 보생불은 평등성지를 표하고, 서방의 아미타불은 묘관찰지를 표하며, 북방의 불공성취불은 성소작지를 표하느니라. 동방의 아축불은 신심 견고성으로서 금강부동의 대원경지를 이룸으로 말미암아 금강을 가지한 금강지를 출생시키고, 남방의 보생불은 피차와 친소의 구분이 없는 본래 평등의 평등성지를 이룸으로 말미암아 복덕구족의 관정지를 출생시키며, 서방의 아미타불은 자리이타의 마음으로 중생들의 선악사정을 잘 관찰하는 묘관찰지를 이룸으로 말미암아 중생심에 환희를 주는 연화지와 두려움 없고 걸림 없는 법을 굴리는 지혜를 출생시키고, 북방의 불공성취불은 화타의 작용으로 중생의 원과 근기에 따라 천백억 화신을 나타내는 성소작지를 이룸으로 말미암아 불본성(佛本性)의 업을 짓게 하는 방편의 갈마지(羯摩智)를 출생시키며, 중앙의 비로자나불은 근본지의 일체지지인 법계체성지를 이룸으로 말미암아 사바라밀 수행으로 중생을 불지(佛地)에 이르게 하는 일체여래의 본체가 되느니라.

《강설(講說)》

5방불 위에 각각의 일지(一智)를 표한다
　　법신 비로자나불의 변화 세계를 나타내는 것으로 금강9회 만다라 가운데 근본체인 갈마회(羯摩會)의 세계이다. 만다라는 인도에서 비밀의 법을 닦을 때, 마군들의 침입을 막기 위하여 원형을 그려 놓은 것을 시작으로 뒤에 방형 등의 만다라가 나오게 되었다. 율에서도 부정함을 피하기 위하여 여러 가지 종류의 만다라를 만들었다고 한다. 밀교에서는 여러 가지 해설을 하고 있다. 그 가운데 제불보살의 성중(聖衆)이 모이는 것을 표현하여 만다라라 하였다. 특히 제불보살의 성중이 모일 때 보문(普門)의 대 비로자나불을 륜으로 표시하여 그 주위를 모든 제존이 에워싼 형상으로 일체중생들을 법신보문(法身普門)에 들어가게 하여 한 중생이라도 고해에서 건져 제도한다는 뜻으로 윤원구족(輪圓具足)이라고 표현하였다. 이러한 만다라를 크게 두 가지로 나눈다.

① 일체중생에게는 본연적으로 평등하게 비로자나불의 이성(理性)를 함장하여 섭지하고 있음을 비유하는 태장계만다라가 있다. 이것은 비로자나불의 이성적(理性的)부분으로 영원한 깨달음은 본래부터 갖추어 있다고 의미하는 것이요.

② 금강계만다라로써 우주의 모든 것은 대 비로자나불의 나타나는 현상이다. 비로자나불의 지혜가 중생세계의 모든 번뇌를 쳐부수어 중생으로 하여금 본래 가지고 있는 불의 본성을 깨닫게 하는 지적(智的)부분으로 지혜와 과(果)와 식(識)과 자증(自證) 등을 뜻하는 것이다.

이 논의 37존은 금강계 9회만다라를 뜻하는 것이다. 9회 중에는 갈마회가 근본이 되며 37존도 곧 갈마회의 주존이다. 갈마회의 권속은 1,061존으로써 이것은 37존 중에 5불을 제외한 32존에 각각의 32존이 있어 이것이 곱하면 1,024존이요 이에 근본 37존을 더하면 1,061존이 된다. 이 근본 37존은 비로자나불이 사바라밀 수행에 의하여 4불을 나타내고, 다시 4종의 지를 나타내게 된다. 금강바라밀(金剛波羅密)을 수행함으로써 심성부동(心性不動)의 신심견고성(身心堅固性)은 아축불로 나타나고, 보바라밀(寶波羅密)을 수행함으로써 복덕자재의 무상변천의 알음은 보생불로써 나타나고, 법바라밀(法波羅密)을 수행함으로써 자리이타의 내증법(內證法)은 아미타불로 나타나고, 업바라밀(業波羅密)을 수행함으로써 만덕불공(萬德佛供)의 작업으로 수행자들에게 불의 수행을 만족하게 하는 것으로 불공성취불로 나타낸다. 이것이 5방 불의 각일지를 표하는 것이다.

동방 아축불은 대원경지를 이룸으로 인해서 또한 금강지라 하고, 남방 보생불은 평등성지를 이룸으로 이해서 또한 관정지(灌頂智)라 하고, 서방 아미타불은 묘관찰지를 이룸으로 인해서 또한 연화지라 하며 또는 전법륜지라 하고, 북방 불공성취불은 성소작지를 이룸으로 인해서 또한 갈마지(羯摩智)라 하고, 중앙 비로자나불은 법계체성지를 이룸으로 인해서 본체가 된다.

시작의 동방 아축불은 신구의 삼밀을 서로 섭입시켜 번뇌를 파괴하는 대원경지를 보이고, 남방 보생불은 부처아 중생의 본성이 본래 평등하다는 본성 청정의 평등성지를 보이고, 서방 아미타불은 자리이타의 마음으로 중생들의 선악 사정(邪正)과 희망 성품 등을 잘 관찰하는 묘관찰지를 보이며, 또한 걸림 없는 법의 바퀴를 굴리어 번뇌 미망이 절대로 범접하지 못하게 하는 전법륜지를 보이고, 북방 불공성취불은 중생들의 원하는 바를 따라서 천백억화신의 몸을 나타내는 화타작용의 성소작지를 보인다. 이러한 모든 것은 모두 일체불의 본지인 비로자나불의 법계체성지가 근본이다.

　　법계체성지는 삼밀평등의 심성(心性) 수행과 찰진(刹塵)세계의 만물들을 법계(法界)라 함이요. 이 모든 법의 의지처(依持處)가 곧 체(體)요. 법이자연(法爾自然)하여 부서지지 아니함이 곧 성(性)이요. 결단 분명한 것이 지(智)이다. 이와 같이 이지(理智)가 구족하고 깨달음의 도가 원만한 것이 곧 법신 비로자나불의 본체(本體)요 본성(本性)이며 본지(本智)이다. 중생계의 그 어떤 것으로도 표현할 수 없는 비로자나불이 다만 중생들의 원력과 근기에 따라 그 공능을 넷으로 나누어 네 부처님을 통하여 나타난다. 네 부처님은 비로자나불의 수행의 차제에 따라 네 지혜로 나타내신다. 이 부분에 관하여《금강정경》은

　　"박가범 대 비로자나여래께서는 일체 허공 일체여래의 몸과 입과 뜻의 금강에 상주하며〈法界體性智〉, 일체여래가 서로 섭입한 일체금강의 각오지살타(覺悟智薩垂)가 일체 허공계의 티끌처럼 수많은 금강에 가지하여 생하는 바의 지혜를 감추며〈大圓鏡智〉, 일체여래가 가가없는 까닭으로 대금강지의 관정보는 일체 허공에 두루 퍼져서 진여지로 삼보리를 현증하며〈平等性智〉, 일채여래께서는 자신의 성품이 청정한 까닭으로 자성청정한 일체법이 일체 허공에 두루 가득하여 능히 일체색을 나타내며, 지혜가 다하도록 남김 없이 유정계를 조복시키는 행이 최승하며〈妙觀察智〉, 일체여래는 불공(不空)으로써 가르침을 짓는 까닭에 일체 평등한 위 없는 교묘한 지혜이다〈成所作智〉."

하였다. 이러한 금강가지 성취의 대원경지와 무진장엄의 관정보(灌頂寶)를 얻는 평등성지와 유가자재(瑜伽自在)를 증득하는 묘관찰지와 불공만덕의 제방편의 성소작지는 모두 금강에 상주하는 법신의 법계체성지에서 시현한 것이다.

비로자나불의 세계인 만다라는 원래 어떤 형상이나 그 무엇으로도 표현할 수 없다. 그러나 중생들의 무명번뇌를 제도하여 부처님의 세계에 이르게 하기 위하여 당신이 곧 당체를 나타나야 하는 것인데 이때 나타난 신구심이 곧 제 권속들이다. 예를 들면, 비로자나불이 중생심중에 점을 하나 찍었다. 이 점 찍음이 곧 비로자나불의 심을 아축불에 점안한 것이니, 견고 부동한 금강의 대원경지요 이것을 금강가지라 한다.

점을 찍을 때는 무엇인가를 표현하고자 하는 것이니, 그 속에는 그 어떤 의미가 있을 것이다. 그로부터 새로운 가치성이 생기는 것이다. 이것이 보생불이며, 복덕성이 관정한 평등성지요, 관정지가 된다.

찍은 점은 다시 무엇이라는 명자(名字)가 붙게 된다. 이것이 중생들에게 선악시비(善惡是非) 선후본말(先後本末)을 평하는 아미타불의 묘관찰지이며, 이리저리 마음대로 구르는 전법륜지가 된다.

찍은 점은 또다시 선(線)으로 연결되어 천변만화(千變萬化)의 조화를 나타내게 된다. 이것이 변화외 성으로 불공성취불의 성소작지며, 일체 분별을 일으켜 업을 성취하는 것이다.

이와 같이 아무 것도 없는 것으로부터〈毘盧遮那佛〉점이 찍혀지고〈阿閦佛〉, 그 점은 무엇인가 가치성을 가지게 되며〈寶生佛〉, 설명과 이름이 붙게 되고〈阿彌陀佛〉, 또한 선으로 이어져서 갖가지 모습 등을 나타내게 된다〈不空成就佛〉. 이것이 만다라의 원리요, 이 세상 모든 만물의 생성 법칙이다.

비로자나불의 진실법은 어떠한 곳에 특수하게 존재하는 것이 아니라 모든 중생들의 마음 가운데 본래부터 갖추어져 있어서 누가 보여주거나 전하여 줄 수가 없는 것이다. 그런고로 회당 대종사께서 "심(心)의 본구점시(本具點示)함을 전했다." 하셨다. 이제 37존은 곧 비로자나불로부터 중생들을 부처님의 세계로 인도하고자 하는 뜻에서 방편상으로 나타낸 처처의 불이 곧 4불이며, 이 4불이 다시 분야의 공능을 나타내는 것이 32존인 것이다.

7) 사바라밀보살의 출생

《논문(論文)》
已上四佛智로서 出生四波羅蜜菩薩焉하나니 四菩薩은 卽金寶法業也라 三世一切諸聖賢을 生成養育之母라 於是印成의 法界體性中에 流出四佛也하니라

《역(譯)》
이상 4불의 지(智)로부터 4바라밀보살이 출생하나니 4보살은 곧 금·보·법·업이라. 삼세일체 성현을 생성·양육하는 어머니라. 이에서 인성하는 법계체성 중으로부터 4불이 출생하느니라.

《의역(意譯)》

　　법신 비로자나불의 각각의 공능을 받은 4불은 각각의 공능으로 지혜의 사바라밀보살을 출생시키게 된다. 이(理)의 법신으로부터 지(智)를 받은 사(事)의 법신 공능은 곧 아축불의 대원경지에서 금강바라밀보살이 출생하게 되고, 보생불의 평등성지에서 보바라밀 보살이 출생하게 되며, 아미타불의 묘관찰지에서 법바라밀 보살이 출생하게 되고, 불공성취불의 성소작지에서 업바라밀 보살이 출생하게 되었던 것이다. 이 사바라밀 보살들은 각각의 지혜를 갖추고 있기에 삼세 일체의 모든 성현뿐 아니라, 일체중생들까지도 모두 생성하고 양육하는 어머니와 같은 공능을 지니게 되었다. 이것은 모두 법신 비로자나불이 인업(因業)이 아닌 본래의 생사 출현이 없는 인성(印成)의 법계체성지에서 각각의 영원성(永遠性)과 안온성(安穩性)과 지혜성(智慧性)과 변화성(變化性)의 4불이 출생한 까닭이다. 만일 법신이 지(智)가 없는 이(理)로써만 존재한다면, 영원히 중생을 무명번뇌의 소굴에서 벗어나게 할 수가 없다. 이(理)의 경지에서 한 걸음 밖으로 나온 지(智)의 경지에서 비로소 중생들의 근기를 살펴서 하나의 몸이 아닌 넷의 몸으로 나타나서 그 공능을 보이고, 다시 중생의 근기로는 부처님의 이(理)의 세계를 알아듣지 못함을 알고 지혜의 문을 여신 것이다. 그리하여 지(智)의 4바라밀보살을 출현시켜 4불이 존재하게 되는 것이다.

《강설(講說)》

4바라밀보살의 출생

　지금부터는 법신 비로자나불로부터 4불과 4바라밀보살과 16대보살과 8공양과 4섭보살 등 모든 권속이 출생하는 장면을 이야기하고자 한다. 밀교는 법신으로부터 보신과 화신이 나타나게 된다. 현교에서 말하는 화신에서 소급하여 그로부터 보신과 법신을 알게 하는 것이 아니라, 법신이 먼저 있어 그로부터 보신과 화신이 나타나게 됨을 말하는 것이다. 법신은 형상과 이름조차 없지만, 이(理)와 지(智)로써 중생들의 원이 있다면, 언제든지 나타나는 것이 곧 법신의 공능이다. 법신으로부터 모든 권속이 출생하는 데는 두 가지가 있다.

　첫째는 이(理)로써 출생시키는 것이요.
　둘째는 지(智)로써 출생시키는 것을 말한다.

　여기서 이(理)와 지(智)를 논하면, 이(理)는 형상이 없는 진리며 마음이요 법계의 자체이다. 지(智)는 중생들의 원에 따라 나타나는 일체만물의 형체며 성(性)이요 체험이다. 또 이(理)에서 출생하는 것은 정(定)이라 하며 태장(胎藏)이며 성(姓)으로는 여성이요. 지(智)에서 출생하는 것은 혜(慧)라 하며 금강(金剛)이요 성으로는 남성이다.

　이와 같이 이(理)는 진리요 혜는 지혜이다. 지혜를 다시 논하면, 성(性)을 당체로 하여 나타난 지혜는 지(智)는 유위의 사상(事相)을 통달하여 얻는 공능이요 혜(慧)는 무위의 공리(空理)에 통달하는 공능이다. 정(定)에서 혜(慧)가 생하고 혜에서 정이 생하는 것이다. 즉 지(智)에서 이(理)가 생하고 이에서 지가 생하는 것이다. 이처럼 지와 이는 둘이 아니다. 그러므로 이지불이(理智不二)라 하며 심(心)과 성(性)이 되어 비로소 완전한 법신의 체가 성립된다. 다만 공능을 나누어서 나타낼 때, 이(理)에서 생하는 것이 곧 4불이요. 지(智)에서 생하는 것이 4바라밀보살이다. 실제로는 법신의 이(理)는 출생이니 출현이니 열반이니 변화니 하는 것이 없다. 다만 중생들의 근기로 알아듣기 쉽게하기 위하여 정(定)이니 심(心)이니 태장(胎藏)이니 하는 것에 불과하다. 이(理)는 오로지 지(智)만을 함장하고 있을 뿐이다. 그리하여 이(理)에서 지(智)가 생 한다고 억지로 말하는 것이며, 지에서 비로소 만물의 당체가 생겨나게 되는 것이다.

이(理)에서 생 한다는 사불은 중생근기에서는 볼 수가 없다. 4불 역시 법신불이기 때문이다. 이것 역시 방편을 가자하여 보살의 몸으로 나타나야 한다. 이때 나타난 보살을 현교에서는 법신 비로자나불의 협시보살로 표현하니 보현보살과 문수보살이다. 이(理)는 보현의 마음이 되고 지(智)는 문수의 마음이 된다. 보현의 마음은 진실한 자비의 행으로써 항상 변함없이 중생들 마음 깊숙이 언제나 존재하는 불심이요, 문수의 마음은 과거 칠불(七佛)의 불모(佛母)로써 제 성현(聖賢)을 생성 양육하는 마음이다. 이 논에서도 법신 비로자나불이 같은 불의 마음을 표현하여 4방에 4불을 출현시킨다. 4불은 모두 법신불의 심(心)의 소유자이다. 이 심의 소유 중에서 이제 지(智)의 소유주인 보살을 출생시키는 것이다.

법신 비로자나불의 이(理)에서 생한 아축불은 견고성(堅固性)으로써 일체만물을 있는 그대로 여실하게 나타낸다는 대원경지를 지닌 금강바라밀보살을 출생시키고, 법신 비로자나불의 이(理)에서 생한 보생불은 복덕장엄성으로써 자타가 평등한 진리를 깨닫게 하는 대자비와 상응의 평등성지를 지닌 보바라밀보살을 출생시키고, 법신 비로자나불의 이(理)에서 생한 아미타불은 지혜성으로써 걸림 없이 대경을 관찰하여 의단(疑斷)을 모두 끊게 하는 묘관찰지를 지닌 법바라밀보살을 출생시키고, 법신 비로자나불의 이(理)에서 생한 불공성취불은 변화성으로써 모든 중생을 요익하게 하는 사업과 동작의 자재함을 성취한 성소작지를 지닌 업바라밀보살을 출생시키는 것이다.

이상 4불이 각각의 성품을 지닌 4바라밀보살만 출생시킬 뿐 아니라, 모든 현인이나 성현들까지도 또한 생성하고 양육시키게 된다. 이것은 자식을 생성 양육시키는 어머니와 다를 바가 없다. 법신 세계에서 본래부터 있는 이(理)가 중생 세계에 있으면 생성(生成)되고, 지(智)는 생성과 양육을 포함한 것이 된다. 그리하여 생성을 태장이라 하고, 양육을 금강이라 하여 태장과 금강의 양만다라가 성립된다. 이 양만다라의 주존은 영원히 변함이 없고 형상 없는 법신 비로자나불이다.

법계체성 중의 4불이 출생한다.

인성(印成)이란 영원성(永遠性)과 안온성(安穩性)과 주체성(主體性)과 청순성(淸純性)이 그대로 존재함을 말하는 것으로 어떠한 인연의 업력이나 작용을 보태지 아니할 뿐 아니라, 또 외부의 어떠한 힘에 의하여 생겨나는 것도 아닌 본래부터 있는 상락아정(常樂我淨)의 부처님 4덕을 말하는 것이다. 무슨 힘을 의지하거나 시간을 기다리거나 혹은 장소나 인연의 업을 기다려서 어떤 것이 만들어지고 형성되는 것은 인성이 아니다.

그러므로 중생은 업의 힘에 의하여 윤회의 굴레를 벗어나지 못하기 때문에 인성이 될 수가 없다. 다만 부처님만이 인성이 되는데 그것도 법신 비로자나불만이 인성이 되는 것이다. 보신과 화신도 법신의 세계에서는 한 부분의 공능을 지닌 보살이기 때문에 역시 인성은 아니다. 《금강정경》에서는 2500여 년 전에 이 땅에 오신 석가모니불도 의성취보살(義成就菩薩)로 표현하고 있다. 이 보살 역시 인성은 아니다. 법신불의 이러한 인성을 넷으로 나누어서 화현시킨다.

　법신 비로자나불의 영원성(永遠性)은 아축불로 나타나서 대원경지를 이루어 금강의 견고성이 되었으며, 법신 비로자나불의 안온성(安穩性)은 보생불로 나타나서 평등성지를 이루어 복덕 장엄성이 되었으며, 법신 비로자나불의 주체성(主體性)은 아미타불로 나타나서 묘관찰지를 이루어 부처님의 지혜를 주인 삼게 하였으며, 법신 비로자나불의 청순성(淸純性)은 불공성취불로 나타나서 성소작지를 이루어 변화가 무상하되 항상 청순성을 갖도록 하는 것이 되었다.

　이러한 모든 성품들과 지혜들은 구경에 중생들의 번뇌를 끊는 주인이 되는 정신적 작용인 것이다. 이 작용을 통하여 중생계에 있으면서 법계를 알게 하는 것이다. 법계에는 십법계가 있다. 여기서는 그 가운데 불의 법계만을 말한다. 이 불이 법계는 성법(聖法)을 낳는 인이 되어 제법의 진실한 체성이요, 제법은 각각의 분제를 보유하게 되니 태장은 이평등(理平等)으로써 일법계(一法界)의 깨달음만을 주장하게 되며, 금강은 지차별(智差別)의 다법계(多法界)로써 8만4천의 근기 방편의 수행문을 닦아 깨달음을 얻어 교화의 문으로 들어가는 것을 말하는 것이다. 이 법계의 체성이 곧 6대며 비로법신의 삼매야신이다.

8) 십육대보살의 출생

《논문(論文)》

四方如來의 各攝四菩薩하나니 東方阿閦佛에 攝四菩薩은 金剛薩埵. 金剛王. 金剛愛. 金剛善哉를 爲四菩薩也라하고 南方寶生佛에 攝四菩薩은 金剛寶. 金剛光. 金剛幢. 金剛笑를 四菩薩也라하고 西方阿彌陀佛에 攝四菩薩은 金剛法. 金剛利. 金剛因. 金剛語를 四菩薩也라하고 北方不空成就佛에 攝四菩薩은 金剛業. 金剛護. 金剛牙. 金剛拳에 四菩薩也라하야 四方佛에 各四菩薩을 爲十六大菩薩也라하니라 於三十七尊中에 除五佛과 四波羅蜜과 及四攝과 八供養하고 但取十六大菩薩하야 爲四方佛에 所攝也이니라

《역(譯)》

사방의 여래에 각 4보살을 가지게 된다. 동방 아축불에 4보살을 가짐은 금강살타, 금강왕, 금강애, 금강선재를 4보살이라 하고, 남방 보생불에 4보살을 가짐은 금강보, 금강광, 금강당, 금강소를 4보살이라 하고, 서방 아미타불에 4보살을 가짐은 금강법, 금강리, 금강인, 금강어를 4보살이라 하고, 북방 불공성취불에 4보살을 가짐은 금강업, 금강호, 금강아, 금강권을 4보살이라 하여, 4방불에 각각 4보살을 16대보살이라 함이라. 삼십칠존 가운데 5불 4바라밀 4섭 8공양을 제하고, 다만 16대보살이 4방불에 소섭됨을 취함이라.

《의역(意譯)》

　　법신 비로자나불로부터 출생을 받은 사방의 부처님이 그 보답으로 지(智)의 사바라밀을 출생시켜, 중앙의 법신불에 공양한다. 공양을 받은 법신 비로자나불은 역시 지(智)의 16대보살을 출생시켜 4불의 동서남북에 각각 배치 공양하느니라.

　　먼저 계율과 인욕바라밀을 지닌 동방의 아축불에 4보살을 가지게 하니, 그 4보살은 곧 중생들은 누구나 다 불성을 가지고 있다는 희망을 심어주는 금강살타보살, 보리심을 일으켜 부처님과 같은 대자재를 얻을 수 있음을 보이는 금강왕보살, 정법을 사랑하고 보리 구하기를 욕심내게 하는 금강욕보살, 일체중생이 계율을 지키고 인욕을 행하므로 환희의 맛을 알게 하는 금강선재보살을 보리심의 4보살이라 하느니라.

　　걸림이 없는 보시바라밀을 지닌 남방의 보생불에 4보살을 가지게 하니, 두터운 복업과 허공과 같은 넓은 보시를 행하는 금강보보살과, 보시의 대위광을 심광으로 나타나는 금강광보살과, 티끌처럼 미세한 것에까지 골고루 베푸는 금강당보살과, 잔잔한 미소로 수희의 공덕을 베푸는 금강소보살을 대공덕을 모으는 4보살이라. 하느니라.

　　선정과 지혜바라밀을 지닌 서방의 아미타불에 4보살을 가지게 하니, 연화의 청정한 선정으로 정법의 대지혜를 증득하게 하는 금강법보살과, 중생들의 강건한 번뇌를 끊게 하는 금강리보살과, 복업으로 장엄한 법신의 만다라세계를 법륜을 굴리는 금강인보살과, 자성의 내면세계에 법신의 진언 말씀을 심어주는 금강어보살을 대 지혜문의 4보살이라 하느니라.

　　정진바라밀을 지닌 북방의 불공성취불에 4보살을 가지게 하니, 세간생활 그 자체가 곧 부처님의 선교방편임을 보여주는 금강업보살과, 난행고행의 일체 어려움을 쉽게 하며 뭇 마장을 항복시켜 그로부터 오히려 보호받는 금강호보살과, 제도하기 어려운 중생들까지도 조복시키는 대정진의 금강아보살과, 실지원만(悉地圓滿)의 모습을 보여 비밀 가운데 대자유의 정진을 보여주는 금강권보살을 대정진문의 4보살이라 하느니라.

이와 같이 사방의 부처님이 지닌 각각의 공능에 맞추어서 출생된 보살을 16대보살이라 하느니라. 법신 만다라세계를 표현하는 중심적인 만다라가 성신회(成身會)이다. 이 성신회의 주존인 삼십칠존 가운데 5불과 정(定)문의 16존인 4바라밀과 4섭과 8공양을 제하고 지혜문의 16대보살을 사방불의 직접적으로 소섭되게 하는 것은 이것은 곧 법신의 이(理)와 지(智)는 하나d;ㅁ을 뜻하는 것이다. 그러나 수행의 기본문은 지혜의 문이요 정문은 그 모양새이다. 그러기에 이 논에서는 불도수행을 목적으로 하기에 지혜의 문인 16대보살을 4방불에 각각 4보살을 예속시켜 그 부처님의 공능을 중생들로 하여금 취하게 하는 것이니라.

《강설(講說)》

십육대보살의 출생

법신 비로자나불이 자성의 공능을 나누어서 사방의 여래를 출현시킨다. 사방의 여래는 동방의 아축불, 남방의 보생불, 서방의 아미타불, 북방의 불공성취불이다. 출현을 받은 4보살은 법신불에 보답하기 위하여 각일지의 바라밀보살을 출생시켜 중앙의 법신 비로자나불의 사방에 배치 공양한다. 이에 법신 비로자나불은 다시 16대보살을 출생시켜 사방의 여래에게 4보살로 나누어서 각각 배치 공양한다. 4보살을 공양받은 사불은 다시 내(內)의 4공양보살과 외(外)의 4공양보살을 출생시켜 법신의 사위(四位)에 배치 공양한다. 내외의 8공양을 받은 법신은 또한 답례로 4불에게 중생 교화의 도움이 되는 4섭의 보살을 출현시켜 각방에 공양한다. 이러한 공양을 받은 사불은 다시 각각 256(256x4=1024)존의 제 권속을 출현시켜 법신 비로자나불의 공양에 답례한다. 이와 같이 법신 비로자나불과 사불이 상호공양함으로써 하나의 만다라세계가 형성된다. 이것이 금강계만다라의 중심인 1,061존의 성신회이다. 이 성신회의 중심존은 법신 비로자나불이지만, 중생계에서 보면 법신으로부터 4방불을 위하여 출현시킨 16대보살이 중심존이다.

 이 보살들은 발심(發心)과 수행(修行)과 보리(菩提)와 열반(涅槃)의 모습을 나타내어 수행자 모두로 하여금 대승의 6바라밀을 닦아 법신의 권속이 되게 하는 것이다. 16대보살이 수행자에게 6바라밀을 닦게 한다는 것은 동방의 4보살은 보리심이 굳건함으로 6바라밀 가운데 지계바라밀과 인욕바라밀을 성취하게 하며, 남방의 4보살은 재보의 장엄 수행으로 집착 없는 보시바라밀을 성취케 하며, 서방의 4보살은 청정한 지혜로 보리를 얻게함으로 선정바라밀과 지혜바라밀을 성취하게 하며, 북방의 4보살은 비론 지혜의 관찰로써 대열반의 정진바라밀을 성취케 한다는 것이다.

 4불이 가진 발심, 수행, 보리, 열반의 사전(四轉)과 4바라밀보살이 가진 상락아정의 4덕(四德)은 곧 같은 것이다. 일반적으로는 상락아정의 열반사덕(涅槃四德)은 대정진의 열반에만 해당한다고 하지만, 비밀의 문 즉 법신의 문안에서는 각각의 공능을 나누어보고 있다. 즉 발심함은 상덕(常德)이요. 수행은 락덕(樂德)이요. 보리는 아덕(我德)이요. 열반은 정덕(淨德)이 된다. 이와 같이 4불의 사전(四轉)과 4바라밀의 4덕(四德)이 16대보살에서 결합이 되어 다시 대승의 6바라밀법인 방편법이 나오게 된다. 이것이 《금강정경》에서 말하는 5전(五轉)의 법이다. 이 오전의 법이 성취되기 이전에 《대비로자나경》 3구(三句)의 법에서 이미 그 속뜻을 밝히고 있다. 이러한 모든 것은 수행자를 위한 법신 공능으로써 금강계만다라 중심 존인 삼십칠존의 작용이며, 그 가운데 특히 16대보살이 중생을 위한 제일성의 베풀음이다.

　모든 보살에 금강(金剛)이라 한 것은 금강은 세간에서 가장 견고한 것을 뜻한다. 물체로는 불괴(不壞)를 뜻하는 다이아몬드 보석에 비유한다. 무색투명한 물질로써 햇빛이 비치면 여러 가지 빛을 나타내므로 그 기능 또한 자재하다. 단단하기로는 그 무엇으로도 파괴하지 못하며, 보배 중에 보배요. 무기 중에 가장 훌륭한 최파(摧破)의 불구로써 이것을 가진 보살을 집금강보살이라 하며, 줄여서 금강보살이라 한다. 만일 금강으로 된 불구를 가지고 있지 아니하면, 보살의 명칭 앞에 금강이라는 단어를 사용하지 아니한다. 같은 보살이라도 금강을 들지 아니한 보살과 금강을 들은 보살과는 그 공능이 다르다. 즉 보현보살과 보현금강은 그 자체의 능력이 다르다는 것이다.

　보현보살은 법신 비로자나불의 협시보살로써 있을 뿐이지만, 보현금강은 법신불의 능력을 그대로 담아 중생에게 직접 법을 설하는 보살이다. 즉 단독으로 법신과 같은 공능을 지닌 보살이다. 삼십칠존의 제존은 모두 집금강보살이다. 여기에서는 금강이란 또한 중생이 누구나 다 가지고 있는 실상지혜를 뜻한다.

다음 보살이란 즉 보리살타(菩提薩埵)의 준말이다. 보리란 깨달음이요. 살타는 교화의 대상인 중생을 말한다. 보리의 '보'는 상구보리(上求菩提)를 의미하며 살타의 '살'은 하화중생(下化衆生)을 뜻하는 것으로 자기도 이롭고 다른 사람도 이롭게 하는 것이 곧 보살이다. 또 보살마하살(摩訶薩)의 '마하살'은 대승의 수행자를 마하살타라 하며, 이것을 줄여서 마하살이라 한다. 16보살을 보면

금강살타보살

육바라밀 가운데 지혜와 인욕을 성취시킨다는 동방 아축불의 4친근 중에 상수보살이며, 또한 16대보살의 상수보살이다. 또 집금강의 상수이며 보리심을 일으키는 시작의 보살이다. 달의 16분 중 흑월로써 빛의 시작을 의미하는 보살이다. 우리 중생과 가장 가까이 있으면서 진여의 모습을 쉽게 보이기도 하고 신심의 가장 깊은 대용맹의 모습을 보이기도 하는 보살이다. 또한 견고하여 상주하며 영원히 부서지지 아니하는 보리의 마음을 지니고 있으며, 일체여래 보현의 상수이며 보현살타라 하며 보현보살과 동체이다. 즉 법신 비로자나불이 중생을 위한 제1존의 보살로써 금강수보살, 혹은 비밀주 등으로 불린다. 현실적으로는 밀교부법의 제2존으로써 비로자나불이 자내증한 설법을 결집 편찬하여 남천축 철탑에 넣어 두었다는 보살이며, 뒤에 용수보살이 그것을 꺼내어 금강과 태장의 양부비경(兩部秘經)으로 나누어서 후세에 전하게 된다.

금강왕보살

금강불공왕(不空王)으로써 발심의 안심입명(安心立命)과 자재의 덕

과 중생섭인의 덕과 일체를 갈마들이는 구소(鉤召)의 덕이 있는 묘각의 최상보살이다. 이름을 왕이라 한 것은 세간의 국왕은 모든 것에 자재하며, 일체를 귀복시켜 조복하기 때문에 왕이라 하듯이 이 보살도 여래의 사섭덕이 있기에 금강불공왕보살이라 한다.

금강욕보살

금강애욕보살로써 모든 즐거움을 여의고 이타의 덕을 베풀어 자신의 그 어떠한 즐거움이나 사랑을 여의면서도 일체중생에게는 모든 것을 베푸는 보살이다. 지혜와 인욕을 동시에 행하여 중생들의 번뇌마인 탐진치 삼독을 쏘아 맞히어 조복하며, 지혜의 승의심과 자비의 행원심을 끝없이 보여주는 보살이다.

금강선재보살

금강희보살로써 환희의 덕을 갖춘 보살이다. 중생들에게 자비와 이타의 공증함을 보이면서 계율 가진 자를 찬탄하고 인욕의 뒷맛이 안락이라는 것을 보여주면서 보리심의 덕을 완성 시켜주는 보살이다.

금강보보살

걸림 없는 보시 바라밀을 완성시킨다는 남방 보생불의 4친근으로써 금강대보보살이다. 수행의 선업인 만행을 닦아 불도 수행자에게 만행의 공덕을 보이면서 걸림이 없는 보시바라밀을 행하게 하되, 그 하고자함을 뜻과 같이 한다 하여 여의금강(如意金剛)이라 하며, 두터운 복업을 짓게 하니, 그 크기가 마치 허공과 같다하여 허공장(虛空藏)이라고도 한다.

금강광보살

금강위광(威光)보살로써 중생들이 믿고 따르는 덕을 나타내는 보살이다. 부처님의 자비의 빛으로써 일체 수행자에게 두려움이 없는 심광(心光)을 열게 하여 중생심을 편안하게 하는 정신적인 힘을 베푸는 보살이다. 보배상의 광명과 같이 그 위덕이 대단하다 하여 위덕금강이라고도 한다.

금강당보살

금강보당보살로써 허공 가득히 나부끼는 보배의 당을 보이어서 이 당을 보는 자는 누구를 막론하고 모두 그 복덕을 입게 되어 부처님의 위신력을 얻게 하는 보살이다. 또한 중생을 위하여 몸을 던지는 지장보살과 동체로써 자기의 얻은 바가 비록 티끌처럼 미세한 것이라도 아낌없이 베풀어서 부족한 중생들에게는 원만하게 하며 원이 있는 중생들에게는 그 원을 원만케 하는 보살이다.

금강소보살

금강미소(微笑)보살로써 일체 중생들에게 환희심을 불러일으키는 보살이다. 희열과 한희와 희유함을 베풀어서 언제나 집착 없는 보시바라밀을 완성시켜 환희의 즐거움을 생하게 하는 보살이다.

금강법보살

선정과 지혜바라밀을 완성시킨다는 서방 아미타불의 4친근으로써 금강정법(正法)보살이다. 연화의 청정한 모습을 보여 일체 의심을 끊게 하며, 관자재보살과 동체가 되어 금강의 미묘한 눈으로 세상을 두루 살펴서 불도 수행자 모두로 하여금 선정으로 정법의 대 지혜를 얻어서 일체 산란심이 없는 고요의 삼매에서 노닐게 하는 보살이다.

금강리보살

금강실리(室利)보살로써 문수사리보살의 지혜를 품어서 몸과 마음이 안정하며, 수승한 바른 지혜로 번뇌 습기를 끊고 정법을 잘 지키게 하는 보살이다. 지혜의 날카로움이 세상에 그 어떤 것으로도 비유할 수가 없는 보살이다.

금강인보살

금강륜인(輪因)보살로써 미륵보살과 동체이다. 선정과 지혜의 힘으로 스스로 깨달은 법신 비로자나불의 만다라세계의 즐거움을 자신에게만 이익되게 하는 것이 아니라, 그것을 일체중생에게 돌려 함께 이익되게 하고자 법륜의 바퀴를 굴리되, 그 견실하기가 금강과 같으며 그 설법하는 교화의 인은 물러섬이 없는 전륜성왕의 천하평정의 보륜과도 같아서 중생이 있는 곳이면 언제든지 법신과 중생이 둘이 아니라는 묘관의 법신 만다라세계의 법을 굴리는 보살이다.

금강어보살

금강묘어(妙語)보살이다. 제법의 실상을 중생을 위하여 설법하되, 바른 지혜의 입으로 선설의 내용이 자성에만 맞을 뿐 아니라, 일체생활에도 맞으며 그 진언의 염송이 법신 자내증과 하나가 됨을 중생들에게 몸소 보여주는 대지혜문를 완성시키는 보살이다.

금강업보살

정진바라밀을 성취한 북방 불공성취불의 4친근인 금강갈마(羯磨)보살이다. 바른 지혜의 관찰과 선설(善說)의 자행(慈行)이 모두다 이타로 정진하며, 그 미묘한 가르침이 세간 생활상에서 낱낱의 실천수행임을 보이는 보살이다. 이 보살은 무량겁에 스스로 수행하고 증득하여 선교방편으로 다른 이를 교화하는 사업을 성취한 보살이다.

금강호보살

금강수호(守護)보살로써 난행고행을 인욕의 갑옷으로 보호하며, 반야보살과 동체가 되어 두려움이 없이 뭇 마장을 항복시킬 뿐 아니라, 대견고한 모습을 보이어서 일체의 번뇌마가 범접하지 못하게 하는 보살이다.

금강아보살

금강야차(夜叉)보살의 공포삼매야를 증득한 금강아형(牙形)보살이다. 외부(外部)이 간건한 장애로움을 두려움 없이 극복시키며, 법을 보호하기를 그 뜻 세움이 날카로워서 제도하기 어려운 중생들까지도 조복시켜 교화하는 보살이다.

금강권보살

금강권인(拳印)보살로써 결함이 없는 덕을 지닌 보살이다. 교화하는 자체를 정진으로 생각하는 보살이다. 12합장(十二合掌)과 육종권인(六種拳印) 등 일체의 인계를 성취하며, 특히 금강권인의 삼매야형을 보이어서 신어의 3업상을 삼밀로 상응시켜 자유자재로 정진하여 실지원만을 보이는 보살이다. 실지 생활 자체에서 완전한 만월륜의 빛으로 일체중생들에게 비밀의 봉사하여 대정진의 원력을 완성시키는 보살이다.

이상의 16대보살은 곧 16여래로써 법신 비로자나불의 모든 공능을 오로지 불도를 수행하는 자에게 낱낱이 그 실상을 보이어서 그로 하여금 모두 법신의 세계인 금강계만다라 성신회에 들어오게 하고자 하는 것이 이 보살들의 목적이다.

《화엄경》에서는 10수를 만수(滿數)로 하여 무량무진을 섭수하는 것이라 하였다. 진언밀교에서는 16수를 원만무진의 수로 표시하고 있다. 금강계만다라의 중심이 되는 16대보살을 법신 비로자나불이 나타내는 것도 또한 이러한 뜻이다. 태장만다라에서도 중앙의 8엽원을 그릴 때 내의 8엽과 외의 8엽을 그리는데 그것은 중생의 육단심(肉團心)에 8엽의 만다라형이 있음을 상징하는 것으로 8종의 선지식과 8종의 금강혜인의 법으로 16수를 성취시킨다는 것을 표현한 것이다.

금강계의 주존 37존 가운데 근본불인 법신을 비롯하여 4불을 제하고 나머지 32존을 정문(定門) 16존과 혜문(慧門) 16존으로 나누면 4바라밀과 8공양과 4섭은 정문이요. 16대보살이 지혜문이다. 법신은 이(理)와 지(智)가 원만하여 상주불변 하신다. 이(理)는 그 자체의 성(性)이며 모양새요 수행의 기본은 지혜이다. 그러기에 법신의 세계를 나타내는 만다라에서도 지혜가 중심이 되어 수행자로 하여금 지혜를 닦게 하신 것이라.

이 논에서도 법신이 출생시킨 4불에게 실지 교화의 방편은 5불과 4바라밀과 8공양을 제하고 오로지 16대보살만을 취하여 사방의 불에 소섭되게 하여 일체중생을 교화하게 하는 것이다. 그것은 중생의 근기는 중생의 모습으로 교화하여야 쉽게 받아들이기 때문이다. 물론 부처님 모습을 하여도 되지만, 이미 부처님의 모습으로 나타났다고 하면 그것은 법신이 아니며 화신일 뿐이다. 법신은 본래 모습이 없는 것이 그 체이기 때문이다. 수행자는 이 같은 허상에 현혹되지 아니하고 잘 간파하여야 옳은 수행자라 할 것이다.

9) 십육공의

《논문(論文)》

又摩訶般若經中에 內空으로 至無性自性空히 亦有十六義하니 一切有情의 於心質中에 有一分淨性하야 衆行皆備호되 其體는 極微妙하야 皎然明白하며 乃至輪廻六趣하야도 亦不變易호미 如月十六分之一이니라 凡其一分의 明相이 若當合宿之際하며 但爲日光에 奪其明性이라 所以로 不現이나 後起月初에 日日漸加하야 至十五日히 圓滿無礙하나니라

《역(譯)》

또《마하반야경》중에 내공으로부터 무성자성공에 이르기까지 또한 십육의가 있다. 일체유정의 심질 중에 일분의 맑은 성품이 있어

서 중행을 다 갖추되 그 체가 극히 미묘하여 교연히 명백함으로 내지 육취에 윤회하더라도 또한 변역치 않고 달의 십육분의 일과 같으니라. 무릇 달의 그 일분의 명상(明相)이 만약 합숙할 즈음에 당하면 다만 일광 때문에 그 명성을 빼앗기는 소이로 나타나지 못하나 뒤에 초생달이 처음으로부터 나날이 점점 더하여, 15일에 이르러서 원만무애하느니라.

《의역(意譯)》

부처님이 성도하신 후 중생을 교화하기 위하여 방편의 법을 설하시면서 먼저 언행록이라고 할 수 있는 아함에서 4제법과 8정도와 무아사상의 12인연을 설하시고, 다시 소승적인 집착을 버리고 대승적으로 나아가게 하기 위하여 방등을 설하신 후에 소승의 계율 중심에서 대승의 교리 중심으로 나가게 하는 공의 진리를 설하셨다. 공의 진리를 설한 대승시경(大乘始經)인 600부의 《반야경》 가운데 많은 공의 말씀이 있으나, 그 가운데 특히 16공의만을 이 논에서 인용하는 것은 이 16공의가 금강계 16대보살과 그 의의가 같기 때문이다. 16공이란 내공, 외공, 내외공, 대공, 공공, 승의공, 유위공, 무위공, 필경공, 무제공, 산공, 본성공, 공상공, 일체법공, 무성공, 무성자성공이다. 이것은 일체중생들의 마음과도 같은 것이다. 일체중생의 마음을 16의로 나누어 나타낸 것이 금강계 16대보살이다. 이것을 다시 달에 비유하면 16분의 명상과 같다. 16대 보살의 마음 가운데 각각 일분의 맑은 성품이 있다. 그 밝은 성품에는 원만무애한 자성 청정심이 갖추어 있다. 그 실체가 극히 미묘하여 밝기로는 교연하여 명백하므로 비록 중생을 교화하기 위하여 육취에 머물러있지만, 그 본성은 부처님과 같이 변함이 없는 것이 마치 달의 본 원만한 본 모습과 같다. 달도 16분으로 나누어 있으나, 그 낱낱상마다 원만한 명상을 지니고 있다. 달이 잠시 그 빛을 잃어버리는 것은 모두 지구의 작용이다. 달이 이 작용으로 그 밝음을 빼앗기는 까닭에 나타나지 못하지만, 다시 초생달로부터 시작하여 나날이 점점 더하여 십오일에 이르면 금강살타보살이 본래 지니고 있는 불성과 같이 달의 본모습도 원만무애 하게 된다.

《강설(講說)》

마하반야경 중에 십육공의

9종류의 경론소 인용은 모두 대승의 것으로 그 가운데 하나가 《반야경》이다. 부처님께서 말씀하신 것을 결집차제에 따라 대소승의 계급적 명칭과 교리적 실천이 나누어진다. 그 가운데 공의 진리를 집대승한 것이 반야이며 부수로 600부이다. 이경은 소법을 버리고 대법으로 나아가는 요제(要題)며 사법을 버리고 정법으로 나아가는 지침서이며, 소승에서 대승으로 넘어가는 것으로써 역대의 많은 성현들이 불모로 삼은 것도 이경이며, 세상의 모든 고해를 건너는 자비의 배로 삼은 것도 이 경이며, 일체이 수행자가 법의 도뱌으로 삼은 것도 이 경이다. 소대승교의 발전상을 살펴보면, 교리중심과 계율중심의 둘로 나눌 수 있다. 세존 재세시부터 열반 이후 얼마 동안은 계율중심이 되었다. 그것은 석존 열반시에 제자들의 물음에 '이계위사(以戒爲師)하라'는 말씀만 하여도 알 수 있다. 지나친 계율 중심에서 조금 벗어나고자 하는 즉 ·전날 받은 소금을 저축하여 두었다가 다음의 식사에 쓸 수 있다·는 등의 십사문제(十事問題)가 생겨나게 된다. 그 문제를 논하기 위하여 제2의 결집을 하면서 강력한 계율을 제정하지만 오히려 이것이 하나의 구실이 되어 계율보다는 교리면으로 발전하게 된다. 제일 먼저 생겨난 사상이 공사상(空思想)이다. 이 공의 진리가 곧 대승으로 나아가는 첫 관문이 되었던 것이다. 그러므로《반야경》이 대승시경(大乘始經)이라 하는 것이다. 그 후 대승 가운데 관법을 더하여 선사상이 일어났고 다시 의식을 더하여 밀교가 성립 되었다. 계율, 교리, 관법, 의식 등을 실지생활에 응용하는 것이 곧 진각밀교이다.

자성과 심인을 논하는 밀교는 즉사이진(卽事而眞)으로 밝게 나아가면서 자연 그대로가 진불의 자체라고 하는 현실적 법신의 체계를 세우고, 화신불인 석가불만이 부처가 아니라, 자연 그 자체가 모두 불이라는 법신 동화사상(同和思想)이 전개된다. 이러한 논리는 현을 버리고 별도의 밀을 세우는 것이 아니다. 부처님의 설법은 5시교로 나눈 것 중에 방등부(方等部)는 밀교의 태장계요, 반야부는 금강계와 같다. 이것을 다시 인과(因果) 양부로 나누면 태장은 인이요 금강은 과이다. 이로써 반야밀의는 과의 위치에서 인용하는 것이 된다. 태장계와 금강계 인과 과, 역시 동체이며 방등과 반야도 동체가 된다. 이와 같은 반야밀의는 곧 금강계와 같다.

반야부에 2공, 4공, 11공, 14공, 16공, 18공, 20공 등의 많은 공의가 있다. 그 가운데 16공의만을 말씀하신 것은 금강계도 5불 4바라밀 4섭 8공양 16대보살 등의 제존이 있지만, 오로지 16대보살에서 인용한 것은 16대보살과 반야의 16공의와 달의 16분의 형상 등은 모두 중생들 심질의 변화와 같기 때문이다. 다만 법신의 위치에서 밀의를 보는 것과 화신의 위치에서 밀의를 설하는 방법만 다를 뿐이다. 즉 세계의 16유, 인간의 16심질, 공간의 16분은 모두 삼간의 위치에서 설하는 것일 뿐 그 작용은 법계의 진리와 같다. 이것을 만다라상으로 표시하면, 시간과 공간과 인간의 만다라세계가 된다.

　시간계(時間界)는 달로써 16분의 밝음을 나투는 것이다. 그믐에서부터 차차 밝아 15일에 원만함을 나투고, 공간계(空間界)는 내공으로부터 시작하여 무성자성공에 이르러 완전한 공의 이치인 진공묘유를 알게 하고, 인간계(人間界)는 금강살타로부터 시작하여 금강권에 이르러서 부처님의 원만한 마음을 증득하게 하는 것이다. 이러한 모든 것은 그 중심이 법신 비로나자불의이며, 내적으로는 자성불이다. '제법은 무자성이라' 하는 것과 '일체법은 진공묘유라'라 하는 반야의 사상과는 그 진리 표현만 다를 뿐. 자성을 논하는 관점에서는 한치의 다를 바가 없다.

　금강의 16대보살이 법신으로부터 화현하여 4방에 배치하듯이 반야의 16공의도 화신 석가의 모습에서 유출되어 중생으로 하여금 무상의 법신의 자리로 돌아가 상락아정의 열반 4덕을 맛보게 하는 것이다. 자성을 바탕으로 제법이 생겨나지만, 제법은 또한 연기에 의한 것이다. 연기는 인연화합이다. 그러므로 제법은 자성이 없다. 자성이 심인이라면 타성(他性)은 곧 사물이다. 심인에도 제법 출처의 인이 없거늘 어찌 타성의 만물에 제법의 출처의 인이 있겠는가? 다만 무인으로부터 생겨난다. 이것이 곧 무명이며 만물로부터 존재하며 곧 늙고 죽음이다. 이와 같이 시작의 무명(無明)도 마침의 노사(老死)도 모두 공성으로써 영원함이 없으며, 다만 윤회를 할뿐이다. 그것도 업에 의하여 윤회의 틀이 형성된다. 이러한 연기심도 곧 공이다. 그러기에 제법개공이라 하며 일체가 공이라 한다. 그렇다고 하여 공이 허무는 아니다. 공을 관하는 것은 진공의 가치를 발견하고자 하는 것이므로 진공이 곧 묘유라는 것이다. 나뭇가지 끝에 달리는 잎사귀와 꽃과 열매 등은 줄기나 뿌리 그 어느 곳에서도 그 본모습을 찾을 수 없다. 그러나 시절의 때가 되면 잎이 피어나고 꽃이 피며 열매가 달린다. 이제 반야의 부정적인 정체성인 16공의와 금강의 긍정적 활동성인 16대보살과의 그 의를 살펴보면,

내공(內空)은 금강살타보살과 같으며 달에 비유하면 그믐과 같다. 금강살타보살은 처음 보리심을 일으키는 초발심보살이다. 모든 능력을 함장하고 있으며, 무한한 활동성을 지니고만 있듯이 6근에 둘러 쌓인 마음이 그 6근을 의지하여 모든 경계를 수용하지만, 이 6근으로 형성된 육신은 깨끗하지 못한 물건으로써 그 자체는 언제나 공하다. 그러나 무한의 수용능력과 변화시킬 수 있는 풍부한 공간의 힘을 가지고 있으면서도 언제나 텅 비어있다는 것이요.

외공(外空)은 금강왕보살과 같으며 달에 비유하면 초생과 같다. 금강살타보살이 전륜성왕의 즉위를 기다리는 태자라면 금강왕보살은 최고의 권위자인 전륜성왕이라 할 수 있다. 외공은 6근으로부터 받아들인 외계의 사물로써 범부 중생들이 추구하는 욕망의 경계를 말한다. 외계의 사물들은 영원성이 없어 추구할 가치가 없지만, 중생계에서는 모든 것을 소유하여 최고의 경지까지 가려고 하는 것이다. 그러나 그것 역시 영원

성이 없는 공일뿐이다.

　내외공(內外空)은 금강욕보살과 같으며 달에 비유하면 제2월과 같다. 금강욕보살은 인연화합에 따라서 세상의 모든 것을 충분히 갖추어 있으나, 그것에 집착하지 아니하듯이 이 공은 6근과 육경에 의하여 6진이 갖추어 있으나, 이 6진은 모두 깨끗하지 못한 것이며, 또한 존재하는 것이 아니라, 나라는 것도 없고 남이라는 것도 없으며 그것에 대한 대상까지도 없다. 즉 만물 전체가 다 공 하다는 것을 말한다.

　대공(對空)은 금강선재보살과 같으며 달에 비유하면 제3월과 같다. 금강선재보살은 무애자재보살로써 모든 것을 수용하여 희롱하나 그 량이 없는 보살이다. 이 공도 지 수 화 풍의 4대가 서로 화합하여 법계가 이루어져서 장애 없이 운용하지만, 모두 가공된 것으로 그 속에는 존재하는 성품이 없다. 일체중생들이 이 가운데 살지만, 티끌만큼도 그 량을 침범하거나 파괴할 수 없다. 그것은 4대가 다 공이기 때문이다.

　공공(空空)은 금강보보살과 같으며 달에 비유하면 제4월과 같다. 금강보보살은 무기치의 보배를 지닌 보살로써 일체 만물은 저마다의 가치를 지니고 있으나, 어느 하나의 값을 평가할 수는 없다. 인간계에서는 금강이 둘도 없는 진귀한 보배이나 지옥의 세계나 아귀의 세계에서는 한술의 밥보다도 가치가 없다. 또한 모래뿐인 사막에서는 한 포기의 풀이 곧 보배이나 정글 속에서는 길을 장애롭게 할 뿐이다. 이 공은 존재 그 자체가 가치성이 없는 공이라는 것이다.

승의공(勝義空)은 금강광보살과 같으며 달에 비유하면 제5월과 같다. 금강광보살은 진여의 형상을 나타내는 빛의 보살로써 보배의 빛 또한 원만하고 수승하여 견줄 바가 없으며, 그 가치 또한 무엇과도 비교할 수 없지만, 이것 역시 영원성이 없는 공일뿐이다. 이 공은 육신을 버리고 정신세계에 들어가는 가장 수승한 경지인 열반까지도 공 하다는 것이다.

유위공(有爲空)은 금강당보살과 같으며 달에 비유하면 제6월과 같다. 금강당보살은 일정한 모양을 갖춘 보살로써 모든 것이 인연화합으로 이루어져 잠시 그 모습을 보일 뿐 영원성이 없다. 이와 같이 유위법도 인연화합에 의하여 현상계가 이루어지지만, 이것 역시 진실성이 없이 공한 것이라 한다.

무위공(無爲空)은 금강소보살과 같으며 달에 비유하면 제7월과 같다. 금강소보살은 무여열반의 보살로써 형상으로 나타나있지는 않지만, 그 열반의 상락아정의 덕을 가득 싣고 있어 그 덕상이 법계 밖으로 넘치지만, 이것은 모두 중생들의 원력심에 의한 것이라 그 자성이 없다. 다만 방편으로 있을 뿐이다, 이 공도 이와 같이 함이 없는 무위세계에 존재하는 모든 보배 빛은 모두 넉넉함을 지니고 있지만, 그것은 일시적인 것일 뿐 공하여 영원성이 없다는 것이다.

필경공(畢竟空)은 금강법보살과 같으며 달에 비유하면 제8월과 같다. 금강법보살은 제법이 다 공 하다는 궁극의 보살로써 유정계의 십선도를 행하여 자타차별을 논하지 아니하는 절대평등의 공능을 지녔으나,

이것 역시 중생을 위한 방편일 뿐, 그 자체는 공이듯이 이 공도 제법이 다 공인 궁극의 공으로써 불교에서는 형상의 집착을 깨뜨리기 위하여 이상세계를 다 공이라고 한다. 이하의 지혜문의 사보살이 지닌 모든 것은 모두 형상을 깨뜨리는 것으로 절대부정의 공이라 하며 일체의 공까지도 공하다는 것이다.

무제공(無際空)은 금강리보살과 같으며 달에 비유하면 제9월과 같다. 금강리보살은 십선도를 행하여 그 이익이 광대함을 말하는 보살로써 일체중생을 구제하되 그 마음의 변재가 없는 보살이다. 이 보살이 날카로운 지혜의 눈으로 세간 생사의 시작과 마침을 판단하여 그 제한을 받지 아니하게 하는 보살이다. 업으로 이룩된 몸은 업의 제한을 받을지언정 성의 제한은 받지 아니한다. 일체중생으로 하여금 모든 집착에서 벗어나게 하기 위하여 인연의 법을 알게 하는 것이다. 곧 시작과 마침이 공하다는 것을 말한다.

산공(散空)은 금강인보살과 같으며 달에 비유하면 제10월과 같다. 금강인보살은 전법륜을 굴리면서 모든 것이 인연화합이나 특히 인에 대한 깃이리는 지혜를 말씀하시는 보살이다. 사대로 이루어진 삼라만상은 언젠가는 흩어져서 그 존재하는 바가 영원함이 없다는 것을 말한다.

본성공(本性空)은 금강어보살과 같으며 달에 비유하면 제11월과 같다. 금강어보살은 십선의 법령을 말하는 보살로써 세간의 소리는 본래본성이 공 한가운데 만들어지는 것이다. 또한 법의 본성도 이와 같다. 모두

가 인연화합이라는 혹을 일으켜서 만들어진 것이기에 그 소리의 본성이 공 하듯이 자성의 본성도 공한 것이라고 한다.

공상공(空相空)은 금강업보살과 같으며 달에 비유하면 제12월과 같다. 금강업보살은 칠보로 이루어진 금강의 보살로써 생멸무상의 흥왕이 제법의 상이라. 자상도 공상도 모두 공하며 32상과 80종호와 3천위의와 8만세행이 하나의 업으로 이루어진 것이다. 그 업이 다하면 모든 것은 사라지는 것이다. 이것 역시 공한 것이다. 소승에서 밝힌 것은 성공(性空)의 분이요 반야에서 밝힌 것은 상공(相空)의 분이다. 주로 반야는 상을 버리는 것을 그 목적으로 하는 것이다.

일체법공(一切法空)은 금강호보살과 같으며 달의 비유하면 제13월과 같다. 금강호보살은 일체의 신비한 보배로써 보호를 받는 원만한 보살이지만, 그것에 집착하지 아니하는 보살이다. 이 공도 5온과 12처와 18계 등의 일체법은 모두 내 몸을 형성하여 이 세상에 존재하게 하는 것이지만, 이것 역시 진실상이 아니다. 일체가 화합법으로 설계되고 만들어졌으며, 그 갖추어진 위엄과 만유실체가 다 공한 것이다. 오로지 청정성만이 존재하는 것을 말한다.

무성공(無性空)은 금강아보살과 같으며 달에 비유하면 제14월과 같다. 금강아보살은 일체의 모든 마를 항복 받는 보살로써 부릅뜬 눈으로써 만다라의 위의를 보이는 보살이다. 이 공은 인법의 체나 그 성은 한 물건도 집착할 것이 아니다. 그 성은 진실로 한정이 있는 것이라 대용단심으로 사물을 밝게 보게 하여 모두가 공한 것이라고 하여 집착하지 아니하게 함이 목적이다.

무성자성공(無性自性空)은 금강권보살과 같으며 달에 비유하면 제15월의 원만함과 같다. 금강권보살은 모든 것을 갖춘 보살로써 일체의 상과 일체의 번뇌를 다 항복 받으며 권서의 공능이 자재한 보살이다. 이 공도 또한 이와 같다. 공이라는 그 자체까지도 공한 것이라. 달빛은 대일의 빛이라. 원만한 밝음이지만, 그 속에는 흑월의 원만성도 함께 있다. 그러나 이것 역시 영원한 것은 아니다. 잠시 대일(大日)로부터 빌려온 것일 뿐이다. 그러기에 가장 원만한 달빛과 감추어진 흑월까지도 공한 것이 된다. 이 모든 것은 인연의 업으로 형성된 것이다. 오로지 청정성으로써만이 존재할 뿐이다. 이것이 무자성공이다.

달의 16분의 일과 같은 중생의 마음

중생의 심질(心質)의 모습을 말하는 것으로 16대보살 가운데 금강살타보살과 16공의 가운데 내공과 16월형 가운데 그믐을 인용하여 그 수행의 의의를 밝히는 부분이다. 중생심 속에 자리한 일분의 밝은 성품이 있어서 그 맑음의 마음속에는 이미 충만한 수행의 법을 갖추어 있어 그 체가 극히 미묘할 뿐 아니라, 밝기로는 교연하여 그 무엇과도 견줄 바가 없다. 이러한 본성이 비록 육도에 윤회한다하여도 그 불성은 변함이 없다. 마치 그것은 달의 작용과도 같다. 중생들 눈에는 그믐과 초생과 보름의 빛이 있으나, 실지로는 모두 태양에 작용에 의하여 그렇게 보이는 것이지 365일 달은 언제나 둥글게 뜨고 지는 것이다. 이와 같이 중생도 본래는 모두 다 원만한 불성을 지닌 것이였으나, 무시 광대겁으로부터 홀연히 한 생각의 무명이 일어나서 본성을 잃어버렸던 것이다.

　　이제 그 본성을 찾아 수행의 길을 가는 것이다. 그것은 보리심을 일으킴으로부터 시작이 되는 것이다. 처음 마음을 발하여 차츰 번뇌를 끊고 수행을 쌓아 부처님의 법을 원만하게 증득하면 곧 완전한 법신의 성품을 갖추게 되는 것이다. 이것은 마치 그믐달이 초생으로부터 시작하여 나날이 밝아져서 십오일에 이르러 원만한 것과 같은 것이다.

제 13 강
아자관

10) 아자관

《논문(論文)》

所以로 觀行者는 初以阿字로서 發起本之心中에 分明하야 卽漸今白分明케하야 證無生智하나니라 夫阿字者는 一切諸法은 本不生義라

《역(譯)》

이런 고로 관행자는 처음에 아자를 가지고 본심 중에 분의 명을 발기하여 다 못 점점 결백분명케 하여서 무생지를 증하느니라. 저 아자라 함은 일체 제불본불생의 뜻이라.

《의역(意譯)》

아자(阿字)는 이러한 연고로 태장부만다라(胎藏部曼茶羅)와 금강계만다라(金剛界曼茶羅)의 뜻을 동시에 지닌 중생심질을 16분으로 나누어 관하는 월륜관을 수행하는 자는 태초의 소리이다. 모든 자모(字母)의 근본 첫소리인 아자를 가지고 중생들의 본심 가운데 그믐으로부터 점점 밝아

져서 가장 깨끗하고 맑아 번뇌가 하나 없이 분명하며, 생이 없는 무생지(無生智)를 증득하게 되느니라. 아자라 함은 일체제법은 본래부터 자성이 없음을 근본으로 관하여 중생은 본래부터 법신 비로자나불신이므로 생과 멸이 없다는 것을 알아야 하는 것이다. 이것이 아자관의 지닌 뜻이니라.

《강설(講說)》

아자관에 대하여

《보리심론》의 두 번째 관법인 아자관을 밝히는 부분이다. 승의보리심에서 밝히는 일체법무자성관과 삼마지보리심에서 밝히는 월륜관과 태초의 소리인 아자관과 수행성취의 순서를 밝히는 오상성신관을 합하여 《보리심론》의 4대관법이라 한다. 이 가운데 일체법무자성관은 제법을 통합하여 설하는 것이다. 삼보 중에 불보와 승보는 생명 즉 자성이 있는 것이요, 법보는 자성이 없다. 그러나 법보를 통하여 불보와 승보가 자성이 있음을 알게 하는 것으로써 일체의 모든 관법이 실지적으로는 법보의 무자성관에서 유출된 것이다. 이러한 의미로 《보리심론》의 4대관법은 제법무자성관을 뺀 3대관법이라 할 수 있다. 이 두 보리심을 논하여 구분하면, 승의보리심은 법의 전체로 밝히는 것이요. 삼마지보리심은 그것을 좀 더 구체화한 관법을 밝히는 것이다.

월륜관, 아자관, 5상성신관(五相性身觀) 등 모든 관법은 모두 법무자성관에서 연유한 것이다. 3종관을 세분하면, 마음을 월륜에 비유하면서 아자와 5상성신을 나누게 된다. 월륜관은 태장부와 금강계를 모두 합한 것이다. 그 가운데 아자관은 태장부만다라에 속하며, 5상성신관은 금강계만다라에 속한다. 삼마지보리심에서 이 두 가지를 하나로 통합하면서 승의 속에 행원이 있고, 행원 속에 승의가 있듯이 태장부(胎藏部) 속에 금강계(金剛界)가 있고 금강계 속에 태장부가 있다. 즉 리(理)와 지(智)가 명합(冥合)하고 정(定)과 혜(慧)가 불이(不二)인 것이 삼마지보리심이다.

　　이처럼 월륜관에서는 태장부와 금강계를 동시에 논하면서도 금강계에 많이 치우치고 있다. 그것은 이(理)와 지(智)를 병합하여 있으면서 지(智)에서 이(理)를 나타내는 것이 월륜관이요. 이(理)에서 지(智)를 나타내는 것이 아자관이다. 실지 응용의 뜻으로 월륜관은 달과 같이 16종류의 빛을 발하여 증장한 지혜의 상을 나타내는 것이다. 범부로 부터 점차 성인에 들게 하는 것이 마치 달이 그믐으로부터 점차 밝아져서 만월로 돌아가는 것으로써 일륜의 이체를 나타내는 돈오방편(敦悟方便)의 지로써 금강계의 16대보살과 같은 것이요. 아자관은 본불의 생으로써 발기의 본심이라고 하는 것은 아자가 곧 일체 자모(字母)의 첫 자가 되듯이 본심 가운데 있는 자성은 본래부터 하나이며, 또한 근본임을 깨닫게 하여 일리(一理) 자신의 본심을 밝히면서 그 속에 5종이 아자를 구비하여 있음을 설하는 것이다. 태장부만다라와 금강계만다라를 삼마지에서는 보리심의 형을 관하는 것은 월륜(月輪)이요. 보리심의 종자만을 관하는 것이 아자관이라고 한다. 이 아자에는 세 가지의 뜻이 있다. 공(空)과 유(有)와 불생(不生)이다. 공(空)과 유(有)는 방편의 경지에서 보는 것이요. 본불생(本不生)은 진실의 지(智)에서 보는 것이다. 본심 가운데 있는 일원(一圓)의 밝은 분(分)을 일으켜서 차츰차츰 닦아서 결백하고 분명하게 하여 원만한 무생지(無生智)를 증득하게 한다는 것이 5종의 아자관이 되는 것이다. 무생의 지(智)에는 유위의 번뇌와 비롯함이 있는 무명이 다한 진지(盡智)와 비롯함이 없는 무명을 끊는 진생지(盡生智)가 있다. 이 진생지가 곧 무생지이다.

본불생은 사람마다 본래부터 가지고 있는 자성청정심을 말한다. 자성청정심은 법신이요 비로자나불신이 된다. 이것이 밖에 있으면 법계법신(法界法身)이 되고, 안에 있으면 자성법신(自性法身)이 된다. 모든 수행자들은 법신 비로자나불신이 되고자 수행하는 것이다. 중생심이 법신 비로자나불신이 되어 법신과 한 몸이 된다고《대일경》이나《금강정경》에 설하고 있다. 혹자가 묻기를 무시이래(無始以來)로부터 법신에서 나누어진 이 몸이 일체의 번뇌를 여의고 깨달음을 얻어 다시 법신 비로자나불신을 이루어 한 몸이 된다. 하니 그 뜻이 무엇인가? 또한 예를 들면, 로봇트와 같이 떨어져 나간 팔과 다리부분이 다시 모여서 한 몸이 되는 것처럼 법신 비로자나불신도 우리의 몸도 법신과 그렇게 한 몸이 되는 것을 말함인가? 이에 답하기를 우리들은 이것과는 다르다. 우리들은 낱낱의 법신 비로자나불신으로써 존재하는 것이다. 즉 나는 나로써 법신 비로자나불신을 이루어 영원히 존재하며, 중생들은 중생들의 개개체로써 법신 비로자나불신을 이루어서 개개체로써 영원히 존재하는 것이다.

우리는 모두 각각의 법신 비로자나불신이 있는 것이지, 합쳐진 법신 비로자나불신이 아니다. 여기서 모든 경전 상으로〈같다는 것〉과〈합일이 되어 하나가 되었다〉하는 것은 다만 그 지닌 바의 심성이 같다는 뜻이다. 합일되었다는 것은 비유하면, 형광등이나 촛불이나 호롱불의 빛이 한곳에 비칠 때, 그 빛의 경계가 따로따로 나타나는 것이 아니라, 모두 한 빛이 되어 한곳에 어우러져 같은 빛을 발하는 것과 같이 각각의 빛의 경계를 찾을 수 없다는 것을 말한다. 그러나 그 체인 형광등이나 촛불이나 호롱불은 각각 존재의 경계가 다르게 있음을 알 것이다. 중생계뿐 아니라, 부처의 세계도 이와 같다. 그러기에 부증불감이라 한다. 중생계가 곧 부처의 세계며 부처의 세계가 곧 중생의 세계인 것이다.

이러한 이치에서 보면, 유정물과 무정물의 세계도 마찬가지이다. 모두가 법신 비로자나불신인 것이다. 흐르는 물도 타오르는 불길도 불어오는 바람도 모두 법신 비로자나불신이 존재하며, 낱낱의 체가 곧 전체가 되고 전체가 곧 낱낱의 체가 되는 것이다. 이처럼 각각의 모양을 지니고 있으나, 그 심성의 공능은 같은 것이다. 본불생의 의미도 마찬가지이다. 중생들이 본래부터 각각 지니고 있는 불성은 태어나는 것이 아니다. 또한 죽어 멸하는 것도 아니다. 중생계에서 나고 죽고 하는 것은 모두 무시 겁으로부터 지어온 중생의 업일 뿐이다. 이 업은 윤회를 근본으로 하는 것이기 때문에 생시기 존재히 는 것이다. 그리고 또한 번뇌의 방편법이 아닌 진리의 법은 중생의 심질(心質)과 같아서 이것 역시 존재하지도 아니하며, 형상도 없으며 명자(名字)도 없으며 마음의 인연의 상도 없음이라. 다만 일시적인 형상에 의하여 잠시 존재하였다가 사라지지만, 그 간 곳을 알지 못하는 것이다. 그러기에 수행으로 얻은 비로자나불신은 각각으로 존재하듯이 일체 제법도 각각으로 존재하기 때문에 실상은 생이나 멸이 없는 것이다. 이러한 것을 태초의 소리인 아자도 이와 같다는 것이다.

11) 대일경소의 아자관

《논문(論文)》
准毗盧遮那經疎하면 釋阿字에 具有五義하니 一者는 阿字는 (短聲) 是菩提心이오 二阿字는 (引聲) 是菩提行義요 三暗字는 (長聲) 是證菩提義요 四惡字는 (短聲) 是般涅槃義요 五惡字는 (引聲) 是具足方便智義라

《역(譯)》
《비로자나경소》에 준하면 아자(阿字)를 해석함에 상세하게 다섯 가지 뜻이 있다. 첫째는 아자(短聲) 이것이 보리심(菩提心)이요, 둘째는 아자(引聲) 이것이 보리행(菩提行)의 뜻이요, 셋째는 암자(長聲) 이것이 증보리(證菩提)의 뜻이요, 넷째는 악자(短聲) 이것이 반열반(般涅槃)의 뜻이요, 다섯째는 악자(引聲) 이것이 구족방편지(具足方便智)의 뜻이니라

《의역(意譯)》
《대일경소》 제14권 〈자륜품(字輪品)〉에서는 아자관법을 다섯으로 나누어서 상세하게 해석하였다.
첫째는 태초의 소리인 순수한 아자를 관한다는 것은 중생계와 불세

계의 본래본유(本來本有)한 보리를 관하는 것이다. 이때 아(短聲)자는 보리심의 뜻이 됨이요,

둘째는 아자에 한 점을 찍어 아(引聲)자로 발음하여 관하게 하는 것은 곧 부처의 행을 수행케 하는 것이다. 이때의 아자는 보리행의 뜻이 됨이요,

셋째는 다시 아에 한 점을 찍어 암(長聲)으로 발음하게 하여 아뇩다라삼막삼보리를 증득하게 하는 것이다. 이때의 암자는 증보리를 뜻이 됨이요,

넷째는 아에 다시 두 점을 찍어 악(短聲)으로 관하게 하여 대열반을 증득하게 하는 것이다. 이때의 악자는 반열반의 뜻이 됨이요,

다섯째는 과(果)인 악(引聲)자로써 교화와 수행의 방편력을 관하게 하는 것이다. 이때의 악자는 구족방편지가 되느니라.

《강설(講說)》

아자관이란

《법회경》과 《대일경소》을 인용하고 있다 《대일경소》는 20권으로써 당나라의 일행(一行)스님이 《대일경》 중에 6권 31품에 대한 해석서이다. 주로 태장부를 중심사상으로 아자관법에 관하여 상세하게 저술되어 있다. 양부만다라(兩部蔓陀羅)의 구성을 보면, 태장부는 8엽 9존을 중심으로 13대원을 설치하였고, 금강계는 5불 37존을 중심으로 9회만다라로 전개하였다. 이 가운데 태장부는 불성(佛性)의 종자를 아자로 표현하

고 있다. 이 아자를 5점으로 나타내어 넷은 인(因)이라 하고 뒤의 하나를 과(果)로 구분하였다. 인의 넷이란 ① 아(短聲)자로 표시하는 보리심과 ② 아(引聲)자로 표시하는 보리행과 ③ 일체 진언의 최위 상수로 일체의 부정물을 막고 일체의 보배를 버린다는 암(長聲)자로 표시하는 증보리와 ④ 아에 다시 두 점을 찍어 침몰의 소리로써 일체법의 멀고 가까움이 없다는 악(短聲)자로 표시하는 반열반이다. 과(果)의 하나란 무생무멸의 뜻과 모든 것을 하나로 통합한다는 악(引聲)자로 표시하는 구족방편지를 말하는 것이다.

① 보리심(菩提心)

보리는 종자(種子)의 과(果)요, 여기에 한 점을 찍어 그 표치를 드는 것이 심(心)이다. 심은 곧 존재의 인이 된다. 이 인은 중생계와 불세계의 원동력의 출발이 되는 것이다. 5불 가운데 동방의 위치한 부처님으로써 태장부에서는 보당불이라 하고, 금강계에서는 아축불이라 한다. 4종법신으로는 자수용신이 되며, 법신 비로자나불이 가지고 있는 지혜 가운데 대원경지가 곧 보리심으로 표현되는 것이다.

② 보리행(菩提行)

발심한 연후에 믿음의 수행을 마치고 중생계와 불세계에 나타나는 존재의 인으로 두 번째 점을 찍어 행으로 표시하는 것이다. 즉 삼밀만행(三密萬行)이다. 비유하면 씨앗이 물을 머금어 불어난 것이 보리심이라면, 이제 싹이 나서 줄기와 잎과 꽃이 피어나는 것으로 복과 지혜가 성취된 것을 보리행이라 한다. 태장부에서는 개부화왕불로 표시하고 금강계에서는 남방의 보생불로 표시하며, 4종법신 중에 자수용신으로써 법신 비로자나불이 가지고 있는 지혜 가운데 평등성지가 곧 보리행으로 표시되는 것이다.

③ 증보리(證菩提)

존재의 인(因) 중에 삼밀평등을 통하여 또 한 점을 찍어 무상각(無上覺)을 이룬 것을 말한다. 그러나 마지막 한 가닥의 근본 번뇌의 분(分)은 아직 남아있다. 비유하면, 피어나는 꽃봉오리 속에 맺어있는 열매를 뜻하는 것으로써 결실의 깨달음을 얻었으나 아직 완전히 꽃줄기를 벗어난 것은 아니다. 태장부나 금강계에서 모두 아미타불로 표시하며, 4종법신 중에는 타수용신으로써 법신 비로자나불이 가지고 있는 지혜 가운데 묘관찰지가 곧 증보리를 표현하는 것이 된다.

④ 반열반(般涅槃)

일체 번뇌를 영원히 끊고 깨달음의 지혜인 보리를 완성한 경지에서 상락아정의 네 가지 덕을 갖춘 존재로 인 가운데 마지막 한 점을 찍은 것이다. 비유하면, 열매가 완전히 꽃줄기를 벗어나서 본래 본유의 보리종지의 행위로 찾아가는 것을 뜻한다 태장부에서는 천고뢰음불이라 하며, 금강계에서는 불공성취불이다. 4종법신 중에는 응화 또는 변화법신이 되며, 법신 비로자나불이 가지고 있는 지혜 가운데 성소작지가 반열반을 표시하는 것이 된다.

⑤ 구족방편지(具足方便智)

이상 네 가지 아자관은 불세계의 인(因)과 행(行)과 오(悟)와 입(入)의 모습을 차례대로 표현하는 관법이다. 이것이 원만하게 구족한 것이 제5의 아자관으로써 법신 비로자나불의 본지신(本地身)이며, 자성청정법신으로써 태장부에서는 연화대의 정 중앙 팔옆의 가운데 귀결하여 상주함을 표시하며, 금강계에서는 37존의 중심존으로 4방에 4불이 외호 하는 본존의 심상을 표시하는 것이 된다. 불지로는 법계체성지라 한다. 본성이 청정하여 불생불멸 하는 존재를 논하는 마지막 이 아자는 한점의 인(因)도 가하지 아니하는 본지풍광(本地風光)의 진면목(眞面目)으로써 그 어떠한 방편의 문자도 사용하지 아니하는 본래 본유한 것이다. 이제 비로소 생긴 것은 아니다. 그러기에 존재의 여부를 논하자면, 완전무결하면서도 그 의를 찾을 수가 없다. 오직 법계본체의 성으로 존재하는 이것은 중생계에서 보면 본체의 성이요. 법신의 세계에서 보면 구족한 방편일 뿐이다.

이제 아자관법에서 가장 중심이 되는 것은 방편의 법이다. 방편법이란 8만4천 부처님 말씀이 모두 방편의 말씀이다. 그 가운데 특히 《법화경》은 3승의 법이 1승을 위한 방편의 말씀이라 하여 경 그 자체가 방편으로 시작하여 방편으로 회향하는 대표적인 방편경이라 할 수 있다. 그리고 논으로는 《마하지관론(摩訶止觀論)》이 으뜸이다. 이것은 수행의 행위가 그 속에 있기 때문이다. 방편의 주목적은 교화가 본체가 된다. 만일 교화의 뜻이 없다면, 2500여 년 전의 석가는 깨달음을 얻은 후 곧바로 열반에 들었을 것이다. 그러나 법신상주(法身常住)의 법을 품은 체 세상에 출현하였으므로 정각을 이루어 45년의 설법하셨다. 이와 같은 부처님의 일대시교(一大示敎)가 곧 방편이다. 방편의 종류로는 중생을 교화하는 선교방편과 성불하여 반열반을 추구하는 구족방편(具足方便)과 다시 법신으로 환원하는 구경방편 등 수많은 방편이 있다. 이 많은 방편 중에 교화를 중심으로 하는 방편법 몇 가지를 보면, 방이란 무자성(無自性)의 법을 말함이요. 편은 자성의 용(用)을 말한다. 현교는 선교방편(善巧方便)과 해탈방편(解脫方便)을 주로 쓰며, 밀교는 중생세계에 동사섭으로 살면서 법신의 구경방편(究竟方便)을 사용한다.

구경방편을 여섯으로 나누어 보면,

① 상대방의 성품과 능력에 따라서 참회를 가르쳐 인도하는 수순교방편(隨順巧方便).
② 선행을 행하면 반드시 이 몸 이대로 그 공과(功果)를 맛봄을 약속하는 입요교방편(立要巧方便).
③ 가르침을 따르지 않는 자에게 법의 무서운 상을 보이어서 악을 스스로 그치게 하는 이상교방편(異相巧方便).
④ 악을 즐기는 자에게 다가가 그 악의 과를 보여주고 선으로 이끌어 주는 방문교방편(訪問巧方便).
⑤ 중생들에게 자신이 덕을 베풀어서 은혜에 보답하게 하는 보은교방편(報恩巧方便).
⑥ 수행의 참모습과 불과(佛果) 얻음을 본보기를 보이어서 중생으로 하여금 현실 생활에서도 당체법을 증득할 수 있음을 알게 하는 구경교방편법(究竟巧方便)이 이것이다.

마하지관법에서 수행에 관한 25종의 방편법을 다섯 단계로 나누어서 말하고 있다. 먼저 계(戒)를 가지게 하고 의복과 음식을 구족하게 하며 고요한 곳에 머물게 하고 잡된 일을 그치게 하며 선지식과 가까이 하게 하여 좋은 인연을 갖추게 하는 방편⟨具五緣⟩과 재물과 색과 음식과 명예와 수면에 대한 욕심을 꾸짖는 방편⟨呵五欲⟩과 탐 진 치 교만 의심 등의 번뇌를 버리게 하는 방편⟨棄五蓋⟩과 음식과 수면과 몸과 숨과 마음의 고르게 하는 방편⟨調五事⟩과 의욕과 정진과 삼매와 슬기로움과 일심의 법을 행하게 하는 방편⟨行五法⟩ 등을 말하고 있다. 이와 같은 일체 방편법을 모두 구족하게 하기 위하여 아자관 중에서도 마지막 제오의 악(引聲)자 관법을 말하는 것이다. 밀교의 경전 중에 최고의 경전인 《금강정경》에서도 오전(五傳)의 법을 말하면서 마지막에 구경방편법을 설하고 있다. 교화와 중생 생활에서는 구족방편이 으뜸이요. 수행과 성불에 있어서는 구경방편지가 으뜸이 된다.

12) 법화경의 개시오입

《논문(論文)》

又將阿字하야 配解法華經中에 開示悟入의 四字也하면 開字者는 開佛知見하니 卽雙開菩提心함은 如初阿字하야 是菩提心義也요 示字者는 示佛知見하는 如第二阿字하야 是菩提行義也요 悟字者는 悟佛知見하는 如第三暗字하야 是證菩提義也요 入字者는 入佛知見하는 如第四惡字하야 是般涅槃義也니라 摠而言之하면 具足

成就의 第五惡字라 是方便善巧智圓滿義也니라

《역(譯)》

또 아자를 가지고 《법화경》 중에 개시오입(開示悟入)의 사자에 배열하여 해석하나니, 개자(開字)라 함은 불지견(佛知見)을 열고 곧 아울러서 보리심을 여는 것은 처음의 아자와 같이 이것은 보리심의 뜻이요, 시자(示字)라 함은 불지견(佛知見)을 시(示)하고 제2의 아자와 같이 이것은 보리행의 뜻이요, 오자(悟字)라 함은 불지견(佛知見)을 깨닫는 제3의 암자와 같이 이것은 증보리의 뜻이요, 입자(入字)라 함은 불지견에 들어가는 제4의 악자와 같이 이것은 반열반의 뜻이라. 다 합하여서 이것을 말하면 구족성취의 제5의 악자라. 이것은 방편선교지 원만한 뜻이라.

《의역(意譯)》

아자관을 상세하게 설명하기 위하여 대승경전 중에 꽃이라고 불리는 수기경(授記經)인 《법화경》에 열고 보이고 깨닫고 들어가게〈開示悟入〉하는 수행의 문을 인용하여 아자관에서 한 점 한 점 점을 찍어 변화시킨 5종관과 배열하여 해석하는 것이다. 경에 연다는 것〈開〉은 즉 부처님의 의식적인 지혜와 의식적인 견해를 연다는 것으로 이것은 곧 본래부터 누구나 다 구족하게 갖추어있는 보리심을 나타내는 것으로 처음 아자관과 같은 뜻이요. 보인다는 것〈示〉은 부처님의 3종 지혜와 5종안(五種眼) 중에 일체종지와 불안(佛眼)의 경계 행위를 보이는 것으로 이것은 아자관의 제2의 보리행을 보이는 것과 같은 것이요. 깨닫는다는 것〈悟〉은 부처님의 지혜와 견해를 깨달아 본래부터 중생과 불의 경지가 같다는 것을 알게 하는 것이다. 이것은 아자관의 제3 암자의 증보리의 뜻과 같은 것이요. 들어간다는 것〈入〉은 부처님의 지혜의 바다와 안목의 바다에 자유자재로 들어가 열반락을 받음이라. 이것은 아자관의 제4의 악자와 같이 반열반의 뜻이 되는 것이요. 이러한 열고 보이고 깨닫고 들어가는 이 넷은 모두 부처님이 중생을 교화하기 위한 일대사인연의 시현이기 때문에 모든 것은 방편에 의하여 이루어진 것이라 아자관의 제5 악자와 같이 구족방편의 뜻이 원만한 뜻을 말하는 것이니라.

《강설(講說)》

법화경 중의 개시오입

아자관법에 관하여 《법화경》의 개시오입(開示悟入)에 배대하여 그 뜻을 더욱 분명하게 밝히려는 것이다. 설명에 들어가기 전에 먼저 참고로 부처님의 일대시교(一大示敎)에 관하여 경의 비유법을 인용하여 이야기하고자 한다.

니련선하 보리수 아래에서 법신 비로자나불의 경지를 깨달으신 석가모니불이 중생들을 교화하기 위하여 그 첫발을 내디디면서 먼저 37일 동안 법신 자내증의 삼매에 들면서 앞으로 교화의 장소와 시기 그리고 그 내용에 관하여 한편의 시나리오를 엮었다 이것이 《화엄경》이요. 바라나시에서 5비구를 시작으로 45년간 인도 전역을 다니면서 교화를 하다가 교화자의 법이 성숙함을 보고 왕사성 영취산 정상에서 수기설법을 한 것이 곧 이 《법화경》이요. 아지타비티이 강가 쿠시나가라 싸라수에 이르러 부촉과 회향을 말씀을 남긴 것이 곧《열반경》이다. 법신 자내증설의《화엄경》은 중생의 근기의 차제를 논한 것이요, 영취산 정상의《법화경》은 회삼귀일(會三歸一)과 구원성불(久遠成佛)을 논한 것이요, 싸라수의《열반경》은 수행자의 증득한 바 법의 맛을 구분하는 것이다. 이러한 모든 경전을 통합하여 상주불멸의 법신사상을 전개한 것이 밀교의 소의경전 중에 하나인《대일경》이다.

  이렇게 인용된 모든 경전은 법신 비로자나불의 공능을 중심으로 한 것이다. 이 공능을 비유설법으로 나타내었으니,《화엄경》권 제34〈보당여래성기품〉에 '해가 뜨면 반드시 가장 큰 산을 먼저 비추고 다음에 큰 산을 비추고 다음에 금강보산을 비추고 그러한 연후에 일체의 대지와 계곡을 비추는 것과 같이 부처님의 법의 빛도 먼저 보살을 비추고, 다음 연각을 비추고 다음 성문을 비추고 다음 결정된 선근을 가진 중생을 비추고 그러한 연후에 일체의 중생과 사정들을 비추어 미래가 풍요롭게 하는 인연을 짓게 하는 것이다' 하였다. 태양의 빛은 본래부터 무엇을 먼저 비춰야 한다는 생각이 없지만, 산과 들의 높고 낮음이 있기 때문에 자연히 먼저 비추고 뒤에 비추는 차등이 생기듯이 부처님의 지혜의 빛도 먼저 보살을 비추고 다음에 연각을 비추리라는 뜻이 없지만, 중생근기의 차별이 있어서 다만 먼저 깨닫고 뒤에 깨달음이 있게 되는 것이다. 이것이 중생근기의 차등을 설한 것이다.

  《열반경》은 소젖에 비유하여 먼저 락(酪)이 나오고, 락에서 생소(生酥)가 나오고, 생소에서 숙소(熟酥)가 나오고, 숙소에서 제호(醍醐)가 나오듯이 부처님의 8만4천의 말씀 속에서 수다라(修多羅)가 나오고, 수다라에서 방등(方等)이 나오고, 방등에서 반야(般若)가 나오고, 반야에서 대열반 (大涅般)이 나오는 것과 같다. 이것은 12부경의 차제를 말씀하신 것이다. 이와 같이 처음 경과 끝 경이 모두 강가에서 중생의 근기인 삼승의 차제와 수행자의 증득한 맛의 5종법을 말씀하신 것이다.

이제《법화경》은 영취산 정상에서 일대사인연의 결실을 맺는 수기설법(授記說法)으로써 회삼귀일(會三歸一)과 구원성불(久遠成佛)을 설하는 것이다. 이것이 우연이 아니라, 모두 짜여진 각본에 의한 것인줄 알아야 할 것이다. 이것을 중국의 천태지자선사는 5시교로 구분하여 대고산왕은《화엄경》이요, 유곡(幽谷)은《아함경》이요, 평지(平地)는 방등, 반야, 법화, 열반이라고 하였다. 이제 평지 중에 고산은《법화경》이다. 내용은 제법의 실상인 십여시(十如是)를 철저하게 이해시킨 다음 모든 중생들로 하여금 부처님의 지견을 열게 하고 보이게 하고 깨닫게 하고 들게 하는 일미관행법(一味觀行法)을 아자관과 연결하여 밝히고 있다.

회삼귀일은《화엄경》에서 밝힌 근기차별인 보살, 연각, 성문 등의 삼승법을 일불승(一佛乘)으로 귀결시키는 것이요. 구원성불은《열반경》에서 수행증과(修行證果) 차별인 범부 수다원, 사다함, 아나함, 아라한 등의 5종의 법 맛을 법신일미(法身一味)의 맛으로 합일시킨 것이다. 이러한 내용 등을 일곱 가지 비유를 들어서 나타내고 있다. 이것이 곧 법화칠유이다.

《법화경》은 최초《화엄경》의 의의(意義)와 끝의《열반경》의 뜻을 함장한 것이기 때문에 대승경전의 꽃이라고 불리우며, 불교경전 가운데 가장 널리 보급되고 또 오래도록 수지 독송되었던 것이다. 이경은 축법호(竺法護)가 번역한《정법화경》과 구마라즙의《묘법연화경》등 여러 종류가 있다. 그 가운데 구역인 구마라즙이 번역한 7권의 《묘법연화경》이 대표적으로 《법화경》이라 하고 있다. 법화칠유를 보면,

① 불타는 집의 비유이다〈火宅喩〉

옛날 어느 나라에 재물 많은 한 장자가 있었다. 그의 집은 매우 크고 넓었으나 대문은 하나 뿐이였다. 500명의 아들들이 그 속에서 살고 있었다. 어느 날 장자가 외출하였다가 돌아와 보니 집이 불에 타고 있었다. 불이 난 줄 모르는 500명의 아들들은 두려워하지도 않고 그 속에서 장난하며 놀고 있었다. 놀난 장자는 자식들에게 불난 집에서 나오라고 하였다. 그러나 자식들은 믿으려 하지 않고 장난에만 정신을 잃고 놀고만 있었다. 장자는 맹렬한 불길 속에서 노는 아들들이 장난감을 좋아하는 줄을 알고 방편으로 양이 끄는 수레〈羊車〉, 사슴이 끄는 수레〈鹿車〉, 소가 끄는 수레〈牛車〉 등에 장난감을 가득 실어 대문 밖에 만들어 놓고 나오라고 하였다. 그때에 아들들은 장난감이 마음에 들어 기쁜 마음으로 불난 집에서 나왔다. 그러니 일부분의 아이들은 나오지 않았다. 장자는 다시 보배로 장식된 큰 수레〈白牛車〉를 평등하게 나누어주었다.

이 비유에서 장자는 곧 부처님이며, 불타는 집은 중생들이 살고 있는 사바세계요, 수레는 성문과 연각과 보살의 경지며, 큰 수레는 부처님의 경지를 의미한다.

② 가난한 아들의 비유이다〈窮子喩〉

어릴 적에 집을 잃어버리고 떠돌이 신세로 품팔이를 하면서 거지와 다름없는 생활을 하던 아들이 본국에 돌아오게 되었다. 그때 많은 재산

을 지닌 아버지는 잃어버린 아들을 찾기 위하여 밤낮으로 근심하다가 어느 날 품팔이하는 젊은이가 잃어버린 자기 아들인 줄 알았다. 그러나 아들은 아버지인 줄을 모르고 있었다. 아버지는 시자를 시켜 아들을 데려오게 하였다. 아들은 놀라면서 내가 무엇을 잘못하였는가 하며, 몸 둘 바를 몰라 하였다. 이를 본 아버지는 방편으로 아들에게 선금을 주고 거름을 치우는 일을 시켰다. 이일에 어느 정도 적응된 연후에 신용이 있음을 내세워 재산과 창고를 맡아서 관리하게 하였다. 이로써 빈궁한 아들은 예전에 비열하고 두려워했던 마음이 사라졌다. 이것을 안 아버지는 친척과 국왕 대신 찰제리 거사들을 모이게 하고는 지금 이 젊은이가 옛날에 잃어버린 자기 아들임을 선포하고 일체 재산과 권한을 아들에게 물려주였다. 빈궁한 아들은 진실로 아버지임을 깨닫는다는 이야기다.

　　이때의 장자는 곧 부처님이며, 빈궁한 아들은 소승법을 익힌 성문 연각이요, 재산과 권한을 부여받은 것은 곧 일불승의 법을 증득한 불신이다.

③ 약초의 비유이다〈藥草喩〉

　　삼천 대천세계에 있는 산과 강과 들과 땅에 자라나는 초목과 숲과 그리고 약초 등에 삼천대천세계를 두루 덮은 먹구름이 일시에 큰비가 되어 내리면 모든 초목이나 숲이나 약초들은 그 비를 머금고 각각에 맞는 뿌리와 줄기와 잎사귀와 꽃과 열매를 맺는다. 부처님의 법도 삼천대천세계 가득히 덮어있다가 중생에게 내리면 중생들은 그것을 가지거나 읽거나 외우거나 수행하면 중생들은 능력에 따라 종류와 모양과 자체와 성품대로 해탈의 모습, 여의는 모습, 멸하는 모습, 구경열반의 적멸의 모습 등을 얻게 된다. 이와 같이 각각의 근기만큼 법의 맛을 보게 되는 것이다. 이것은 모두 부처님의 차별 없는 평등한 모습이며 한 맛의 법이기 때문이다.

④ 화성의 비유이다〈化城喩〉

500유순이나 되는 험난하고 사나운 길을 지나면 진귀한 보물이 있는 성이 있다. 이 험난한 길의 뚫리고 막힘을 잘 아는 지혜가 밝은 도사가 있었다. 여러 사람을 거느리고 그 길을 통과하려고 한다. 가는 중에 많은 사람들이 길이 너무 험난하고 사나워서 피곤하고 두려워하여 더 이상 가지 아니하고 되돌아 갈려고 할 때, 도사는 300유순의 거리에 방편으로 변화의 성을 만들어 여러 사람에게 말하기를 '그대들은 두려워 말라. 저기 보이는 성에 들어가서 피곤한 몸과 마음을 즐겁게 할 수가 있을 것이다' 많은 사람들은 변화로 나타난 성에서 휴식을 충분하게 하였는데도 그곳에 집착하여 머물면서 앞으로 나아가려고 하지 아니할 때, 도사는 변화의 성을 다시 없애면서 '그대들은 나를 따라오라. 여기서 보물이 있는 곳이 가깝다. 되돌아가려면 오히려 더욱 힘들고 피곤할 것이다. 지금의 이 성은 그대들을 휴식을 시키려고 잠시 만든 성일 뿐, 이곳에서는 오래 머무를 수가 없다.' 이 말은 들은 모든 사람들은 도사의 가르침에 따라 보배가 있는 성까지 무사히 가게 되었다는 것이다.

이때에 도사는 곧 부처님이며, 300유순의 거리에 만든 변화의 성은 곧 성문과 연각과 보살 경지를 말한 것이요. 보배성은 일불승의 법이 있는 부처님의 경지를 말하는 것이다.

⑤ 옷 속에 넣어둔 보배구슬의 비유〈衣珠喩〉

생활이 넉넉하지 못한 친구가 장자 친구집에 들려서 며칠을 먹고 쉬는 사이에 친구의 옷 속에 자기 집에서 가장 값진 보배 구슬을 넣어주었다. 그것을 모르는 친구는 여러 나라를 전전하면서 궁핍하게 살다가 다시 장자 친구집에 들리게 되었다. 장자 친구는 아직도 그 친구가 빈궁하게 사는 것을 보고 예전에 옷섶에 넣어둔 보배 구슬을 살펴보았다. 아직 그대로 간직하고 있었다. 장자 친구는 가장 값진 보배 구슬을 가지고 있으면서도 어리석게도 가난하게 사는 것을 꾸짖었다는 이야기다.

이 비유는 우리는 누구나 다 부처님과 같이 보배스런 지견의 성품이 있다. 그것을 알지 못하고 밖의 삼라만상에서 무엇인가를 구하려고 하다가 조금 얻으면 그것에 만족하여 더 이상 자신의 마음에 있는 부처님의 지견을 깨달으려고 하지 아니한다는 것이다.

⑥ 상투 속에 감추어있는 보배구슬 비유〈古珠喩〉

전륜성왕의 여러 나라를 항복시키려 할 때, 소왕들이 그 명령을 거역하면 전륜성왕은 많은 군사를 일으켜 그들을 토벌한다. 토벌 중 공이 있는 자에게 그 공의 경중에 따라 각각의 상을 준다. 혹은 의복 혹은 장신구 혹은 보석 코끼리 말과 수레 남종 여종 등을 주지만 머리속에 있는 맑은 구슬만은 주지 않는 것이다. 왜냐하면 이것을 주면 곧 전륜성왕의 권위를 물려주는 것이기 때문이다.

이와 같이 부처님은 삼계 가운데 법왕이라 법으로써 일체중생을 교화할 때, 오음의 번뇌마와 사마들이 진동할 때 성인의 장군들로 하여금 그들과 싸워 항복시킨 뒤 환희하여 여러 경을 설하여서 그 마음을 기쁘게 해주며, 선정과 해탈과 열반락을 얻게 하지만,《법화경》만은 설하지 아니하였다. 이《법화경》은 수기의 경전으로 일체여래의 비밀한 법장을 감추고 있어서 그 위가 가장 높기 때문에 오래도록 설하지 아니하다가 마지막 중생들의 근기가 일불승을 받을만 할 때, 비로소 설하는 것이다.

⑦ 의사의 아들의 비유이다〈醫子喩〉

어떤 지혜 총명한 의사가 많은 아들들을 두었다. 아버지가 잠시 자리를 비운 사이에 여러 아들들은 독약을 먹고 땅에 쓰러져있었다. 독약을 먹고 쓰러진 아들들은 아버지가 돌아옴을 보고 환희하여 용약하였다. 그러나 아버지가 지어 주는 빛과 향과 맛을 갖춘 해독약은 먹지 않았다. 본심을 잃어버린 아들들은 오히려 빛과 향과 맛을 갖춘 약을 좋게 생각하지 않았기 때문이다. 그 가운데 본심을 잃지 아니한 아들은 그 약이 빛과 향과 맛의 갖춤이 원만함을 알고 그것을 먹고 병이 나았다. 이것을 본 아버지는 방편을 써서 약을 둔체 다른 나라로 갔다. 그리고 시자로 하여금 아버지가 죽었다는 연락을 하게 하였다. 이 소식을 들은 아들들은 아버지가 아니 계시니 누가 우리의 병을 낫게 할 것인가? 한탄하면서 슬픔에 잠겨 있다가 아버지가 두고 간 약이 생각나서 그것을 먹고 모두 병이 나았다. 이 소식을 들은 아버지가 다시 돌아와 아들과 상면하였다는 이야기다.

부처님도 이 세상에 출현하여 중생을 제도하나 지혜로운 자는 의심하지 아니하고 법의 말씀을 따라 부처님 생전에 깨달음을 얻어 해탈의 법 맛을 알지만, 어리석은 중생들은 믿지 아니하다가 부처님이 열반하고 아니 계시면, 그때 당황해하면서 남기신 말씀의 경을 보고 선근을 심고 수행하여 깨달음을 얻게 된다. 깨달음 그 자체가 곧 부처님을 친근하게 되는 것이다.

이러한 일곱 비유는 구경에 법신은 불멸이며, 보편하다는 것을 나타내는 것이다. 이제 부처님의 지견(知見)과 개시오입(開示悟入)에 대하여 《법화경》에 '불세존께서는 오직 일대사인연으로써 이 세상에 출현하시느니라. 어찌하여 불세존께서 오직 일대사인연으로 이 세상에 출현하시는가? 하면, 불세존은 중생으로 하여금 부처님의 지견을 열어 청정케 하려고 세상에 출현하셨으며, 중생에게 부처님의 지견을 보이려고 세상에 출현하셨으며, 중생으로 하여금 부처님의 지견을 깨닫게 하려고 세상에 출현하셨으며, 중생으로 하여금 불지견(佛知見)의 도에 들게 하려고 세상에 출현하셨느니라.' 하였다. 이와 같이 이 넷은 모두 중생을 제도하기 위한 하나의 신변을 시현한 것으로 합하여 부처님의 일대사인연을 성취하는 구족방편지가 되는 것이다.

일체중생은 본래부터 부처님의 지견의 성이 있는지라, 다만 무명에 가리우고 탁한 것에 물들어서 알지 못할 뿐이다. 이것을 관찰하신 부처님은 중생으로 하여금 본래 청정의 눈을 뜨게 하는 것이다.〈開〉이는 곧 초발보리심의 보살들이 보리심을 열게 하는 것이요, 이것이 아자관의 제1관이며, 50위 수행의 일분의 무명을 끊는 10주위가 성취되는 것이요. 보리심을 연 다음 법계에 감추어져 있는 갖가지의 불가사의한 부처님의 덕성이 모든 경계에 낱낱에 있었음을 보게 하는 것이다.〈示〉이는 곧 보리행이라, 내심 중에 수행을 통하여 그 공덕을 나타내 보이는 것으로 그 낱낱의 행위에 모두 대자비행을 구비하게 하며, 이것이 아자관의 제2관이 되며, 50위 수행 중 10행을 만족하게 하는 것이 된다. 대비만행을 얻음으로부터 형상과 본체가 융합하여 대 보리를 증득하게 된다.〈悟〉 이것은 곧 중생의 성이 불성과 다름이 없음을 깨닫는 것이며, 이것이 아자관의 제3관이며 50위 수행 중에 십회향을 만족하게 하는 것이 된다. 대보리도 증득한 후는 중생을 이익하게 하며, 자유자재로 지혜의 바다에 들어가 불신자체가 상주하는 열반의 경지에 들어가게 하는 것이다.〈入〉 이 열반의 모습은 모든 불이 자취를 감추어서 일체 망상 속에 있는 중생으로 하여금 부처님 가르침의 소중함을 알게 하는 것이다. 이것이 곧 아라자관의 제4관이며 50위 수행 중에 10지의 수행이 만족하게 하는 것이다.

이러한 개시오입 즉 인해행증(因解行證)은 모든 법신불의 일문을 알게 하는 방편의 설법이다. 아자관의 한 자 한 자 자구 변화에 따라 무상하게 변화하는 표현과 50위 수행을 마치고 등각과 묘각위(妙覺位)를 지난 진리 자리에 귀결하는 4자결합(四字結合)의 구족방편지가 된다.

개시(開示)는 삼승방편의 문을 여는 행위로써 경전(經典)을 말함이요. 오입(悟入)은 일승으로 들게 하는 것으로써 수행하는 사람(人)을 말하는 것이다. 즉 경전은 다만 오입케 하는 목적으로써 개시일 뿐이요, 그 법을 완성하는 것이 곧 오입이다. 오입에 들어가려면 어떠한 과정이 필요한가? 그것이 일미관행(一味觀行)이다. 일미는 지와 견을 합한 한 맛의 법미를 말하며, 관은 횡(橫)으로 진(眞)과 속(俗)의 경계와 본각과 시각의 지혜를 통하는 것이요, 행은 종(縱)으로 생이 없는 무생의 행으로 6행이 구비한 인(因)과 5법이 원만한 과(果)를 구하여 무상의 법에 병합하게 하여 일불승을 성취시키는 것이다. 모든 법의 실상을 남김없이 깨달아 조견하는 것이 부처님의 지혜요, 견해이다.

　　부처님의 지혜는 의식(意識)에 의한 것으로 세간, 출세간, 유, 무루의 도를 말하는 도종지(道種智)와 모든 법의 총체를 아는 일체지와 모든 법의 그 의미를 완전하게 아는 일체종지의 지요. 견은 안식(眼識)에 의한 것이다. 육체적인 눈과〈肉眼〉천상인의 눈과〈天眼〉이승인의 눈과〈慧眼〉보살의 눈과〈法眼〉부처의 눈〈佛眼〉인 5안을 말한다. 그중에 일체종지(一切種智)의 지혜로써 세간을 알아야 하고 부처님의 눈으로 세상을 보는 것이 곧 부처님의 지견이다. 이것이 아자관에서 설명하고자 하는 뜻이 된다.

13) 금강지권의 모습

《논문(論文)》
卽讚阿字는 是菩提心義라 頌曰호되
八葉白蓮一肘間에　炳現阿字素光色이로다
禪智를 俱入金剛縛하야　召入如來寂靜智로다

《역(譯)》
곧 아자는 이 보리심의 뜻이 되는 것을 칭찬하니, 송에 가로되 팔엽백련 일주간에 아자소광 빛이 밝다. 두 선지를 금강박에 각각 함께 접어 넣어 일체여래 적정지를 항상 불러 들이도다.

《의역(意譯)》

곧 모든 소리와 글자의 근본이 되는 아자는 본래부터 가지고 있는 깨달은 마음이란 뜻으로써 그것을 게송으로 찬탄하기를, '중생들의 육단심(肉端心)과 같은 팔엽의 백련 위에 근본의 소리며 글자인 아자의 빛이 황색과 흰색이 조화를 이룬 듯이 무형무색의 빛을 발함이라. 수행자는 대지인 두 선정의 지(智)로 삼독과 번뇌를 잡아 단제하는 능력을 지닌 금강불괴(金剛不壞)로 지혜의 뿌리에 접어 넣어서 일체 번뇌의 틀을 벗어나서 마음이 환희하여 일체를 두루 비치는 지혜를 수행의 순간으로 항상 불러들임이로다.'

《강설(講說)》

금강지권의 모습

《보리심의》 찬탄하는 게송이면서 곧 삼밀수행하는 관법을 구체적으로 말씀하신 게송이다. 본래는 2송 8구로 되어 있다.

"원명한 금륜이 태장계를 비칠 때
그 빛이 법계에 두루 하니, 모두 황금의 빛이로다
여덟잎으로 된 백련의 일주간에
아자의 질백한 빛이 밝음으로 나타남이로다.
정과 혜를 열어 세우니, 마치 연꽃과 같음이요,
상주하는 모든 제존은 인연의 이를 따르니
선과 지를 함께 금강 박에 넣어서

여래의 적정한 지혜를 불러들이도다

〈圓明金輪照胎藏, 光遍法界悉黃色, 八葉白蓮一肘間, 炳現阿字素光色, 定慧開立如蓮華, 常住諸尊隨緣理, 禪智俱入金剛縛, 召入如來寂靜智〉"

제1구와 제2구는 의밀(意密)이요. 제3구는 신밀(身密)이요. 제4구는 어밀(語密)을 표한다.

의밀(意密)

의밀을 표하는 것 중에 제1구는 의밀의 체(體)로써 정보리심(淨菩提心)을 팔엽백련으로 비유하였다. 제2구는 의밀의 용으로써 법신불의 적정한 지혜의 작용을 아자소광에 비유하였다. 이것을 관법으로 구분하면, 앞은 백련으로써 월륜관이요. 뒤는 아자관이다. 한 게송에서 월륜관과 아자관을 동시에 말씀하신 것은 월륜관이 곧 아자관이요, 아자관이 곧 월륜관이기 때문이다. 백련 위에 아자를 놓은 것이나 월륜 속에 아자를 두는 것은 모두 같은 것이다. 백이 모든 색의 본이듯이 아자 또한 모든 글자와 소리의 근원이다. 백련이 순백의 빛이라면, 아자는 황금의 빛을 말한다. 바탕인 백광과 황색의 아자 위에 나타나는 것은 이지불이〈理智不二〉를 뜻하는 것으로 본각(本覺)의 아자가 시각(始覺)의 월륜과 합하여 나타나는 빛은 무색무형의 빛이 된다. 이 빛은 흰 듯이 누른 듯이 구분하기 어려우니 원명하기로는 맑은 거울과 같다. 그 가운데 심묘한 원광을 법계에 발하니 그것이 곧 백색광명이다.

이것을 다시 이(理)와 지(智)로 구분하면, 아(阿)는 백색인 듯하나 황색이며, 곧 지대(地大)의 종자로써 견고 불괴(不壞)의 이(理)를 표하고 월륜은 백색이며 수대(水大)의 색으로써 가장 맑고 원명한 지(智)로써 표현된다. 진각종은 이러한 차원에서 관상(觀上)의 본존 색상을 보면, 황색의 바탕 위에 백색의 육자진언을 놓은 것은 곧 이 월륜관과 아자관을 동시에 밝힌 것이다. 아자의 바탕에 월륜이 나타나는 좀 특이한 관법이다. 그러나 이것이 과(果)에서 인(因)으로 나아가는 관법이다. 법신의 금강지권형(金剛智券形)에 모든 부처와 제보살과 중생의 본심인 육자진언을 염하는 것도 또한 이와 같은 맥락에서 비롯된 것임을 알아야 할 것이다.

　이 두 관법이 모두 팔엽백련에서 시작하는 것은 우리들의 육단심〈心臟〉이 팔엽의 연꽃 모양과 같다는 것에 비유한 것이다. 4지(四智)의 4불과 4섭(四攝)의 4보살을 팔엽으로 표하여 중앙의 법신일존(法身一尊)과 합하여 9존을 상징하니 정방(正方)의 4불은 인(因)과 행(行)과 증(證)과 입(入)의 4과위를 나타내고, 간방(間方)의 4보살은 보리심과 묘혜(妙慧)와 자비와 증과(證果)의 4행을 나타내는 것이다. 인(因)이란 정보리심의 체요, 행은 자비이며, 증(證)은 묘혜요, 입(入)은 증득한 인과에 들어가는 것이다. 이것이 곧 부처님의 작용이 되는 것이다.

　부처님으로는 보당여래(阿閦佛), 계부하여래(寶生佛), 무량수여래(彌陀佛), 천고뢰음불(不空成就佛)이요. 보살로는 보현보살, 문수보살, 관자재보살, 미륵보살이다. 4불에서 유출된 16보살들은 또한 월륜은 만공(滿空)이다. 승의보리심에서 밝힌 공에서 생한 16존과 아자는 편지(編地)이다. 행원보리심에서 밝힌 유에서 생한 16존이 합하여 32보살상이 된다. 이 32보살은 곧 비로자나 법신의 자내증의 상으로써 본성의 5불과 합하여

37존이 되는 것이다. 또한 32존은 화신 석가불의 원만상으로써 나타나는 32구족상에도 비유한다. 이와 같은 것을 법신 무언설을 주장하는 《화엄경》에서도 백련에 비유하였다.

"마야부인의 태 중은 마치 허공과 같아서 삼세의 제존이 항상 그 속에서 법륜을 굴림이라. 낱낱의 상 가운데 모두 팔상(八相)을 구비하고 있음이라."라고 인용하였다. 8상은 곧 부처님의 8상성도의 모습이며 또한 나타내신 육신은 32상의 상분이다.

태장부에서도 8과 16을 논한다. 6도와 18공과 37품의 선정해탈과 108삼매와 500다라니문과 일체법문을 마음의 중심인 법신일존으로 표하고 그 주위를 32상이 감싸고 있음을 말하고 있다. 형체로는 16의를 밝히고 있다. 일주간(一肘間)이 그것이다. 일주간은 길이의 단위로써 그 기준은 손끝에서 팔꿈치까지를 말하여 1척 8촌. 1척 4촌. 1척 2촌 등이라 한다. 여기서는 1척 6촌으로 월(月)의 16분과 금강계 16보살을 의미하는 것이다.

신밀(身密)

제3구는 신밀로써 금강지권(金剛智拳)에 대하여 말한 것이다. 손가락을 지혜를 나타낸다. 이 지혜는 육바라밀의 지혜이다. 그리고 6대에 배대하기도 한다. 소지(小指)는 지대(地大)로써 시지(施智)요. 무명지(無名指)는 수대(水大)로써 계지(戒智)요. 장지(長指)는 화대(火大)로써 인지(忍智)요. 검지는 풍대(風大)로써 진지(進智)요. 대지(大指)는 공대(空大)로써 선지(禪智)이다. 이것을 다 합하였을 때, 금강박(金剛縛)이라 하며 식대(識大)로써 반야지(般若智)가 된다. 여기서 금강박은 탐진치와 중생의 번뇌를 결박하여 부처님의 자재한 마음을 가지게 하는 것이 금강박의 본래 목적이다. '두 선지(禪智)를 금강박에 각각 함께 접어 넣어……'라는 것은 대지(大指)인 선지(禪指)를 굽혀 손바닥에 둔다는 뜻이다. 이때부터 권인(拳印)이 형성된다. 꼭 선지를 굽혀 넣는 것은 삼매와 선정을 의미하는 것으로 모든 수행은 삼매선정을 이루어야 한다.

금강지권의 종류

금강지권의 종류로는 선지(禪智)를 어디에 굽혀두는가에 따라서 그 명칭이 다를 뿐 아니라, 그 작용 또한 다르게 된다. 즉 선지를 소지(小指) 아래에 굽혀두면 금강이권(金剛理拳)이 된다. 그것은 소지는 지대(地大)로써 이(理)에 속하기 때문이요. 선지를 무명지 아래 손바닥에 굽혀두면 금강지권(金剛智拳)이 된다. 그것은 무명지는 수대(水大)로써 지(智)를 뜻하기 때문이요. 선지를 소지와 무명지 사이에 굽혀 두면 금강불이권(金剛不二拳)이 된다. 그것은 이(理)와 지(智)의 사이로써 이지불이(理智不二)이기 때문이다. 선지를 장지(長指) 아래에 굽혀두면 금강인권(金剛忍拳)이 된다. 그것은 항마를 뜻하며, 이때는 대지를 검지의 등에 세워서 붙여야 한다. 용맹의 뜻을 의미하기 때문이다. 이렇게 보았을 때 법신의 이지불이를 주장하고 그것을 증득하기 위하여 수행자는 반드시 두 선지를 소지와 무명지 사이 손바닥에 굽혀두는 금강불이권을 하여야 한다. 그러나 무명을 없애고 지혜를 밝혀 전식득지(轉識得智)와 전미개오(轉迷開悟)와 제암변명(除暗遍明)의 각을 얻어 일체 중생으로 하여금 현실 생활의 복지구족한 삶을 위하여는 두 선지를 무명지 아래 손바닥에 굽혀두는 금강지권을 하면 된다. 금강지권을 할 때 오른손이 위로 왼손이 아래로 하는 것은 오른손은 부처님을 상징하는 본유(本有)의 본각(本覺)과 시각(始覺)의 정보리심이며, 왼손은 수행자를 뜻하는 수생(修生)의 본각과 시각의 보리행이 된다. 수생의 중생이 본유인 부처님의 가지를 입기 위해 오른손을 위로 하고 왼손을 아래로 하는 것이다. 이때 왼손검지는 첫마디가 보이게 하여 오른손 손바닥 위에 둔다. 그러면 금강지권이나 금강이권이나 금강불이권일 때는 오른손의 선지가 왼손의 검지를 감싼 듯하게 한다. 이것이 곧 부처님의 가지를 입는 것이 되며, 금강인권일 때는 오른손이 선지와 왼손의 검지 끝이 서로 붙는 형상을 이루게된다. 수행자는 금강지권의 의미와 그 형상을 잘 살펴서 수행해야 할 것이다.

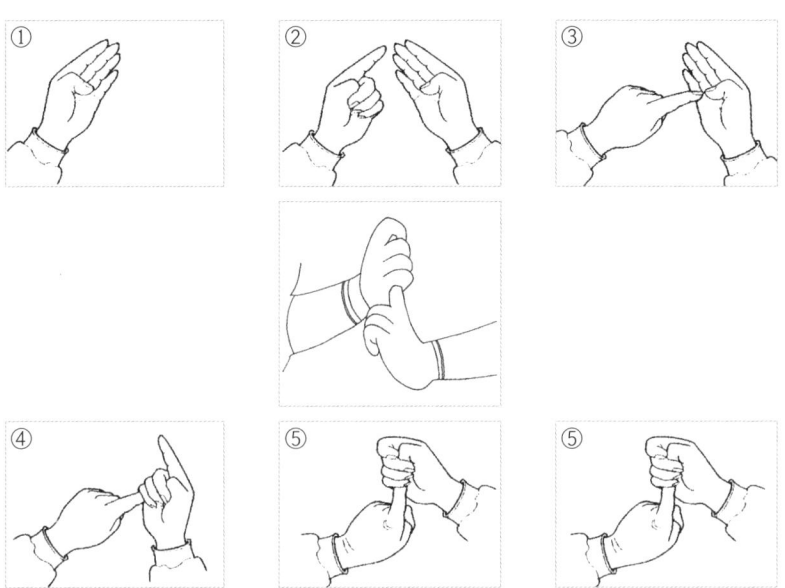

[그림으로 보는 금강지권 하는 순서]

어밀(語密)

제4구로써 여래의 적정지를 항상 불러들이는 것을 말한다. 두 선지를 굽혀 자심 본유의 정보리심에서 여래의 무루지(無漏智)를 불러들임이라. 두 손의 대지(二大指)는 여래의 무루지요, 두 손의 소지(二小指)와 두 손의 무명지(二無名指)는 곧 자심 본유의 정보리심이다. 본래 자심 속에 갖추어져 있지만, 중생은 그것을 알지를 못한다. 그러기에 밖에서 본성의 원명한 빛을 발하여 잠재하여 있는 것에 불을 지펴야 한다. 마치 병아리가 탄생할 때, 밖에서 어미 닭이 조탁(彫琢)하는 것과 같은 이치이다. 수행하는 수행자가 수행의 틀을 진언을 통하여 벗어나는 것이 적(寂)이며, 벗어남에 대한 환희한 마음이 정(靜)이요, 그것이 널리 일체에 비추는 것이 지(智)이다. 이로써 법신의 작용인 의밀의 아자소광이 되는 것이다.

백련(白蓮)과 소광(素光)에 대하여

불교는 연화(蓮花)를 대자대비로 상징하면서 또한 자연의 근원인 물과 태양과 동등하게 보기도 한다. 연화가 태양과 동등하다는 것은 태양이 동쪽에 떠오르는 것과 동시에 꽃이 피고 태양이 서쪽에 사라질 때 연꽃잎을 오무리는 습성이 있다. 물과 동등하다는 것은 탁류(濁流)에서 자라면서도 물들지 아니하고 오히려 탁류를 맑게 하는 청정성이 있기 때문이다. 그리고 연화의 덕상(德相)으로는 주위의 잡다한 냄새를 향내로 바꾸는 흡발향(吸發香 ⇔ 煩惱卽菩提)과 불성과 중생심이 함께 한다는 뜻으로 꽃과 열매가 동시에 발화생성〈花果同時〉하는 품성을 지니고 있다. 잎으로는 8옆과 천옆이 있다. 8옆은 우리들의 심장(心臟)에 비유하고, 천옆은 부처님께 올리는 공양으로 연화대를 의미한다.

《대일경소》에서는 다섯 종류의 연화를 말한다. 발두마화(鉢頭摩華), 우발라화(優鉢羅華), 니로발라화(泥盧鉢羅華), 구몰두화(拘勿頭華), 분다리화(分陀利華) 등으로 분리하고 있다. 발두마화는 연화(蓮花)로 홍련화라 하며, 적색(赤色)과 백색(白色)의 두 종류가 있다. 우발라화는 수련(睡蓮)으로써 적색과 백색과 흑색의 꽃이 있다. 니로발라화는 청련화(靑蓮華)이며, 구물다화는 지희화(地喜華)라 하여 적색과 백색의 두 종류의 꽃이 있다. 연화의 꽃 빛이 청(靑), 황(黃), 적(赤), 백(白), 흑(黑)의 오색인 것은 자연을 색으로 나타내어 중앙을 황색, 동방을 청색, 남방을 적색, 서방을 백색, 북방을 흑색으로 표현하는 것이다.〈여기서 북방의 색이 녹색이다. 그러나 연화의 색에는 녹색이 없다. 이 세상의 존재하는 꽃에는 녹색이 없기 때문에 흑색으로 표현을 하는 것이다〉 이것은 법계의 자연의 방위 색과도 같다. 이 가운데 특히 백련화는 묘련화(妙蓮華)로써《묘법련화경》의 경 이름으로도 사용하였다. 진중(珍重)한 보배로 생각하고 있다. 흑련화(黑蓮華)와 청련화(靑蓮華)는 희귀성으로써 흑련화를 다시 수건제화(須乾提華) 또는 묘향화(妙香華)라 하고 청련화는 천수관음의 41수(手) 중에 우1수(右一手)에 두었으며, 부처님의 눈빛으로 상징하기도 한다.

밀교에서 금강계만다라에서 5불(五佛)을 오색(五色)에 배대 하고 있다. 이것을 연화의 색과 배대 하면, 중앙의 비로자나불을 황련화, 아축불을 청련화, 보생불을 적련화, 아미타불을 백련화, 불공성취불을 흑련화로 표현하고 있다. 비로자나불의 공능으로 보면, 중앙의 비로자나불이 백련화가 되어야 하는데 황련화가 된 것은 행원으로써 용을 일으키기 때문이다. 즉 중생을 교화하기 위하여 법신불이 몸을 나타낼 때는 금강살타보살을 중심으로 모든 금강보살신으로 나타나기 때문에 백색이 아닌 황색으로 표현하는 것이요, 백색을 아미타불로 하는 것은 교화불(敎化佛)이 아닌 상징성의 표현으로 선정(禪定)의 불이 되기 때문이다.

　법신 비로자나불이 이름도 모양도 빛도 없이 이치로 계시면서 중생교화를 위하여 금강살타보살을 중심으로 하는 모든 금강의 몸을 나타내듯 빛의 근원인 백색도 실상은 이름도 빛도 모양도 없이 이치로 있지만, 상(相)의 빛으로 나타낼 때는 백색으로 나타내지 못하고 황색으로 나타나게 하는 것이다. 이것이 연화는 황백연화(黃白蓮華) 또는 황연화(黃蓮華)가 되는 것이다.

　소광(素光)에 대하여는, 우리 몸을 비롯하여 삼라만상은 모두 빛이 있어야 비로소 체가 형성되는 것이다. 만일 빛이 없이 성품으로만 존재한다면, 물체로써는 존재할 수 없다. 그리고 이 빛은 물체 형성에서만 그치는 것이 아니라, 그것이 밖으로 넘쳐 나오는 것이다. 그러기에 사람에는 사람다운 빛이 감싸고 있고 동물에는 동물적인 빛이 감싸고 있으며 식물에는 식물적인 빛이 감싸고 있고 무정물에는 무정물다운 빛이 감싸고 있다. 이러한 빛은 모두 타오르는 듯이 보이며, 응집하는 힘이 있어서 무엇이든지 흡입하려고 하는 성품을 가지고 있다. 그림자를 잘 살펴보면 물물끼리는 아직 서로 닫지 않았는데도 그림자는 벌써 닿아 있는 것과 같다.

　만물을 빛의 작용으로 살펴보면, 연화가 태양의 빛에 의하여 피고 지듯이 만물도 빛에 의하여 구성되고 변화하는 것이다. 돌도 빛의 에너지가 있기 때문에 부서지지 아니하고 응집되어 있다. 만일 응집하는 빛의 힘이 없다면 부서져서 가루가 될 것이다. 이 가루 역시 가루로써의 빛이 존재한다. 나무도 그러하다. 나무가 성장할 때는 빛이 활동적일 때이며, 조락할 때는 빛의 활동이 멈췄을 때이다. 사람이 지혜로울 때는 빛의 두께가 두껍고 이글거리는 힘도 강하다. 이와 같이 모든 물체에는 그 빛의 둘레가 있다. 사람은 보통일 때는 8~10㎝ 정도의 빛을 발하며, 동물은 5~8㎝ 정도의 빛을 발하고, 식물은 3~5㎝ 정도의 빛을 발하며, 무정물은 0~1㎝ 정도의 빛을 발한다.

빛에는 백색을 바탕으로 하여 연화와 같이 오색 빛으로 구분되어있다. 식물은 주로 청색과 흑색의 빛을 발하며, 동물은 흑색과 적색의 빛을 발하고, 사람은 황색, 청색, 적색, 흑색, 백색 등 모든 색의 빛을 발한다. 그중에 수행한 사람은 황색과 백색의 빛을 발하며, 수행하지 아니하고 악업(惡業)을 많이 짓는 사람은 적색과 청색과 흑색 등의 빛을 발하기도 한다. 법계에서 이 빛의 세계를 보고 세상을 나누어 놓는다. 윤회하는 육도의 세계도 빛의 구별에서 나누어 볼 수 있다.

사람에 있어서도 빛이 왕성할 때는 피부가 윤택하고 견고하며 밝게 보이고, 빛이 사라질 때는 구성체도 하나씩 파괴되는 현상이 일어난다. 빛에는 다시 색상에 따라 그 업이 다름을 알 수 있다. 욕망과 의욕이 가장 강하거나 복과 지혜가 최고로 수승 할 때나 즐거움이 있을 때는 빛의 두께가 두껍고 밝으며, 의욕와 욕망의 힘이 약할 때는 빛도 엷어지며 어둡게 된다. 또한 죽음을 앞둔 인체의 빛은 대개 15일을 기점으로(3개월 전부터지만) 그 빛이 점점 엷어져서 3일을 앞둔 날에는 빛의 둘레가 몸체와 같이 되고, 임종이 가까우면 그 빛이 심장 주위에 머물다가 열반에 들면, 심장에 있던 빛이 상승하는 기운을 받아 밖으로 나오게 된다. 이것을 옛 사람들은 '혼불'이라 하였다.

또한 사람의 부위별로 빛이 다르기도 하고 몸 전체가 다르게도 하다. 부위별로 다른 것은 그 부위에 이상이 있다는 것이다. 만일 나쁘게 어두움의 빛이 나타나면, 즉 병이 발생한다는 것이거나 아니면 이미 병이 발생하였다는 증거로 볼 수 있음이요. 몸 전체의 빛이 다른 것은 지은바 업(業)의 측도를 나타내는 것이 된다. 바른 수행을 한 지혜로운 사람에게는 그 빛이 밝게 보이며, 어두운 생각이나 사악한 생각을 할 때는 그 빛이 검으면서 음침하게 보인다. 부처님 모습을 머리 부분과 몸 부분에 후광을 표하는 것과 눈이나 치아(齒牙) 그리고 32상중 백호미간상(白毫眉間相)과 정상육계상(頂上肉髻相) 등에서 방광(放光)하는 것도 모두 이 빛의 작용을 의미하는 것이다.

14) 무엇을 식이라 하는가

《논문(論文)》

扶會阿字者는 揩實決定觀之하야 當觀圓明淨識하라 若纔見者는 卽名見眞勝義諦라하고 若常見者는 則入菩薩初地라하며 若轉漸增長하면 則廓周法界하고 量은 等虛空하며 卷舒가 自在하야 當具一切智로다

《역(譯)》

대저 아자에 모인 자는 모두 이를 결정하여 이것을 관하고 마땅히 원명한 정식을 관하라. 만약 조금 보는 자는 곧 진승의제를 본 것이라 하고 만약 항상 보는 자는 곧 보살 초지에 들어간다. 만약 전하여 점점 증장하면 곧 크기는 법계에 두루 하고 양은 허공과 같으며 권서를 자재하여 마땅히 일체지를 갖출 것이라.

《의역(意譯)》

대저 이(理)의 월륜관에 들어가서 이를 성취하고, 다시 지(智)의 아자관에 들어가서 지(智)를 성취하고 난 다음 다시 중생 교화의 선교지(善巧智)를 얻기 위하여 이곳에 모인 법신불의 권속들이 지닌 원만하고 밝고 맑은 본래의 식을 관하라. 만약 법신 청정식을 관하여 조금만 증득하여도 1아승기겁을 지나 제5무외에 이르게 되어 진승의제를 보게 될 것이요. 항상 법신 청정식을 보는 자는 2아승기겁을 지나 보살초지에 들어가게 되어 금강살타의 정보리심문을 성취하게 될 것이요, 전전히 증장하여 법신 청정식과 내가 일여(一如)를 이루게 되어 금강살타의 정보리심의 지혜를 성취할 뿐 아니라, 법신 비로자나불의 자권속으로서의 일여가 되는 지경에 이르게 된다. 이때 크기로는 삼천대천 미진수 법계에 가득하며, 양으로는 그 세계의 허공과 같으며, 중생을 지혜로 증득하게 하고 널리 방편을 펴는 선교지가 자재하게 되어 마침내는 법신청정지(法身清淨智)인 일체지를 원만하게 갖추게 될 것이다.

《강설(講說)》

무엇을 식(識)이라 하는가?

식이라는 것은 본래 자성에서 외경계를 인식하는 마음의 작용을 뜻한다. 10법계에 본래부터 안주하고 있는 권속들인 제불보살은 모두 법신의 원만하고 명정한 식을 각각의 공능에 따라 나타내 보이고있다. 이 원만하고 명정한 식은 곧 법신 청정식이다. 법신 청정식을 제불보살과 같이 중생들도 누구나 다 평등하게 지니고 있다. 식의 종류로는 보통 안식(眼識), 이식(耳識), 비식(鼻識), 설식(舌識), 신식(身識), 의식(意識), 말라야식, 아뢰야식 등의 8종으로 구분한다. 안이비설신식을 전5식이라 하고, 의식을 제6식이라 하며, 말라야식을 제7식이라 하고 아뢰야식을 제8식이라 한다. 또한 전5식과 제8식을 무집착식이라 한다.《섭론》에서 제8식을 망식(妄識)이라 하여 다시 제9식인 암마라식을 말하며, 암마라식을 무구식(無垢識) 혹은 진여식(眞如識)이라 하고 있다.

유식파(唯識派)에서 식을 바꿔서 지(智)로 나아가게 하는 수행을 말하고 있다.〈轉識得智〉수행은 번뇌와 밀접한 관계를 맺고 있는 유루심의 8식을 닦아 번뇌와의 관계를 끊는 무루지의 4지를 성취하는 것이다. 감각기관의 대상인 물체인 전5식을 굴려서 성소작지를 이루게 하고, 직접감각의식인 제6식을 굴려서 묘관찰지를 이루게 하며, 선과 악의 용심(勇心)을 일으키는 제7식을 굴려서 평등성지를 이루게 하고, 선과 악의 마음상을 일으키는 아뢰야식 굴려서 신비의 관법을 나타내는 대원경지를 이루게 하는 것이다.

밀교는 8식에 다시 생멸문(生滅門)의 차별적인 현상인 다일식(多一識)과 진여문의 평등일여(平等一如)의 진리인 이식(理識)을 더하여 10식으로 말한다. 선악의 체인 제9 암마라야식을 굴려서 나타난 자성 정식이 곧 법계체성지가 되는 것이요, 제8식은 종자를 축적하고 유지하는 잠재된 식이지만, 법계체성지는 원명정식이 된다. 원명(圓明)하다는 것은 월륜만덕의 인과를 구비한 광명이다. 이것을 제8, 제9, 제10식이요. 정식이라고 하는 것은 아자관으로 묘리의 제법본불생이 정체(淨體)로 제9식과 같은 것이다. 태장부에서는 9식까지만 말하여 진여 청정으로 제법본불생의 당체가 된다. 금강계에서는 5상성신 중에 장식을 관하는 것으로 10식을 전부 말한다. 법계체성지를 이루는 무색무형의 법신 청정식은 각각의 제존을 탄생시켜 하나의 세계가 나타나게 된다. 이 세계를 만다라의 세계라 하고 크게 구분하여 이(理)의 세계는 태장부만다라로 지(智)의 세계를 금강계만다라로써 낱낱이 법신의 공능을 표하고 있다.

식(識)에서 지(智)로 나아가게 하는 밀교의 관법에는 월륜관과 아자관을 설명하고 있다. 증과(證果)의 자리에서는 아자관이 우선이다. 수행의 위에서는 월륜관이 먼저이다. 태장부에서 한 점의 힘이 잉태하여 금강계에서 현상을 나타내어서 그 작용을 하게 된다. 이것은 중생들에게는 잉태의 모습보다는 작용의 모습을 더 중하게 생각하고 있다. 진리의 세계에서 진리를 논하는 것보다는 지혜의 세계에서 진리를 논하는 것이 더 쉽기 때문이다.

지혜문(智慧門)에서 행자가 만약 조금 증과(證果)를 얻음을 맛보는 자는 시간으로는 삼겁의 수행 중에 제1겁을 지나는 것이요, 공덕으로는

6무외 중에 제2에서 제5에 이르는 진성의제의 증과를 얻어 지전(地前)의 보살위를 얻은 것이 된다. 밀교는 진승의제라 하지 아니하고 아자본불생(阿字本不生)을 관함을 말한다.

만약 항상 증과(證果) 얻음을 맛보는 자는 시간으로는 삼겁중에 제2겁을 지나는 것이요, 공덕으로는 6무외 중에 제6 무외를 성취하는 보살 초지에 들어간 것이 된다. 밀교는 자심에는 본래불(本來佛)과 동등한 공덕을 구족하고 있다고 하는 중생 본유의 정보리심을 관함을 뜻한다.

다시 점점 증장한다는 것은, 지상(地上)의 보살로써 불생정식을 얻는 것을 말한다. 크기로는 법계에 두루 차서 견줄 바가 없이 가득하여 그 양이 허공과 같음이다. 이는 무수한 식의 분별을 떠났기 때문이다. 진승의제를 뛰어넘어 보살 초지에서 보살 10지에 나아가 권서(券舒)를 자재하는 경지에 이르게 되어 세 가지의 두루함이 있다.

① 화신의 경지에서 삼천대천세계의 무한함을 봄이요,
② 응신의 경계에서 10지 보살을 나타내어 삼천대천세계의 진실 증장하게 함을 봄이요,
③ 본지 법신의 경지에서 자수법락(自受法樂)의 내증함을 얻는 것이다. 식(識)이 무수 무량이듯이 지(智)도 또한 무수 무량이 자수법락지(自受法樂智)가 생하게 된다.

밀교의 10지를 16대보살위에 비유하여 설하고 있다. 태장부에서는 8엽의 연화를 체와 용으로 나타내는 것이요, 금강계만다라에서는 금강살타보살을 중심으로 하여 16대보살을 출생하는 뜻이다.

초지는 자증(自證)의 성불로써 금강살타의 위요, 제2지 이상은 수행의 상에서 금강살타가 지닌 공덕을 증득하는 것이다. 화타(化他)의 사업을 하는 것으로 선교지가 되는 것이요, 초지는 제법의 본초불생을 깨달은 심지를 가리키는 것으로 자증의 지혜를 성취하게 된다. 곧 금강살타, 금강왕, 금강욕, 금강선재의 정보리심의 보살이요. 제2지는 금강보보살의 공덕을 성취하고, 제3지는 금강광보살의 공덕을 성취하고 제4지와 제5지는 금강당보살의 공덕을 성취하고 제6지와 제7지는 금강소보살의 공덕을 성취하고, 제8지는 금강법보살과 금강리보살의 공덕을 성취하고, 제9지는 금강인보살과 금강어보살의 공덕을 성취하고, 제10지는 금강업, 금강호, 금강아, 금강권보살의 공덕을 성취하는 것이다. 이것이 곧 정보리심의 덕을 충분히 발휘하는 것이다. 이것을 여실지자심(如實知自心)으로 보리를 성취하게 하는 것이라고 말하는 것이다.

일체지지를 구족하여 불과를 증득하는 자가 곧 권서를 자재하는 자이다. 저 신라의 장6불상(丈六佛相)은 금강살타보살의 공능으로 나투면서 금강살타의 권속이요, 법신 비로자나불의 자권속인 16대보살을 하나의 응화불로써 표현하고자 하였던 것이다.

제 14 강
오상성신관

15) 삼밀수행과 오상성신

《논문(論文)》

凡修習瑜伽觀行人은 當須具修三密行하야 證悟五相成身義也라 所言三密者는 一身密者는 如結契印하야 召請聖衆함이 是也요 二語密者는 如密誦眞言하야 令文句了了分明하야 無謬誤也요 三意密者는 如住瑜伽하야 相應白淨月圓滿하야 觀菩提心也니라 次明五相成身者는 一是通達心이요 二是菩提心이요 三是金剛心이요 四是金剛身이요 五是證無上菩提니 獲金剛堅固身也니라 然此五相具備하야사 方成本尊身也니라

《역(譯)》

무릇 유가관행을 수습하는 사람은 마땅히 먼저 구족한 삼밀행을 닦아서 5상성신의 뜻을 밝게 깨칠 것이니라. 이른바 삼밀은, 일에 신밀이라 함은 계인을 결하여 성중을 불러 청함과 같은 것이요. 이에 어밀이라 함은 고요하게 진언을 송하여 문구가 요로분명하게 하여 그릇 됨이 없게 함과 같음이요. 삼에 의밀이라 함은 유가(瑜

伽)에 주 하여서 백정월의 원만에 상응하여 보리심을 관함과 같은 것이니라. 다음에 5상성신을 밝히면 일에는 통달심(通達心) 이에는 보리심(菩提心) 삼에는 금강심(金剛心) 사에는 금강신(金剛身) 오에는 무상보리를 증하여 금강견고한 몸을 얻는 것이라. 그리하여 이 5상이 구비하면 바야흐로 본존의 몸을 이루느니라.

《의역(意譯)》

무릇 조식(調息)의 사마타관법인 지(止)와 제법의 당상을 관(觀)하는 비발사나관법을 닦아서 마음으로 진리를 관하여 그것을 실행에 옮기는 유가관행을 익혀 닦는 자는 마땅하게 먼저 진언비밀법이 구족한 삼밀행을 닦아서 불신이 원만한 5상성신이 지닌 바의 뜻을 밝게 깨달아야 할 것이다. 이르는바 삼밀은 첫째, 신밀(身密)이라 함은 결정하여 고치거나 바꿀 수 없는 인계를 결하여 심인(心印)의 비밀법을 전수(傳授) 할 수 있는 심인의 법을 성취한 다음 성신대중을 불러 청하여 불의 교화의 원과 중생의 바라는 마음이 성취되게 함이요. 둘째, 어밀(語密)이라 함은 탐진치의 어두운 마음을 돌이켜서 본존과 수행자의 신구의 작용이 일체가 되게 함이라. 부처님의 교설인 본존의 진언을 고요히 송하면서 문구가 요료 분명하게 하여 어긋남이 없게 하여 부처님의 뜻과 같게 관할 것이요. 셋째, 의밀(意密)이라 함은 지관을 닦는 유가관행 함에 머물면서 연화관이 아닌 백정월의 월륜관을 닦아서 불과 함께 상응하는 원만한 4종 보리심을 관하여 법신불과 같게 하여야 할 것이니라.

다음에 5상성신을 밝히면, 첫째는 본유보리심을 갖춘 통달보리심(通達菩提心)이요, 둘째는 증보리심(證菩提心)을 이루는 수습보리심이요,

셋째는 금강살타의 견고한 공능을 지닌 성금강심(成金剛心)이요, 넷째는 자신과 제불간에 융통무애한 삼매야신인 금강신(金剛身)이요, 다섯째는 무상보리를 증득하여 금강견고한 법신의 몸인 원만성취한 불신원만(佛身圓滿)의 몸을 얻는 것이라. 그리하여 삼밀관행에 의하여 이 5지가 원만한 5상이 구비하면 바야흐로 이 몸 이대로 본존인 법신 비로자나의 몸을 이루게 되는 것이니라.

《강설(講說)》

삼밀수행과 5상성신에 관한 것

유가관행을 수습한다는 것은 지관(止觀)으로 관행을 닦아서 정리(正理)에 상응하여 일치가 되게 하는 것이다. 지(止)라는 것은 사마타관(奢摩他觀)이다. 조식(調息) 등의 방법에 의하여 우리 마음 가운데 일어나는 망념을 쉬게 하여 고요하고 맑은 지혜로 마음을 한곳에 머물러 만법을 비추어보는 것을 말함이요. 관(觀)이라는 것은 비발사나관(毘鉢舍那觀)으로써 지혜로써 객관의 대상을 조견하는 것을 말한다. 다시 말하여 지(止)가 번뇌를 끊는 것이라면, 관(觀)은 바로 보리를 증득하게 하는 것이라 할 수 있다. 관행은 마음으로 진리를 관하여 불성품과 같음을 알아서 몸소 실행에 옮기는 것을 말한다. 밀교의 독특한 수행인 비밀진언법(秘密眞言法)인 삼밀관행을 수행하여 5상성신(五相聖身)의 의의를 깨닫는 것이다. 지(止)와 관(觀)을 동시에 수행하여야 하지만 5상성신의 의를 바로 알려면, 비발사나관법으로 수행하여야 한다. 그것은 망념을 쉬게 하는 조식 등의 사마타관에 대하여 비발사나관은 즉 제법의 당체와 하나 되어 현상세계를 곧 그대로 법신불의 설법임을 체득하는 체법관으로써 곧 법신불의 당체설법관이 되는 것이다. 곧 우리 교에서 행하는 삼밀관법이 이에 속하는 것이다. 구족한 삼밀관행을 행함으로써 법신불의 당체설법을 체득하여 이로써 5상성신을 원만하게 성취하게 되는 것이다. 삼밀관행이란 중생삼업(衆生三業)을 돌이켜서 부처삼밀의 위치에 나아가게 하는 것이다. 이와 같이 중생과 부처가 일여(一如)하게 될 때 평등하고 원만한 지혜를 얻게 된다. 이것을 5지내증(五智內證)이라 한다. 이를 두 가지를 양부만다라에 배대하면, 삼밀수행은 인(因)만다라인 태장부만다라의 삼부삼매야설이요, 5상성신은 과(果)만다라인 금강계만다라의 5지(五智)설이다.

먼저 삼밀관행법에 대하여
신밀(身密)

인계를 맺는 것으로써 이 인(印)은 결정불개(決定不改)의 뜻이다. 부처님의 인계는 삼매신(三昧身)의 상을 짓는 것으로 성불신(成佛身)의 무량공덕을 성취한 것이요. 수행자가 인계를 맺는 것은 자신을 깨끗하게 하는 것과 장애로움을 제거하고 공양할 물건을 받들어 많은 성신대중을 불러 청하는 것이다. 인계에는 여러 가지 있다. 그 가운데 제불 비밀의 덕을 표현하는 4종만다라 상에 나타나는 4종인을 보면, 대만다라상의 대지인(大智印)은 제불의 현상 자체를 표함이요. 삼매야만다라상의 삼매야지인(三昧耶智印)은 제존이 가진 물건이나 손가락의 모형으로 표함이요. 법만다라상의 법지인(法智印)은 제존의 덕을 나타내는 것이요. 갈마만다라상의 갈마지인(羯摩智印)은 제존의 기능을 나타내는 것이다.

또 금강계만다라상의 5방불위에 나타나는 인계(印契)를 보면, 금강계 비로자나불은 금강지권인(金剛智拳印)이요, 태장계 비로자나불은 법계정인(法界定印)이다. 법계정인은 또한 서방의 아미타불의 인이기도 하다. 동방의 아축불은 시무외인(施無畏印)을 결하고, 남방의 보생불은 여원인(與願印)을 결하고, 북방의 불공성취불은 촉지인(觸地)印 즉 항마인(降魔印)을 결하고 있다.

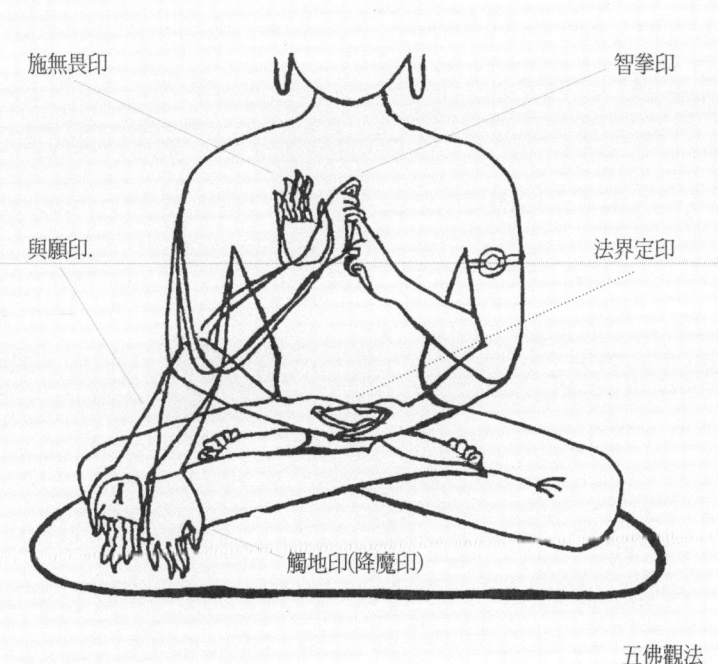

五佛觀法

금강지권인과 법계정인을 제외한 나머지 모든 인계를 살펴보면, 부처님은 왼손은 한결같이 무릎 위에 두고 오른손만이 다른 인계를 결하고 있다. 오른손은 부처님을 상징하는 것으로써 부처님의 인계는 성불신의 무량한 공덕을 함유한 삼매야신(三昧耶身)으로써 중생에게 무엇인가를 성취시켜 주고자 하는 약속의 행동이요. 왼손은 중생을 상징하는 것으로써 부처님으로부터 무엇인가를 받기위한 뜻임을 나타내는 것이다. 즉 시무외인(施無畏印)의 시(施)는 부처님이 베푸는 것이요, 무외(無畏)는 중생들이 바라는 것이며, 여원인(與願印)의 여(與)도 부처님이 베푸는 것이요, 원(願)은 중생들의 원인 것이며, 촉지인(觸地印)의 촉(觸)은 부처님이 법을 가리키는 것이요, 지(地)는 마왕의 항복을 뜻하는 것으로 역시 수행자의 바라는 것이다. 그리고 금강지권인과 법계정인은 부처와 중생이 하나가 되어 평등하고 원만한 공덕을 갖춘다는 뜻이 된다. 이러한 인계는 부처와 중생의 두 마음이 합일되었을 때 구족한 인계가 성취된 것이라 할 수 있다. 그리하여 태장부에서는 신밀은 불부(佛部)라 하는 것이다. 이와 같이 4종인 5종인 등 무량한 인(印)중에 가장 중심이 되는 것은 곧 심인(心印)이다. 심인은 곧 법신 비로자나불의 비밀한 법을 자내증으로 전수하는 법이기 때문이다.

어밀(語密)

진언을 외우는 것으로서 진언은 곧 다라니이다. 다라니는 총지불망(總持不忘)의 뜻이다. 신밀의 인계에 따라 진언이 각각 다르다. 어떠한 진언이 되었던 간에 모든 진언은 본존의 의를 관하면서 문구를 요료분명하게 불러야 하며, 자상(字相)과 자의(字意)를 알아서 본존의 뜻과 같게 하여 그릇됨이 없이 하여 중생 신구의 작용이 부처의 신구의와 일체가 되게 하여 즉신성불 하고자 하는 것을 알게 하는 것이다. 어밀은 연화부이다. 염송법에 네 가지 있다.

> 첫째, 연화염송법이다. 이 음성염송법이라고도 한다. 염송하는 소리가 스스로의 귀에 들리도록 하는 것이다. 이것을 때로는 항마염송이라고 하지만, 그것은 그릇된 것이다. 다만 소리를 냄으로써 마음속의 탐심에 대한 번뇌가 사라져서 안정을 얻게 하는 공덕이 있기 때문에 붙여진 이름일 뿐이다.
> 둘째, 금강염송법이다. 이 염송법은 입은 다물고 혀만 움직여서 묵송하는 것이다. 이때 혀는 입천장에 붙여서 입안을 둥글게 하여 공(空)의 상태에서 진언이 입안에 가득하게 하여 마음으로부터 일어나는 진심을 끊고 보다 맑은 정신을 가지게 하는 것이다.
> 셋째, 삼마지염송법이다. 이 염송법은 의식(意識)을 통일하여 한곳에 집중한 마음으로 진언의 문자를 관하면서 부처님의 본래의 뜻으로 돌아가 중생 속에 자리하고 있는 어리석음을 없애는 공덕이 일어나게 하는 것이다.
> 넷째, 진실염송법이다. 이 염송법은 탐진치를 조복한 연후에 징신을 통일하여 문자의 실상을 관함로써 즉신성불의 경지에 오르게 되는 것이다.

의밀(意密)

여래가 내증한 진실구경의 묘지(妙旨)를 말한다. 마음은 본래 불생불멸이나 중생 몸이 무시겁 중에 인업(因業)에 의하여 유생유멸하는 윤회의 바퀴 속에서 헤매고 있는 것이다. 유가관행에 머물러서 법신의 몸이 원만한 백정월륜 위에 나타나 부처님과 상응하게 하여 오로지 보리심만을 관하게 하는 것이다. 부처님과 중생의 구분이 되는 신밀(身密)인 탐진치의 삼독을 버리고, 중생본유의 마음을 갖게 하는 어밀(語密)이 서로 원만하게 융합한 연후에 비로써 올바른 의밀(意密)이 성취되는 것이다. 태장부에서 영원히 변함이 없는 본존의 몸을 상징하는 것으로 의밀은 금강부라 한다.

삼밀 중에 일밀(一密)만 부족하여도 평등의 곳에 이르지 못한다. 6진(六塵)과 6근(六根)이 6밀(六密)이 되게 함이다. 신(身)은 어(語)와 같음이요 어(語)는 의(意)와 같음이요 의(意)는 다시 신(身)과 같게 한다. 이것이 곧 3평등이며 부처 몸도 또한 이와 같아서 삼삼평등이 되는 것이다.《화엄경》에서도, '생사열반이 일여평등(一如平等)이요, 5승과 일승이 일여평등이요 자신과 타신이 일여평등이라' 하였다.《법화경》에서도, '세간과 열반이 평등한 것이요 가지가지의 제경지가 평등한 것이며 자기와 남이 평등한 것이라' 하였다.

5상성신에 관하여

금강계만다라의 5지(五智)에 배대한다는 것은 통달보리심을 법계체성지요, 수습보리심을 대원경지요, 성금강심을 평등성지요, 금강신을 묘관찰지요, 불신원만을 성소작이라 한다. 이것은 법신불이 중생을 교화하기 위하여 응화 하는 위치에서 배대한 것이다. 성불을 목적으로 수행하

는 중생의 위치에서는

첫째, 통달보리심이다. 월륜은 곧 보리심에 비유하니 일월이 명합한 가운데 16분의 일월이 나타나지만 일월 속에는 월륜의 체가 원만하다. 이와 같이 일분의 보리심도 본유의 보리심을 원만하게 갖춘 것으로써 불성의 대 보리심이 된다. 그러므로 보리심의 입장에서 대원경지가 된다. 대원경지는 십법계의 모든 상이 나타나는 지혜보리심을 성취한 것이다.

둘째, 수습보리심이다. 맑은 월륜을 관함으로써 보리심을 증득하게 된다. 6도의 함식(含識)인 정보(正報)와 정토와 예토(穢土)의 의보(依報)는 모두 삼승행위이다. 과거 현제 미래의 성주괴공(成主壞空)의 작용이 허공 천지에 나타나되 남음도 없고 모자람도 없이 모두 포용하는 증보리심으로써 평등성지가 된다. 평등성지는 불의 평등한 성덕을 함유한 공덕보리심을 성취한 것이다.

셋째, 성금강심이다. 심월륜 중에 본존의 성격이나 본서(本誓)를 함장하고 있는 삼매야형으로써 금강살타의 금강 5고저(五鈷杵)를 상징하는 지혜문을 여는 것으로써 묘관찰지가 된다. 묘관찰지는 시방삼세의 함식들의 어두움과 깨달음의 제덕을 구비한 지혜보리심을 성취한 것이다.

넷째, 금강신이다. 자신과 제불간의 융통무애(融通無碍)한 것을 증득하여 행자의 몸이 곧 본존의 삼매야신임을 깨닫는 대정진의 문을 여는 것으로써 성소작지가 된다. 성소작지는 깨달음의 세계에 나타나는 번뇌의 본신을 성취시키는 정진보리심을 성취한 것이다.

다섯, 불신원만이다. 나와 부처가 일치하는 금강견고한 불신원만의 공능을 지닌 것으로써 법계체성지가 되는 것이다.

신밀과 어밀인 안(眼), 이(耳), 비(鼻), 설(舌)의 4근(四根)이 4지(四智)가 되고, 의밀인 의근(意根)이 1지(一智)가 되어 신밀과 의밀이 합이요, 금강과 태장이 둘이 아니며, 이와 같이 5지내증(五智內證)이 곧 양부의 유가(瑜伽)이다. 태장에 있으면 4불4행존(四佛四行尊)이요 금강에 있으면 4지16존(四智十六尊)이다. 비로자나의 인(印)과 상(相)이 곧 제존과 동체유가(同體瑜伽)이다. 그러므로 5상(五相)이 구비하여 비로소 본존의 몸을 이루는 것이다.〈成身〉인과가 합할 때 그것이 유가요, 제존이 모두 비로자나 불신이며 관법으로는 태장부만다라의 관법은 팔엽백련의 연화관이라 하며, 금강계만다라는 월륜관이다. 지를 닦는 연화관이든 관을 닦는 월륜관이든 모두 관행법의 근원인 삼밀관행을 하여야 한다. 그러기에 앞에서 유가관행을 수습하는 사람은 삼밀관행을 닦아야 한다고 하는 것이다.

삼밀관행과 5상성신을 태장부만다라와 금강계만다라로 나누어보는 것은 임시방편일 뿐이다. 태장부만다라에서도 5지를 논할 수 있고 금강계만다라에서도 3부 삼마지를 논할 수 있다. 다만 유가관행을 수습하는 수행자로 하여금 보다 쉽게 비밀진언법을 수행하게 하기 위하여 교리체계를 세운 것일 뿐이다.

16) 오상성신의 체

《논문(論文)》

其圓明은 則普賢身也요 亦是普賢心也라 與十方諸佛하야 同之라 亦乃三世의 修行하야 證有前後及達悟이나 已無去來今이라 凡人心은 如合蓮花하고 佛心은 如滿月이라 此觀을 若成하면 十方國土의 若淨과 若穢와 六道의 含識과 三乘行位와 及三世國土의 成壞와 衆生業差別과 菩薩因地行相과 三世諸佛이 悉於中現하야 證本尊身하고 滿足普賢一切行願하나니라

《역(譯)》

그 원명은 곧 보현의 몸이며 또 이것이 보현의 마음이라. 시방제불과 이것이 같아서 또 삼세의 수행 중에 전후는 있어도 달오에 다 이르려면 거래금 없으나 범인의 마음은 합련화와 같고 불심은 만월과 같으니라. 이 관을 만약 이루면 시방국토의 혹은 맑은 것 혹은 더러운 것 육도의 함식과 삼승의 행위와 삼세의 국토성괴와 중생업의 차별과 보살인지의 행상과 삼세의 제불이 모두 다 그 가운데 나타나서 본존의 몸을 증하고 보현의 일체행원을 만족하느니라.

《의역(意譯)》

5상성신은 금강견고한 불신의 원명은 법신 비로자나불이 중생을 위하여 화현한 보현의 몸이며 또 이것은 보현의 마음이라. 이러한 보현색

신은 시방에 나타난 모든 화신불의 그 깨달음 경지와 같은 것이다. 이러한 것은, 또한 과거 현재 미래에 수행하여 증득한 법의 전후와 및 깨달음에는 이미 가고 오는 것이 없음이라. 범부들의 마음은 태장부만다라의 소성인 아자관을 통하여 연꽃이 피고 지는 원리를 인용하여 중생의 마음이 8엽이 하나가 되는 합연화와 같음을 알게 하며, 부처님의 마음은 금강계만다라의 소성인 월륜관을 통하여 달의 이지러지고 차는 원리를 인용하여 부처님의 마음이 만월과 같음을 보게 하느니라. 아자관과 월륜관 이 두 관을 원만하게 이루면 그것이 5상성신관을 만족하게 되는 것이다. 의보(依報)인 시방국토의 혹은 맑은 것과 혹은 더러운 것과 정보(正報)인 6도의 함식과 성문, 연각, 보살의 삼승의 행위와 삼간(三間) 중에 시간(時間)인 삼세 국토의 이루고 머물고 부서지고 멸하는 것과 삼간 중에 인간(人間)인 중생업의 선악의 차별과 삼간 중의 공간(空間)인 보살의 행상과 이 삼간을 통합한 삼세의 제불이 모두 다 보현색신(普賢色身)을 통하여 나타나서 중생을 제도하는 것이다. 이것이 곧 본존의 몸을 증득하게 되는 것이요, 일체중생을 위하는 일체의 행원이 만족하게 되는 것이다. 그 행원의 총체가 곧 보현색신이 된다.

《강설(講說)》

오상성신의 체는 비로법신이 화현한 보현신이다

이 부분은 오상성신의 체를 비로법신이 화현한 금강살타의 몸인 보현색신을 비유 들어서 다시 한번 5상성신관을 분명하게 밝히는 것이다. 비로법신(毘盧法身)의 법문은 부처님의 깨달은 세계의 과위(果位)의 법문이요, 보현의 법문은 중생 근기의 설법이 되는 인위(因位)의 법문이다. 중생들의 근기는 일원법(一元法)의 총체를 알지 못하므로 인위(因位)의 설법으로써 차제(次第)로 수행하게 하는 것이다. 보현색신만이 이 법을 설하기 때문에 이 논에서 보현색신을 논하는 것이다. 보현색신을 몸과 마음을 나누어서 법신 비로자나불과 일체가 되게 하는 것이다. 즉 5상성신의 공능을 설하는 의미이다. 금강계 제존을 설명하는 것 중에 특히 5불(五佛)과 5지(五智)와 37존과 일천육십일존(1,061尊)의 금강계만다라 권속들이 모두 이것에서 출생하여 구비한 만덕(萬德)을 중생들의 원에 따라 나타나게 되는 것이다. 그러기에 설하는 자가 누가 되었든지, 진리 속에서는 앞과 뒤, 깨달음과 미한 것, 가고 오는 것 등이 모두 법신 비로자나불의 당체설법이 되는 것이다.

논문에 오상성신을 밝히면, '그 원명은 곧 보현의 몸이며……' 이하는 인(因)의 덕을 말하는 태장부와 과(果)의 덕을 말하는 금강계에 나타나는 보현색신을 말하는 것이다. 원명한 보현의 몸이라는 것은 유가관행에 의하여 법신의 몸이 중생계에 나타날 때, 그 원력을 말하는 것으로 그 대상이 보현색신으로써 본존을 이루게 된다. 법신의 설법은 모두 보현색신으로써 나타나서 중생을 위하여 설법하는 것이다. 《화엄경》을 시작으로 하여 법화 《열반경》에 이르기까지 설한 8만4천의 모든 법도 보현색신의 설법이며, 아난다이든 가섭이든 수보리든 제바달다든 그 마음은 모두 보현의 마음에 의하여 청법하고 듣는 것이 된다. 이런고로 보현색신은 곧 금강살타보살신이며, 8만4천의 모든 경전은 보현색신을 통하여 설하여진 경이면서 금강살타보살의 마음으로 설하여진 밀교 법신 설법인 제 경전들이 되는 것이다. 다만 그 나타나는 방편의 차이는 있어도 그 본래의 뜻에는 옛과 지금이 다름이 없다. 이것이 통달보리심(通達菩提心)을 말하는 것이다.

'범인의 마음은 합연화와 같고……' 이하는 하나의 보현신으로써 연화에 비유한 것은 아자관(阿字觀), 또는 연화관(蓮花觀)이요, 만월에 비유하는 것은 월륜관(月輪觀)이다. 중생들이 성불의 길에 들기 위하여 발심하고 수행하는 것도 보현의 원해(願海)에 들어가야만 성취할 수 있다. 이러한 모든 경지에 들어가는 것을 아자관, 월륜관, 5상성신관 등의 차제에 의한 것이라 한다. 아자관 즉 연화관은 태장부만다라의 소성이요. 월륜관은 금강계만다라의 소성이다. 통달보리심인 보현심은 곧 제불의 본원의 자리며, 제법의 체성의 자리를 말하는 것으로 그 법을 믿고 알고 실천하여 깨닫는 모든 수행자는 범부와 성인의 위를 가릴 것 없이 누구나 다 보현의 마음을 지니게 되는 것이다. 아자관이 합연화의 월륜관을 만월에 비유한 것은 꼭 연화가 피고 지는 것이나 달의 기울고 차는 모습은 모두 중생의 심성과 같기 때문이다. 즉 8옆(八葉)의 연화나 16분(十六分)의 달은 중생의 8종심(八種心)과 16심(十六心)의 변화를 뜻하는 것이다. 이것이 합하면 태장부만다라세계와 금강계만다라세계가 이룩되어 대일원명(大日圓明)의 일신(一身)에서 오불의 공능이 나오게 된다. 오불의 공능에서 다시 37존의 본존 작용이 출생하며 이것은 다시 일천육십일존의 제존의 용(用)을 나타내는 것이다. 그러나 이것은 모두 법신 비로자나불의 한 권속일 뿐이다. 본래는 대일 원명의 무소부지의 경지로써 허공에 두루하여 원명한 것이다. 즉 달을 보면 초생에서 반달로, 반달에서 다시 보름달로, 점차 원만하게 보이나 실상은 그 둥근 것은 한결 같다. 다만 지구와 태양의 거리에 따라 일시적으로 그렇게 보였을 뿐이다. 연화도 마찬가지이다. 꽃 속에 열매가 있고 열매 속에 꽃이 있으며, 줄기 속에 잎사귀가 있고 잎사귀 속에 줄기가 있으며, 뿌리 속에 씨앗이 있고 씨앗 속에 뿌리가 있는 것처럼 중생과 부처님도 이와 같다. 중생심 속에 불심이 있고 불심 속에 중생심이 있는 것이다. 중생들이 진리를 깨닫거나 지혜를 증득하거나 마음의 번뇌를 여읠 수 있는 것이 곧 밀교의 참 수행관이라, 곧 아자관과 월륜관이다. 이 두 관이 합하여 성취되는 것이 5상성신관이 된다. 이것이 수보리심(修菩提心)을 말하는 것이다.

'이 관을 만약 이루면……' 이하는 정보(正報)와 의보(依報)를 말하는 것이다. 정보는 6도 함식과(六道含識)과 성문과 연각과 보살의 행위를 말함이요. 의보는 시방 국토의 깨끗하고 더러운 것과 삼세 국토의 이루어지고 부서지는 것을 말하는 것이다. 6도의 함식은 인지(因地)로써 범부가 되고, 성문과 연각과 보살은 인지로써 성인이 되고 과거 현재 미래의 제불은 과지(果地)로써의 성인이 된다. 중생심의 차별 속에는 삼종세간(三種世間)으로써 정보와 의보가 동시에 있다. 중생 선악의 6도의 함식과 삼승의 수행행위는 인간이요, 시방국토는 공간(空間)이며 삼세국토외 성괴는 시간(時間)이 된다. 이러한 원리를 아자관과 월륜관을 통하여 이루었을 때, 비로소 차별의 중생심이 아닌 법신불의 화현인 금강살타의 마음을 성취한 것이 된다. 이것이 성금강심(成金剛心)을 말하는 것이다.

'삼세제불이 모두 다……' 이하는 삼세제불의 작용을 나타내는 것이다. 만유(萬有)가 모두 법신불의 화현인 제존의 삼매에서 출생한 것이다. 나타난 삼세 제불은 몸으로는 보현의 몸이요, 마음으로는 제행원을 함장한 보현의 마음이다. 이때의 주(主)는 보현색신이면서 곧 금강살타신이 된다. 이 금강살타신은 곧 법신 비로자나불의 몸과도 차별이 없는 것이다. 보현의 일체행위도 이 가운데 나타나며, 금강살타가 그 대표가 되어 형성되는 금강계만다라세계의 권속인 37존도 모두 보현의 몸과 마음이 되는 것이다. 이것이 증금강신(證金剛身)을 말하는 것이다.

'본존의 몸을 증하고……' 이하는 일체 행원을 만족시킨 금강견고한 불신으로 증보리심을 말하는 것이다.

법신 비로자나불이 여래장(如來藏)으로써 모든 공능의 총체라면, 나타난 문수는 불공여래장(不空如來藏)으로써 지적인 이해의 상이 되는 반야(般若)의 주인이요. 보현은 공여래장(空如來藏)으로써 믿음의 대상인 법계의 진리를 나타내는 행원(行願)의 주인이 된다. 이 보현의 행은 중생을 위한 행원의 행으로써 몸과 입과 뜻의 삼밀이 부처님의 삼밀과 서로 융합하여 일체를 이룰 때 완전한 행이 성취된다. 이것이 본존의 몸을 성취하였다는 것이다.

이제 다시 보현에 대하여 자세하게 제경론소에 나타난 것을 살펴보면, 삼승(三乘)의 보현과 일승(一乘)의 보현과 밀승(密乘)의 보현 등 여러가지 보현이 있다. 삼승의 보현은 일체 수행에서 《법화경》의 말씀을 중심으로 하는 회삼귀일(回三歸一)의 일승에 들게 하는 것이요. 일승의 보현은 《화엄경》의 경지에서 선재동자의 화현으로 60행문을 보이어서 밀승에 들게 함이요. 밀승의 보현은 분화된 법신 비로자나불의 권속에서 본존으로 들게 하는 것이다. 이것을 《화엄경소》에서는 보현은 자신 그대로의 모습이라는 자체의 보현신(自體普賢身), 제 중생의 자리에서 나타내는 제위의 보현신(諸位普賢身), 두두물물 그대로가 곧 보현이라는 당위의 보현신(當位普賢身), 중생들에게 부처님의 화현의 모습을 보이는 불후의 보현신신(佛後普賢身), 진리와 현실을 하나로 융합시킨다는 즉 중생과 부처가 하나가 된다는 융섭보현신(融攝普賢身) 등으로 구분하여 설명하고 있다. 발심하여 보현행을 닦아 보현의 경계에 들어간다는 것은, 곧 법신불의 과(果)와 중생심의 인(因)이 모두 보리심의 뿌리에서 나온 것이라, 진리 본성에 이르는 덕과 유가관행(瑜伽觀行)의 상응덕과 신 구 의의 조작으로써 부처님의 지혜와 함께한다는 명행족의 행(明行足行)과 이상과 희망에 이르는 원행의 행(願行之行)과 부처님의 가르침을 실행하는 교행의 행(敎行之行)과 안심입명을 얻는 심행의 행(心行之行)과 번뇌에 대치하는 육도만행의 행(六度萬行)의 행인 행위의 덕을 모두 갖춘 원만무애한 몸이 되는 것이다. 이러한 보현색신은 일체제불과 동체요, 일체제법과 그 의가 같으며 일체제승과 한가지로 일을 하게 되는 것이다.

보현의 행원에 대하여는 모든 행원을 총괄하는 십대행원이 있다.

① 항상 모든 부처님을 공경함이요.〈禮敬諸佛〉
② 항상 모든 여래의 덕을 칭찬함이요.〈稱讚如來〉
③ 항상 제불을 섬기며 최고의 공양을 올림이요〈廣修供養〉
④ 항상 무시 이래의 악업을 참회하고 깨끗한 계를 지닌다〈懺悔業障〉
⑤ 항상 불보살 내지 육취 사생의 온갖 공덕을 수희한다〈隨喜功德〉

⑥ 항상 제불에게 불법을 설할 것을 요청한다〈請轉法輪〉
⑦ 항상 열반에 들려고 하는 불 보살을 오래 머물게 권청한다〈諸佛住地〉
⑧ 항상 비로자나불을 따라서 제 불의 교화를 보이는 여러 가지 법을 다 배운다〈常修佛學〉
⑨ 모든 중생들의 류에 따라서 여러 가지러 봉사하고 공양하여 은혜를 베푼다〈恒順衆生〉
⑩ 이상과 같이 온갖 공덕을 일체 중생들에게 회향하여 모두 불과를 완성하게 한다〈普皆廻向〉.

이 가운데 ①·②·③·⑥·⑦·⑧은 제불의 덕상을 찬탄하는 공능을 말하는 것이요, ④·⑤·⑨·⑩은 삼승의 위에서 수행하는 모습을 말하는 것이다. 이러한 열 가지 보현행원은 그 근본이 5대서원이다. 즉 ⑨는 가가 없는 중생 제도하는 원에 속하며 ③·⑤·⑦은 가가 없는 복지를 모은다는 원에 속하며, ⑥·⑧은 가가 없는 법문을 깨치기를 서원하는 원에 속하며, ①·②는 가가 없는 여래를 섬기는 원에 속하며, ④·⑩은 위없는 보리를 증득하기 서원하는 원에 속한다. 이러한 것은 앞에서 도 말하였듯이 보현의 몸과 마음은 곧 법신 비로자나불의 몸과 마음의 화현이다. 이것은 다시 금강살타보살의 몸과 마음이다. 그러므로 보현의 십대 행원은 곧 금강살타의 행원이 되는 것이다. 금강살타의 행원 중심은 곧 오대서원이기 때문이다.

17) 대일경의 보현색신

《논문(論文)》

故로 大毗盧遮那經云호되 如是眞實心은 故佛所宣說이라

《역(譯)》

이러한 연고로《대비로자나경》에 이르되, "이 같은 마음은 고불의 선설한 바라."

《의역(意譯)》

이러한 연고로《대일경》제7〈성취실지품〉에 이르기를, "이와 같은 법신 보현 대보리심의 진실한 마음은 적정 법신불께서 수행자가 어떠한 관법을 행하더라도 모두 이와 같은 경지에 오를 것이라." 하셨다. 이 경지는 법신 부처님의 마음인 보현행원심과 같은 경지라고 설하였던 것이다.

《강설(講說)》

대일경의 보현색신

이 부분은 진실심을 말하는 것으로 앞에서 밝힌 월륜관이나 아자관이나 5상성신관이라 하는 모든 관법은 모두 법신본래의 마음인 진실심을 알게 하는 방편일 뿐이다. 이 진실심의 작용이 곧 보현행원심으로 표현하였던 것이다.《대일경》제7〈성취실지품〉에 부처님께서 집금강비밀주에게 말씀하시기를, '마하살(摩訶薩)의 뜻이 머무는 것은 만다라이다.

모든 진언의 마음자리를 요달하여 알아야 진실심의 불과를 성취할 수 있다. 모든 분별하는 마음 즉 청황적백흑의 분별도 이 아뢰야식〈阿賴耶識〉에서 일어나는 것이라 하며, 결정심을 가지고 환희하는 것은 무구정식이라 한다. 진실심의 광대한 과를 얻고자 하는 것이다. 이때의 관법이 곧 아자관, 월륜관, 5상성신관이라' 하였다. 또 '그리하여 마음〈衆生心〉이 머무는 곳을 관하라〈而以觀心處〉. 관법을 통하여 마땅히 마음에 이끌어 들어 나타내 보면〈當心顯登印〉, 더러움이 없는 법신불의 미묘하고 청정한 것이리라〈無垢妙淸淨〉. 크고 둥그런 거울에서는 항상 있는 그대로 나타날 것이다.〈圓鏡像現前〉이것이 진실한 마음이다. 이와 같은 진실한 마음은〈如是眞實心〉 적정한 법신 비로자나불이 이미 설한 바이니라〈古佛所宣說〉' 하였다.

본래부터 누구나 다 갖추어져 있는 진실심으로 청정하여 더러움이 없으며, 번뇌에 물들지 아니하나 중생들은 그것을 알지 못하여 번뇌에 물들여진 것으로 알기 때문에 법신 부처님이 중생들에게 본심진언을 염송하게 하면서 방편으로 우리들의 마음은 본래부터 근본심이라는 암시로 아자관을 관하게 하였다. 또 우리들의 마음은 원래부터 원만한 것임을 알게 하기 위하여 암시로 월륜관을 관하게 하였다. 자신의 몸은 이미 모든 부처님의 공능이 갖추어져 있음을 알게 하기 위한 암시로 5상성신관을 관하게 하였던 것이다. 마치 일체가 다 이 관법에 의지하여 얻어지는 것인양, 인증〈認證〉하게 하여 본래면목〈本來面目〉을 알게 하였던 것이다. 모든 진언의 실지는 수정과 같이 맑고, 달과 같이 원만하여서 누구든지 어느 관법으로든 들어가기만 하면, 전광석화와 같이 본래면목을 보아 법신불과 똑같음을 알게 될 것이다. 이와 같이 모든 관법의 수행도 모두 방편의 설법일 뿐이다. 이러한 진실심이 중생의 경지에서는 삼마지보리심이라 하여 본유의 정보리심이 되며, 부처님의 경지에서는 열반상주(涅槃常住)의 덕이라 하여 삼세에 상주하는 법신을 뜻하는 것이다. 수행면으로는 이것은 법이 상주함을 알게 하는 것으로 행자의 실지에 오래도록 가까이하게 하는 것이다. 이와 같이 누구나 본래부터 가지고 있는 마음이다. 파괴되거나 변하거나 하는 것이 아니므로 진실심이라 하는 것이다.

> 제 15 강
> 삼마지보리심의
> 공덕

18) 일체법은 자성이 없음을 다시 확증함

《논문(論文)》

問호되 前言二乘之人은 有法執故로 不得成佛이라하면 今復令修
菩提心三摩地者는 云何差別이닛고 答호되 二乘之人은 有法執故
로 久久證理하면 沉空滯寂하야 限以劫數然에 發大心하고 又乘散
善門中하야 經無數劫하나니 是故로 足可厭離하야 不可依止라 今
眞言行人은 旣破人法上執하고 雖能正見眞實之智이나 或爲無始
間隔하야 未能證於如來一切智智라 故로 欲求妙道하야 修持次第
하야 從凡入佛位者라

《역(譯)》

앞의 이승의 사람은 법집이 있는 연고로 성불함을 얻지 못한다 하
면 이제 다시 보리심의 삼마지를 닦게 함은 어떻게 차별하는가. 이
승인(二乘人)은 법집이 있으므로 오래오래 이를 증하게 되므로 침
공체적하여 한정한 겁수를 채운 연후에 대심을 발하게 되고 또 산
선문 가운데 태어나서 무수겁을 지나게 되니 이런고로 염리하기에

족하여 의지하지 못할지라. 이제 진언행인은 이미 인법(人法)의 상집(相執)을 파하고 능히 바르게 진실을 보는 지혜라 해도 혹은 무시의 간격 때문에 아직 여래의 일체지지(一切智智)를 증함에는 능치 못하느니라. 그러므로 묘도(妙道)를 구하고자 하고 차제로 닦아(三密行)서 범으로부터 불위(佛位)에 드는 자니라.

《의역(意譯)》

승의보리심에서 말하기를 '3생 60겁을 닦아 4제법(四諦法)을 증득하여 과를 얻은 성문은 고집멸도(苦集滅道)의 4제법에 집착하여 있고, 4생 100겁 동안 닦아 12인연법(十二因緣法)을 깨달은 연각은 그 법에 집착하여 있는 연고로 더 이상의 수행하지 아니하여 완전한 성불을 얻지 못하는 것이라 하면, 이제 다시 그 경지에 오르지 못한 범부나 외도 등에게 말하기를 누구를 막론하고 보리심중에 삼마지를 닦게 하여 성불을 얻게 하는 것은 어떠한 차별이 있는가' 물음에 네 가지로 답하기를 이승인 성문과 연각은 사제법과 12인연법 얻기 위하여 오래오래 수행하여 그 법을 증득하였기 때문에 이미 마음으로 그 법의 바퀴에서 물들어서 벗어나고자 하는 마음이 없다. 그러므로 모든 존재는 실체가 없다는 공의 진리와 적멸(寂滅)의 묻히는 진리 속에서 한정된 시간을 보낸 연후에야 비로소 큰마음을 발하게 된다. 그리고 또한 악을 흩고 선을 닦는 산선문에 태어나 행원보리심의 경지에서 무수겁을 지나게 된다. 이런고로 다시 성불의 법을 수행하고자 하는 마음이 사라지고 선업을 짓고자 하는 생각조차 일으키지 아니하여 얻은 바의 법에 만족하고 더 이상의 법이 있음을 믿지 아니하는 것이라. 이제 진언행인은 이미 5온이 합하여 이루어진 이 몸에 대한 집착과 법집(法執) 등 침공체적(沈空滯寂)의 집착까지 파하고 능히 바르게 진실을 보는 지혜를 가졌다고 하나, 혹은 무시이래(無始以來)로 습관화 되어온 업의 동작이 훈습되어 잠재하고 있기 때문에 여래의 일체지지(一切智智)를 증득함에는 능하지 못함이니라.

그러므로 법신불의 불가사의(不可思議)한 도를 구하고자 할 때는 반드시 몸으로 법신불과 같은 자세를 취하고 입으로 오로지 진언만을 송하면서 뜻으로 부처님을 생각하는 삼밀관행을 닦음으로써 바로 범부의 위에서 부처님의 경지에 들어갈 수 있는 것이다. 이것이 즉신성불의 경지에 들어가는 자라 하느니라.

《강설(講說)》

일체법은 자성이 없다는 것에 대한 질의

이론의 마지막 질문과 답변이다. 승의보리심에서 문제가 되는 '일체법은 자성이 없다'하는 것과 '성불의 시간적인 것'에 대하여 의심나는 부분을 자문자답 형식을 취하여 다시 한번 묻고 있다.

한 질문에 네 가지로 답하면서 밀교의 최고의 수행법인 삼마지보리심의 수행법을 말하고 있다. 먼저 논문에 들어가기 전에 보리심에 대하여 잠시 설명하고자 한다. 보리라는 것은 깨달음이며, 곧 지혜를 의미한다. 심은 마음이다. 합하여 깨달음의 마음, 또는 지혜의 마음을 뜻한다. 이것은 다시 부처님의 지혜를 뜻하는 것이 된다. 이 부처님 지혜의 마음은 부처님에게만 특수하게 있는 것이 아니라, 중생들에게도 똑같이 있다. 그리고 생명이 있는 모든 것에만 있는 것이 아니라, 무정물인 만물에도 이것을 갖추고 있다고 설명하는 것이 밀교의 가르침이다. 마음이든 지혜이든 모든 선각자들은 이것을 불성이라고 표현하기도 한다. 이 불성(佛性)은 중생심과 같으나, 다르게 보이는 것은 중생심에는 번뇌가 있기 때문이다. 번뇌는 6도를 윤회하는 근본이 되는 것이다.

　　부처가 아닌 중생심에서도 이 번뇌의 두께가 어느 정도인가에 따라서 범부니, 이승이니, 보살이니 하고 구별하는 것이다. 불성을 에워싸고 있는 중생심, 즉 번뇌를 제거하는 것이 곧 관법의 수행이다. 관법 수행에는 8만4천 관법이 있지만, 그 가운데 이 논에서는 아자관과 월륜관과 5상성신관을 통하여 번뇌를 제거하는 것이라고 말하는 것이다. 이 세 가지 관법을 통하여 낱낱이 구분을 지어서 버릴 것은 버리고 나타낼 것은 나타내고 변형시켜야 할 것은 변형시키고 보강해야 할 것은 보강하는 것이다. 번뇌를 버리거나 아니면, 보리로 바꾸거나 보리가 약하다면 보강시키고 그래도 용이하지 아니하면 변형시켜서 불성을 원만하게 하는 것이 관법의 목적이다. 보리를 버리면, 번뇌가 나타나고 번뇌를 버리면, 보리가 나타나게 되는 것이다. 번뇌가 나타날 때는 중생들의 삶이요. 보리가 나타날 때가 부처의 세상이 되는 것이다. 이러한 과정을 처음부터 밟아서 수행하면 그것은 소승이요. 하나씩 건너뛰면 그것은 대승적 수행이 되며, 곧바로 불성을 얻기를 서원하고 삼마지보리심을 닦으면 이것이 대승을 초월한 밀교의 수행이 되는 것이다. 우리는 이미 행원보리심과 승의보리심의 관법에서 그 수행의 법을 뛰어넘는 것을 말한다. 이제 삼마지보리심에 들어와서 다시 또 초월의 수행법을 논하는 것은 앞에서도 밝혔다. 약간의 의심이라도 생길 것을 염려하여 보다 자세하게 그 수행법을 밝히고자 하는 의도이다. 이러한 관법을 설명하기 전에 먼저 알아야 할 것이 있다. 그것은 중생들이 본래 가지고 있는 불성, 즉 중생심 자체의 능력이다.

여기서 한가지 예를 들면, 저 나무 속에는 본래부터 무엇이든지 될 수 있는 성질이 있다. 불에 타서 재가되어 흙으로 돌아갈 수도 있고, 물에 다시 들어가 종이가 될 수도 있고, 토막을 내어 책걸상이 될 수도 있고, 아니면 나무의 둥그런 그대로 기둥이나 대들보가 될 수도 있고, 또는 부처님의 상이나 특이한 작품의 조각품이 될 수도 있는 것이다. 이와 같이 무엇을 만나는가에 따라서 저 나무는 일생을 달리하게 되는 것이다. 이와 같이 일정하게 무엇이 된다고 결정되어 있는 것은 아니다. 중생심도 마찬가지이다. 우리들의 성품은 크게는 4성세계에 들어가 최고의 자리인 부처가 될 수도 있고, 그 다음 자리인 보살이나 또한 연각이나 성문이 될 수도 있으며, 혹은 6범에 떨어져서 윤회를 할 수도 있는 것이다. 우리는 이제 고통의 근원이 되는 저 윤회의 틀을 벗어나 부처가 되고자 온갖 수행을 하는 것이다. 그중에서도 밀교의 수행으로써 특히 삼마지 수행법을 택하려고 하는 것이다.

이제 두 가지 의심에서 '일체법은 자성이 없다' 하는 것에 대하여는 승의보리심에서 범부와 외도와 성문과 연각과 보살 그리고 초대승(超大乘)의 수행자들을 하나하나 열거하면서 이미 충분한 설명을 하였다. 성불의 시기에 대하여도 설명을 하였지만, 이제 그 설명에 새로운 의심의 소재가 남아 있어서 여기서는 보다 구체적으로 설명을 하고자 하는 것이다. 범부와 외도의 위를 떠난 성문과 연각은 자기가 깨달은 법에 집착하여 그 자체가 완전한 성불인 줄을 알고 새삼스럽게 성불을 논하지 아니하고 있다. 이러한 것을 타파하기 위하여 이승만을 들어서 물음의 뜻을 밝히지만, 그 속에는 범부와 외도들의 법도 포함되어 있음을 알아야 할 것이다. 물음에 4종의 답이 있다.

제1답

성문과 연각의 근기를 나타내는 것으로써 논에 '이승인은 법집이 있는 연고로……' 이하로써 성문은 3생 60겁을 닦아서 비로소 4제법을 깨달았다고는 하지만, 사실은 고집멸도법에 집착하여 즐길 뿐 더 이상 부처님의 경지에 오르려고 하지 아니하는 것이요. 연각은 4생 100겁을 닦아 12인연법을 깨달아서 윤회는 하지 아니하나 성문과 마찬가지로 12인연법에 집착하여 더 이상 부처의 경지에 나아가려고 하지 아니하는 것이다. 이것이 법에 집착하는 소승이라는 것이다. 이와 같이 성문과 연각의 위치는 완전한 성불이 아니기 때문에 수행법으로 보면, 결국 행원보리심과 승의보리심에 머물러있는 것과 같은 것이 된다. 제법의 무상에서 허공상을 관하게 하는 성문과 연각은 모든 존재는 실체가 없다는 공의 입장과 적멸의 위에서 또한 무수한 시간을 보내고 난 다음 비로소 진실한 부처님의 위를 구하는 대보리심을 일으키게 되는 것이다. 4제법은 또는 사성제법이라고도 한다. 사성제란 제는 불변하여 법다운 실지로써 진실한 상이라는 뜻이다. 고성제(苦聖諦)는 현실에 나타난 일체중생과 모든 상은 모두 고라고 관하는 것이요. 집성제(集聖諦)는 우리의 모든 삶은 고로 뭉쳐져 있다는 원인을 말하는 것이요, 멸성제(滅聖諦)는 이와 같은 고를 멸할 수 있다는 즉 깨달음의 목표를 말하는 것이요. 도성제(道聖諦)는 고의 원인을 멸하여 부처의 경지에 나아가는 방법으로 팔정도의 수행법이 있다는 것이다.

제2답

산선문을 말하는 것이다. 논문의 '또 산선문 가운데 ……' 이하로써 악을 흩고 선업을 쌓는 시간을 무수겁을 보내지만, 이것으로 말미암아 지금까지 익혀온 습관이 선 닦음을 좋아하고 진리문에 나아가는 것을 싫어하여 멀어지고자 하는 마음이 있어서 본래의 발심한 참뜻을 알지 못할 뿐 아니라, 또한 그것에 의지하지 아니하고 현실적인 것에 집착하는 마음이 강한지라. 이것이 곧 행원보리심을 수행하게 하는 원인이 되었던 것이다. 산선문은 정선문과 반대되는 것으로써 오로지 선만을 닦는 것으로 역시 밀교에 들어오면 초보자의 단계이다. 이에 정선문은 대승적인 차원이 되는 것이다.

제3답

제일 답이 행원보리심을 말하는 것이요. 제이 답이 승의보리심을 말하는 것이라면, 이 답은 삼마지보리심을 말하는 대승의 초급에 속하는 것으로 두 보리심을 동시에 말하는 것이 된다. 논문의 '이제 진언행인은 이미 인집(人執)을 파하고……' 이하로써, 상지 상근의 진언행인은 인집이든 법집(法執)이든 그것보다도 더한 집착의 법을 모두를 파하고 능히 바르게 법신불의 진실한 법을 보는 지혜를 가졌다하여도 무시이래로 익혀온 탐진치의 습성이 남아있기 때문에 성문 연각의 일체지가 아닌 여래의 일체지지를 증득하는 데는 능하지 못함을 말하는 것이다. 진언행자들도 아자관이나 월륜관이나 오상성신관을 관하는 과정에서 법집에 깊이 빠질 수도 있다. 때문에 한번 더 의심하여 이 문제가 제기되는 것이다.

제4답

진언의 묘도(妙道) 즉 밀교수행의 최고를 말하는 것이다. 법신불의 불가사의한 진리를 말하는 것이다. 논문의 '그러므로 묘도를 구하고자 하고……' 삼마지보리심을 찬탄하는 뜻이 들어있다. 이 답변을 언뜻 보면, 제3 답과 같은 듯하나 그 차이점은 현격히 다르다. 진언을 염송하는 가운데 삼밀관행을 통하여 하는 것과 삼밀을 통하지 아니하고 하는 것에 대한 설법이다. 같은 진언이라도 금강지권 상태에서 하는 6자 진언과 금강지권을 아니한 상태에서 하는 6자 진언과는 차이가 있다. 지권을 아니한 것은 화신으로써 보살의 진언이 된다. 이는 관세음보살 한 분만의 진언이 되며, 지권을 하였을 때는 곧 법신 비로자나불의 진언이 되는 것이다. 부처님의 상도 마찬가지이다. 밀교수행에 들어와서 부처님상이 밀교의 비로자나불상이 되는 것이다. 염불을 하고 독경을 하는 상태에서 모셔진 비로자나불상은 이것은 법신 본불이 아닌 화신 본불인 비로자나불이 되는 것이다.

예를 들면, 나는 똑같은 나이데 교단에 서면 선생님으로써의 나요, 가정에 돌아가면 아버지로써의 나요, 부모님 앞에서는 자식으로써의 나요, 부인 앞에서는 남편으로써의 나이다. 이렇게 변할 때마다 그 행동과 언어와 생각이 다른 것이다. 같은 말을 하지만, 존칭의 언어가 있고 낮추어서 하는 말이 있으며, 꾸짖는 언어가 있고 가르침의 언어가 있는 것이다. 어찌 같다하겠는가?!. 대승법도 마찬가지이다. 같은 대승이지만, 현교적 대승과 밀교적 대승과의 차이는 다른 것이다. 부처님의 가르침은 모두 불가사의한 묘도이지만, 밀교는 밀교로써 화신불의 지혜가 아닌 법신 비로자나불의 지혜를 증득하는 불가사의한 미묘한 도가 있다. 지금 진언행자가 보리심을 발한 것은 법신불의 묘도를 구하고자 하는 발심인 것이다.

현교는 일정한 겁한을 경과한 연후에 부처를 이루는 것이지만, 밀교는 앞의 말한 삼관의 차제에 의지하여 범부로부터 곧바로 부처님위에 들어가게 되는 것이다. 이것이 곧 삼마지보리심관이 된다. 그러므로 진언행자가 아자관이든 심월륜관이든 5상성신관이든 관한다는 것은 이승의 법집과 다른 것이 아니라, 또한 삼승 일승 등의 법과도 다르지 않다. 삼밀관행을 통하여 진언을 염송히여야 옳은 진리를 얻게 되는 것이다. 이때는 성문과 연각 이승의 경지를 반드시 거쳐야 하는 것은 아니다. 누구든지 삼밀관행만을 한다면, 범부로부터 곧바로 성불의 경지에 들어 갈 수 있다고 가르치는 것이 삼마지보리심의 법이다. 진언행자는 인집만을 파하여도 곧바로 불과를 얻을 수가 있다. 법집이라는 새로운 굴레에 들어가지 아니하였기에 무사안일주의(無事安逸主義)는 없는 것이다. 오히려 고행하는 사람들이 어려움에서 벗어나기가 쉽다. 고행을 모르는 사람들은 어려움을 만나면, 미리 겁부터 일으키기 때문에 처음부터 적당한 이익을 얻고 나면 구태여 억지의 고행을 하려고 하지 아니하는 것이다. 때문에 법집을 가지게 되면 오히려 불위에 들어가는 수행을 하지 아니하는 경향이 있다.

진언행자가 심월륜(心月輪)을 관하는 것은 법집이 있기 때문이 아니라, 이미 인집과 법집 그리고 극히 미세한 망집을 끊었기 때문이다. 상집을 끊는다는 것은 초지의 정보리심의 위에 들어가는 것이요. 진언의 이치를 인증하는 지혜를 얻어서 그것에 주하는 것이 된다. 그리하여 무시간격에 미세한 망집의 장애를 만나서 불과의 일체지지를 증득하게 되는 것이다. 즉신성불의 길을 닦는 삼마지보리심의 수행법은 범부로써 곧바로 삼마지에 이르는 진언행자들은 역시 모순된 법집에는 머물지 말아야 할 것이다. 이와 같이 5상성신관을 하는 삼밀행은 중생과 부처가 모름지기 동체임을 말하는 것이다. 이처럼 중생과 부처가 동체가 되는 것을 표현한 것이 곧 밀교의 만다라세계이다.

만다라세계는 중생과 부처뿐만 아니라, 존재하는 것이든 존재하지 아니하는 것이든 모든 것이 이 만다라세계에 모두 귀속되는 것이다. 특히 금강계만다라의 상호출생(相互出生), 상호공양(相互供養)의 뜻을 보면, 법신불에서 중생을 교화하기 위하여 당신이 곧 화신불의 모습으로 출생하여 방편의 법을 사용하지만, 그것은 모든 수행자들로 하여금 자성 속에 본래 있는 불성을 나타내어 법신불에게로 환원하게 하기 위한 것이었다. 이것이 법신에서 화신으로, 화신에서 중생에게로, 다시 중생에서 법신으로 변화 출생하는 것이 된다. 이와 같은 경로를 격지 아니하고 오로지 화신에게로 귀의(歸依)만 한다면, 그것은 법신의 가르침이 아니다. 법신불의 가르침은 화신에게로의 귀의가 아니라, 결국은 수행자 자신에게로의 귀의인 것이다. 이것이 법신과 수행자와의 동체가 된다는 것이다. 중생이 부처에게만 향하는 것은 옳은 수행법이 아니다. 불이 중생을 향하는 것이 부처의 본분일 것이다.

중생들이 부처님에게만 향한다면, 이것은 자칫 잘못하면 기복적불교(祈福的佛敎)가 되기 쉽다. 부처님이 중생에게 향하는 것이 중생으로 하여금 자성을 밝히는 수행방법이 되는 것이다. 이러한 방법 중에 제일 좋은 수행법을 월륜관, 아자관, 5상성신관이다. 이러한 의미에서 삼마지보리심에서 아자관, 월륜관 그리고 5상성신관을 하는 방법이다.

이승법(二乘法)에서 외도법(外道法)에 떨어지지 아니하게 하는 것은 혹 일체 유정들의 마음 바탕을 말하는 것으로써 조금 법을 얻고 난 다음 앞으로 나아가지 아니하는 게으른 마음과 상을 내는 마음 때문에 더 이상의 경지를 생각하지 아니하고 자신만의 이익을 추구하는 것이 되었다. 다음은 삼마지보리심에 대하여 보다 구체적으로 설명을 할 것이다.

19) 삼마지보리심의 공덕

《논문(論文)》
卽此三摩地者는 能達諸佛自性하고 悟諸佛法身하야 證法界體性智하야 成大毗盧遮那佛의 自性身. 受用身. 變化身. 等流身이니라 爲行人未證故로 理宜修之라

《역(譯)》
곧 이 삼마지는 능히 제불의 자성에 달하고 제불의 법신을 깨쳐서 법계체성지를 증하여 대비로자나불의 자성신 수용신 변화신 등류신을 이루느니라. 이르되 행인 아직 증하지 못한 고로 이를 마땅히 닦을 것이라.

《의역(意譯)》

곧 이 삼마지보리심이라는 것은 능히 모든 부처님의 본지 법신은 중생 세계에서는 나타낼 수 없는 자성 청정성임을 요달하게 하고, 모든 부처님들의 근본불(根本佛)인 대 비로자나불의 그 위치를 분명하게 깨닫게 하여 8만4천의 응화불의 법이 모두 대 비로자나불의 진리의 작용인 법계체성지에서 나왔음을 누구나 다 깨달아야 할 것이다. 이러한 법계체성지는 종류별로 나열할 수 있는 지혜가 아니다. 대 비로자나불의 근본지인 본지법신의 지혜이다. 이것을 깨달았을 때, 비로소 삼마지보리심을 수행하는 자는 곧 법계체성지를 지닌 대 비로자나불이 중생을 위하여 방편으로 몸을 나타낸 대원경지의 자성법신(自性法身)과 평등성지의 수용법신(受用法身)과 묘관찰지의 변화법신(變化法身)과 성소작지의 등류법신(等流法身) 등의 4종지에 의한 4종 법신을 이루게 되었음을 알게 된다. 삼마지보리심을 수행하는 자는 부처님이 원하는 것과 같이 4종지와 4종법신을 이루게 될 것이다. 그러므로 이르되 지금까지 일반적인 수행을 하는 자는 본지법신(本地法身)의 그 위치를 분명하게 알지 못할 뿐 아니라, 금강계의 37존의 구성원리도 올바르게 이해 못하였던 것이다. 이와 같이 자신이 곧 법신임을 깨닫는 것은 그리 쉬운 일이 아니다.

이제 밀교에서는 지금까지 사용한 모든 교리적 어려운 방편법을 버리고, 그 쉬운 방법을 제시하는 것이다. 이 쉬운 방법의 방편법이 곧 삼밀관행의 수행법이다.

삼밀관행은 이 몸 이대로 법신불과 관행자가 하나가 되는 수행법이다. 법신불의 삼밀이 곧 수행자의 삼밀이요 수행자의 삼밀이 곧 법신불의 삼밀임을 알게 될 때, 비로소 앞에서 말한 제불의 자성에 이르고, 제불의 법신을 깨치며, 법계체성지를 증득하여 4종법신을 이루게 될 뿐 아니라, 일체중생들도 모두 법신불과 한 몸임을 깨달아 알게 될 것이다. 지금까지 많은 종류의 수행법을 부처님께서는 8만4천의 말씀을 통하여 중생들에게 제시하여 수행하게 하였다. 그러나 그 증과(證果)에 있었서는 여러 가지의 빠르고 늦은 차별이 있었던 것이다. 이제 긴 수행의 시간을 통하여 중생들의 근기가 익음을 아시고 최고의 수행법인 삼밀관행법을 설하여서 이 몸 이대로 부처를 이루는 법을 가르치시고자 하신 것이다.

진리의 눈으로 진리의 법을 보고, 진리의 행을 수행하여 삼라만상 두두물물이 모두 대 비로자나불의 본지법신임을 깨달을 때까지 삼밀관행의 수행을 게을리하지 말고 용맹정진으로써 마음을 닦을 것이니라.

《강설(講說)》

삼마지보리심에서 공덕

대 비로자나불이 중생을 위하여 몸을 나타내는 차제를 밝히는 것이다. 차제란 곧 사종법신을 말한다. 먼저 이 문장을 다섯으로 나누면,

① 제불 자성을 말하는 것
② 제불 법신을 말하는 것
③ 법계체성지를 말하는 것
④ 수행자의 증과를 말하는 것
⑤ 경전을 인용하는 것으로 되어있다.

제불의 자성이라는 것은 아자본불생(阿字本不生)의 이(理)를 말함이요. 제불법신이라는 것은 무상법신(無相法身)을 말하는 것이요. 법계체성지는 5지(五智) 가운데의 별도의 1지(一智)가 아닌 4지(四智)를 포함한 1지로써 근본불지(根本佛智)를 말하는 것이다. 대 비로자나불의 4종법신도 이와 같다. 본래 청정법신은 4종법신 중의 자성신이 아니다. 사종법신의 공능을 모두 지니고 있는 유일법신을 말한다. 그러기에 유일법신(唯一法身)의 지혜인 법계체성지도 이와 같은 것이다.

　　밀교의 법신을 논할 때, 5종법신을 논하여야 하는데 주로 4종법신만을 논하고 있다. 우리들이 흔히 말하듯이 법신불은 형상도 이름도 없이 이치(理致)로 계시는 부처님이라고 말하는 것은 중생세계는 반드시 그 형상과 이름과 작용을 중요시하고 있기 때문이다. 법신은 작용은 있지만, 형상과 이름은 본래부터 없다. 그러기에 이치로 계신다는 것이다. 이제 이와 같은 법신불이 중생 세계에 나타나는 모습만을 논할 때는 5종법신을 논하지 아니하고 4종법신만을 설하는 것이다. 이제 법신설에 대하여 경론을 살펴보면, 5종법신은 정묘법신(淨妙法身)이 대 비로자나불이요. 자성법신이 아축불이며, 수용법신이 아미타불이요, 변화법신이 석가불이며, 등류법신이 16대보살과 8공양과 4섭보살 등이다.《대일경》에 '자성법신을 대일(大日)이요, 수용신을 4불이요, 변화신을 석가요, 등류신은 16대보살과 8공양과 4섭지보살 등이라' 하였다.《보리심의》에 '정법계지(淨法界智)가 자성신이요, 4종지(四種智)의 자리묘각인(自利妙覺人)이 자수용신이며, 4지이타(四智利他)의 41지보살을 타수용신이며, 10법계 중에 위로는 불신(佛身)을 따르고 아래로는 삼도(三途)의 모든 중생들의 몸을 나투임을 변화신이라' 하였다.

　　태양부만다라 13부 구성에서도 자성신은 중대 8엽원의 주존불을 말하며, 수용신은 둘로 보아 불부(佛部), 보부(寶部), 연화부(蓮花部)의 3부 권속을 자수용신이며, 제2중(第二重)의 권속을 타수용신이다. 또는 금강부(金剛部)와 보부와 연화부와 갈마부(羯磨部)의 4신을 자수용신으로 현겁권속(現劫眷屬)이 타수용신이라 하기도 한다. 변화신(變化身)은 3중(三重) 중 석가불을 말하며, 등류신(等流身)은 13부 중 나머지 9계 권속 등과 20천을 말하고 있다. 이와 같이 그 뜻을 자세하게 살펴보면, 본지법신인 대 비로자나불의 모습이나 그 지적(智的) 작용에 대하여는 어디에서도 직접적으로 논한 바가 없다. 모두 자성신을 내세워서 간접적으로 논하고 있을 뿐이다. 그러기에 금강계만다라의 권속 중에 주존불이 되는 37존상의 구성에서도 법신 비로자나불을 주존으로 내세우고는 있으나, 그 작용인 지(智)에 있어서의 법계체성지는 논하고 있지 않다. 금강계만다라의 권속 중에 1불과 1지와 4보살과 내외2공양과 1섭보살을 하나의 불권(佛眷)으로써 9존을 탄생하여 4방에 두었다. 이것을 사방불에 각각 배치하였다. 이것을 합하면 36존상이 된다. 여기에 대 비로자나불의 1불의 명호를 거론하여 37존을 형성하여 금강계만다라가 형성되어있다. 그러나 사실은 일존을 더하여 37존이 설립되는 것이 아니라, 법계체성지의 용(用)까지를 표현하여 40존 또는 50존으로써의 세계가 형성되어야 할 것이다. 그것은 대 비로자나불이나 법계체성지는 1존(一尊)으로써의 불(佛)이 아니며, 1지(一智)로써의 지(智)가 아니기 때문이다. 대 비로자나불은 일체 모든 불(佛)의 본지법신(本智法身)이며, 법계체성지 또한 본지신의 근본지이기 때문에 모든 부처님의 지혜를 모두 포함하고 있는 것이다.

이 논에서도 대 비로자나불이라고 하는 것은 본지법신이 아닌 응화된 4종법신을 말하는 것뿐이다. 중생세계에서는 무엇이라고도 논할 수 없는 대 비로자나불의 진여체성(眞如體性)을 제외한 응화한 법신으로써의 4종법신의 공능은 제불과 동체(同體)로써의 자수법락하는 자수용신과 제불본원(本願)으로써의 모든 보살의 몸을 시현하는 타수용신과 제불의 대비(大悲)로써 모든 범부를 위하여 시현하는 변화신과 제불대비(大悲)로써 모든 잡류(雜流)에 응하는 등류신은 모두가 대 비로자나불의 중생을 위한 나타나신 몸들인 것이다. 그 작용의 중심이 곧 법계체성지가 된다. 이것이 중생계에 나타나면 법신은 이(理)요 자성신은 사(事)며, 수용신은 이(理)와 지(智)의 둘을 갖춤이라. 이때의 자성에는 제불이라는 관명사가 붙는다. 이것에 법신의 3덕(三德)이 있다. 제불자성은 반야묘지(般若妙智)요. 제불법신은 성덕묘경(性德妙境)이며, 경지(境地)와 지혜가 주변법계에 서로 비췄을 때에 비로소 대 비로자나불의 해탈의 이덕(理德)이 되는 것이다.

이제 삼마지보리심을 결론지으면서 제불자성과 제불법신과 법계체성지를 차별하여 논하는 것은 자성은 지문(智門)이요 법신은 이문(理門)이며, 법계체성지는 이지(理智)를 원만하게 갖춘 5지를 밝히는 것이다.

논에 '제불의 자성에 이른다'는 표현은 본래 성품을 깨닫는다는 뜻이다. 삼종성불 중에 이구성불(理具成佛)을 말하며, 태장부의 이법신(理法身)의 덕을 말함이요, '제불의 법신을 깨닫는다' 한 것은 중생으로써 수행하여 가지성불(加持成佛)과 현득성불(顯得成佛)을 얻는 것을 뜻하며, 금강계의 지법신(智法身)의 덕을 말하는 것이다. '법계체성지를 증한다' 하는 것은 이법신(理法身)과 지법신(智法身)의 덕을 동시에 통달함을 말하는 것이다.

'대 비로자나불의 자성신, 수용신, 변화신, 등류신을 이룬다' 하는 것은 가지존특(加持尊特)의 신을 말하는 것으로 양부만다라에 모든 권속의 덕을 이룬다는 뜻이다. 이와 같이 권속이든 본지법신이든 그 공능을 알려면, 어떤 방법의 수행이 있어야 한다. 그것이 곧 삼밀관행이다. 지금까지 여러 종류의 수행법을 말하였다. 그 공덕에 있었어 빠르고 더딤이 있다 하였다. 그것은 중생의 근기 차별에 의하여 나타난 결과이다. 이제 중생의 근기가 높음을 보고 최후로 이 몸 이대로 즉신성불하는 수행법을 말하는 것이다. 이것이 곧 법신 비로자나불이 중생들에게 직접법을 전하는 것이다.

범부에서 곧바로 불위에 들어간다는 것이 곧 밀교의 가르침이요. 그 수행법 중 하나가 삼밀관행법이다. 삼밀관행을 수행면으로 보면 고요한 곳에 길상좌(吉相坐)의 반가부좌를 하고 앉아 손으로 금강지권을 결하고 입으로 육자진언을 염송하면서 뜻으로는 법신불과 수행자가 하나임을 관하는 것이다. 또 삼밀관행을 일상생활로 보면, 법신 비로자나불과 몸이 같고 행동을 같고 말이 같고 생각을 같이하는 것이다. 회당 대종사의 《실행론》에 "불이 설한 진실한 일 실행함이 신밀이요, 불이 설한 진실한 말 말씀함이 구밀이요, 불이 설한 진실한 맘 가지는 것 의밀이라" 하였다.

몸이 같다는 것은 구성과 행동이 같다는 것으로써 법신 비로자나불의 본체는 육대원리(六大原理)의 하나로써 이(理)로 구성되었다. 그러므로 그 형상을 구체적으로 나타낼 수는 없지만, 사바에 나타난 만물이 모두 법신불의 체가 되는 것이다. 까닭에 중생들도 또한 나타난 육체의 본성이 육대의 원리에 의한 것이다.

　그 행동이 같다는 것은 자연 현상들의 성장하는 모습이나 변천하는 동작들이 각각 다르게 있다. 그러나 중생들의 몸 가운데 일어나는 안이비설신(眼耳鼻舌身)이 작용하고 변천하는 것도 또한 자연에 섭리에 의하여 작용하고 변천하기 때문에 법신의 행동과 같다는 것이다. 다시 말하면, 법신불의 당체(當體)가 곧 자연이며, 그 자연 속에 살고 있는 중생들도 또한 자연이기 때문에 그 행동이 같은 것이다. 법신불이 곧 나요 내가 곧 법신불인 것이다.

　다음 구밀(口密)에서 말이 같다는 것은 자연의 소리가 곧 중생들의 소리이다. 지구상에 일어나는 가장 큰소리는 지구가 돌아가는 소리일 것이요, 가장 작은 소리는 세포가 자라나는 소리일 것이다. 이러한 모든 소리는 중생들의 입으로 나타낼 수 있다. 태초의 옴(AUM)으로부터 시작하여 훔(HUM)으로 끝이 나는 파장의 울림이 곧 부처님의 진언이다. 부처님의 크나큰 미소까지도 그 파장의 음이 같은 것이다. 다만 중생들이 듣기도 하고 듣지 못하기도 하는 것은 마음의 눈을 뜨지 못하였기 때문이다. 그러나 이 모든 것은 법신불이 듣던 중생들이 듣던 그 소리의 파장은 같은 것이다.

　다음 의밀(意密)은 법신불과 생각이 같다는 것은 앞에서 말한 행동이나 언어가 모두 부처님의 진리 세계에 들어가면 모두 한 생각에서 나오는 것임을 알 수 있을 것이다. 그것은 모두 진리에 의한 것이라 때문에 진리속에 들어가면 모든 작용이 같아진다.

이러한 원리를 알기 위하여 수많은 생을 나고 죽고 하면서 길을 바로 찾지 못하고 헤매다가 오늘에 이른 것이다. 이제 금강지권(金剛智券)과 육자진언(六字眞言)과 법신 비로자나불의 당체법문(當體法門)을 만났다. 이것이 어찌 다행한 일이 아니겠는가!? 곧 법신과 내가 하나이며, 화신이 곧 나의 전생의 몸이요, 보신이 곧 나의 다음 생의 몸이라.

이것을 보다 구체적으로 표현한 것이 법신 비로자나불을 중심으로 하여 중생을 교화하는 민다라세계의 형성이다. 이 만다라세계에서 당신이 몸을 나타내는 것이다. 그것이 곧 밀교에서는 말하는 자성신 수용신 변화신 등류신의 4종법신이요, 현교에서는 법신(法身) 보신(報身) 화신(化身)의 3신인 것이다. 밀교의 4종법신은 대 비로자나불의 근본지인 법계체성지에서 나타내는 작용의 소산물인 것이다. 이 법계체성지가 자성신인 아축불에 나타날 때는 대원경지가 되고, 수용신에 나타날 때는 평등성지가 되고, 변화신에 나타날 때는 묘관찰지가 되고, 등류신에 나타날 때는 성소작지가 된다.

이와 같이 4종의 법신에 나타난 4종의 지혜는 모두 법신 비로자나불의 방편의 지혜이다. 밀교의 삼륜신(三輪身)도 또한 이와 같다. 본래의 법신인 법계체성지는 수용법신인 자성신의 대원경지에서 유출하여 자성륜신이 되었고, 변화신의 경지인 평등성지에서 유출하여 정법륜신이 되었다. 등류신인 성소작지에서 유출하여 교령륜신이 되었다. 이 삼륜신의 작용을 통하여 수행자는 다시 일상생활 중에서 법신을 알게 하고 또한 법신이 되게 하며 또한 법신으로 살게 하고 또한 법신으로 중생을 교화하게 하는 것이다. 만일 이러한 진리의 세계를 모르면, 이것을 증득하게 하기 위하여 진리의 수행법이면서 중생들의 수행법인 삼밀관행을 닦아야 할 것이다. 법신불의 법을 믿었으면 모든 의심을 버리고 오로지 법신과 중생이 하나가 되는 즉신성불의 바른길은 알게 하는 삼밀관행을 부지런히 닦아야 할 것이니라. 그것은 법신이 곧 중생이요 중생이 곧 법신이기 때문이다.

밀교에서 중생들의 마음의 근기를 십주심(十住心)으로 나누고 있다. 이것 역시 삼밀관행을 하게 되면 나눌 필요가 없는 것이다. 다만 중생 개개인이 불과(佛果)를 증득하는 것은 상당히 어렵게 생각하고 있기 때문에 마음의 근기를 설하여 차츰차츰 나아가게 하기 위한 방편일 뿐이다. 현교의 수행법에서도 52위의 차제 수행법이 있다. 41위인 초지(初地)에서부터 10지(十地) 그리고 등각(等覺)과 묘각(妙覺)의 위를 설정하여 단계별 수행을 하게 하는 것도 모두 중생들의 변하기 쉬운 신신을 그때 그때마다 다시 세워가게 하기 위한 하나의 방편법일 뿐이다. 실지로는 범부가 곧 법신이요. 법신이 곧 범부인 것이다. 이것을 알지 못하는 것이 근본된 허물이라, 이를 부처님께서는 무명(無明)이라 이름하였다. 중생들은 이 무명에서부터 시작하여 아집에 집착과 법집에 집착하여 육도(六道)를 윤회하는 인과의 수레바퀴에 떨어져서 무한 고통을 받고 있는 것이다. 거듭 태어나고 죽고 하는 무한한 공간 속에서 윤회의 탈을 쓰고 헤어나지 못하는 중생들에게 이제 법신 비로자나불이 이 무명을 벗어나게 하는 수행법을 말하였다. 누구든지 이 수행을 하면, 범부이든 성문이든 연각이든 10지보살이든 상관없이 그 자리에서 곧바로 법신(法身)의 불위(佛位)에 들어가게 되는 것이다.

삼밀관행은 시간을 정하지 아니하고 무한의 삼밀행을 하여야 하는 것이지만, 현실 생활을 하는 재가인들에게는 방편상 시간을 정하여 하게 하였다. 시간을 정하지 아니하고 할 때는 언제든지 법신 비로자나불과 만날 수가 있지만, 시간을 정하여 하는 삼밀관행에 있어서는 그러하지 못하다. 예를 들면, 만일 시간을 정하기를 한 시간을 남과 말을 하지 아니하고 심밀관행을 한다면 법신불과의 하나가 되는 그 차제는 20분에서 30분이 경과하여야 한다. 20분내지 30분간의 염송은 수행자의 마음을 비우고 또한 모으는 시간일 뿐이다. 수행자가 먼저 번뇌를 비우고 적정(寂靜)을 모아야 비로소 법신불의 당체의 몸을 볼 수 있는 법안(法眼)이나 불안(佛眼)이 열리는 것이다. 마음의 번뇌만을 생각하다가 한 시간을 마치면, 부처님의 모습은 보지 못하고 다만 부처님법과의 인연만을 짓고 가는 결과가 될 것이다. 그러기에 제일 먼저 금강지권을 결하고 진언을 염송하기 전에 몸 안에 맺혀있는 악기운(惡氣運)를 제하기 위하여 크게 심호흡을 세 번 이상하게 하는 원리가 바로 이것이다. 먼저 악기를 제거하고 나면 번뇌를 없애는 힘이 강하게 일어난다. 그것은 부처님이라는 힘의 에너지가 강하게 작용을 하기 때문이다. 믿음이 강한 것도 또한 부처의 에너지가 강하게 되는 역할을 하는 것이 된다. 우리는 처음으로 삼밀관행을 하는 자는 이러한 이치를 알지 못하였기에 특별한 부처님의 가르침을 맛보지 못한 체 한 시간을 보낼 수가 있다. 이것은 자기 염송만 하다가 그만두는 결과이다. 부처님과의 당체법문의 대화를 하려면, 빨리 중생 자신의 집착에서 벗어나서 내가 곧 법신이라는 생각의 위치에까지 도달하여야 한다. 이것을 어렵게 생각하면 아니 된다. 선종의 선지식들도 '한 생각 바꿔보면 그것이 부처님의 세상이라' 하였다. 또한 염불법문에서 수행하는 선지식들로 '한 생각 바꾸면 이곳이 곧 극락국토라네.' 하였다. 삼밀행자도 중생의 한 생각을 돌이키면, 그곳이 곧 법신의 세계며 법신의 삶이며 법신의 경지에서 자수법락을 누릴 것이다.

20) 실지는 무엇인가

《논문(論文)》

故로 大毗盧遮那經云호되 悉地는 從心生이라하면 如金剛頂瑜伽經說호되 一切義成就菩薩이 初坐金剛座하야 取證無上道하고 遂蒙諸佛授此心地하야 然에 能證果이니라

《역(譯)》

그러므로《대비로자나경》에 이르되, "실지는 마음에서 나느니라." 하였으며,《금강정유가경》에 설함과 같이 "일체의성취보살 처음으로 금강좌에 앉아서 무상도를 취증하고, 드디어 모든 부처의 이 심지를 주심을 힘입고, 그리하여 능히 과를 증하느니라."

《의역(意譯)》

그러므로《대일경》에 '성불의 근원이 되는 본성의 자리인 실지는 모두 중생세계의 번뇌가 사라진 청정한 마음에서 생하게 되는 것이다.' 하였으며, 또《금강정유가경》에서도 이와 같은 말씀을 하셨다. 구밀(口密)의 고행인 설산의 6년 고행과 신밀(身密)이 성취한 정각산의 6년 고행을 끝내고 이제 사바의 모든 것을 훌훌 털어 버리고 니련선하를 건너 필발라수 숲에서 법신의 원만한 법을 증득하기 위하여 역대 제불이 성불한 자리인 금강보좌(金剛寶座)에 앉아서 부처님의 심지법(心地法)을 가지 받아 그리하여 능히 원하는 바 즉신성불의 의가 원만한 무상도를 깨닫고 드디어 중생을 교화할 수 있는 증과를 성취하게 되었음이니라.

《강실(講說)》

실지(悉地)는 무엇인가

밀교의 양대 소의경전인《대일경》과《금강정경》을 인용하여 그 깨달음의 원천인 마음의 근거에 대하여 보다 상세하게 논하는 구절이다.

이것을《대일경》에서는 '실지(悉地)'라 하고《금강정경》에서는 '심지(心地)'라 하였다. 먼저《대일경》의 내용을 말하고, 다음《금강정경》의 내용을 말한다.《대일경》〈실지출현품〉에 '이 인(因)은 인(因)마저 오직 공(空)인데 어찌 과(果)가 있겠는가? 마땅히 알아야 할 진언(眞言)의 과(果)는 모두 인업(因業)을 떠나 있다. 또한 몸으로 무상(無相)의 삼마지를 증득하여 느낄 때도 진언 수행자는 당연히 실지는 마음에서 생한다는 것을 알고 있다.〈當知 眞言果 悉離於因業 乃至身證觸無相三摩地 眞言者 當得悉地從

心生〉' 하였다.

진언을 염송하여 그 효험으로 나타나는 것이 실지이다. 이러한 실지는 곧 우리들의 본심에서 일어나는 것이요. 다른 곳에서 일어나는 것이 아니다. 이것이 《대일경》에서 말하는 정등각구(正等覺句)이다. 경에 '마땅히 알라. 진언행자는 모든 것이 공 함을 알아서 일체의 나타나는 모든 것은 다만 방편으로써 스스로 그 마음을 맑게 하는 법의 당체일 뿐이다. 만약 삼업이 청정하면, 청정한 가운데 당연히 스스로 명료함을 얻어서 그리하여 자신이 곧 부처임을 스스로 깨닫게 되느니라.' 하였다. 정등각구에 대하여 실지를 현교와 밀교로 나누어보면 다음과 같다.

현교적 실지와 밀교적 실지

현교에서는 정각을 완성하는 단계로써 신실지(信悉地), 입지실지(入地悉地), 오통실지(五通悉地), 이승실지(二乘悉地), 성불실지(成佛悉地) 등 다섯 계위의 실지를 말하고 있다.

신실지는 지전(地前)보살들이 닦아 얻은 신행(信行)의 경지를 말하는 것이요. 입지실지는 십지위(十地位) 중에 초지인 환희지에 들어가는 경지를 말함이요. 5통실지는 5신통의 경계를 분명히 알고 5통선인(五通仙人)의 자리를 넘어서 제4지인 염혜지에 들어가는 경지를 말함이요. 이승실지는 성문과 연각의 위를 지나 제8지인 부동지(不動地)에 오르는 것을 말함이요. 성불실지는 제9지와 제10지인 보살도를 닦아 등각(等覺)과 묘각(妙覺)의 여래위에 이르는 것을 말한다.

밀교에서는 진언 등을 염송함으로써 성취하는 묘과인 무상실지(無

上悉地)를 말한다. 무상실지를 크게 두 가지가 있다. 첫째, 시각인위(始覺因位)의 실지를 지명실지(持明悉地)라 하고, 둘째, 본각과만(本覺果滿)의 실지를 법불실지(法佛悉地)라 한다.

첫째, 지명실지는 진언을 수지하여 얻는 신통을 말하는 것이다. 이에 여덟 가지가 있다. 일은 염송의 힘에 의하여 들어가는 삼마지인(三摩地因)이요. 이는 중생과 부처가 모두 부처의 몸임을 아는 자타불신(自他佛身)이요. 삼은 하근기 중생들은 감히 닦지 못한다는 법신당체(法身當體)의 법을 관하는 관미증수(觀未證修)요. 사는 태장부만다라와 금강계만다라의 관한 모든 경전의 뜻을 통달하는 양부경증(兩部經證)이요. 오는 과거나 미래를 위하는 것이 아닌 현생의 일체중생을 요익하게 하는 법을 깨닫는다는 금인현익(今人現益)이요. 육은 이승 등의 법이나 보살승의 법을 구하지 아니하고 오로지 법신불의 경지만을 얻기 위하여 보리만을 관하는 단관보리(但觀菩提)요. 칠은 어느 곳에 태어나더라도 항상 법신의 본심으로 돌아가게 됨을 아는 출현귀본(出現歸本)이요. 팔은 승의 행원 삼마지의 보리심에 통달한다는 삼종보리(三種菩提)이다.

둘째, 법불실지는 법신불의 경지를 말하는 것이다. 법불실지는 진언이나 인계에 따라 다르다 이에 세 가지가 있다. 태장계만다라의 중심인 《대일경》 여실지(如悉地)와 금강계만다라의 중심이 되는 《금강정경》의 법불실지와 이 두 가지가 불이임을 말하는

《소실지경(蘇悉地經)》의 중심내용인 소실지(蘇悉地)이다. 이 가운데 소실지(蘇悉地)가 법신불의 비법실지(秘法悉地)로써 최상의 실지가 된다.

일상생활이 곧 실지이다

실지는 중생들의 성품만을 말하는 것이 아니다. 우리가 사는 국토에도 상품(上品), 중품(中品), 하품(下品)의 삼품실지가 있다. 상품실지는 밀엄정토에 안주하는 것을 말함이요. 중품실지는 시방정토에 안주하는 것을 말함이요. 하품실지는 제천수라궁(帝天修羅宮)에 안주하는 것을 말한다.

뜻으로는 실지는 거짓이 아니라는 것이다. 진실한 것은 중생의 위치에서 보면 신통스럽게 보일 수도 있다. 부처님의 위치에서 보면 신통이 아니다. 다만 중생의 입장에서 보면 불보살의 신구의의 모든 행위가 모두 신통으로 보일 뿐이다. 이것을《대일경》에 '마땅히 알라. 진언행자는 다만 방편으로써 스스로 그 마음을 맑다고 하는 것이다. 만약 삼업이 청정하면 이 가운데서는 스스로가 명료함을 얻게 되나니라' 하였다. 이러한 자체가 곧 깨달음의 경지가 된다.

비유하면, 어떤 사람이 꿈 가운데 가지가지의 6바라밀을 수행하여 불국토를 청정하게 장엄하였다가 꿈을 깨고 난즉 이루어진 과(果)의 모양이 없음이라. 다만 이것은 한 생각의 꿈으로써 마음 가운데 인과만행(因果萬行)이 있었을 뿐이니라.

또 비유하면, 어두운 방에 보배가 감춰져 있는데 방편의 불을 켜 등을 밝히면 모름지기 이 인연으로 보배가 서로서로 빛을 발하여 움직임에 따라 그 빛이 다르게 나타나기도 하고 멸하기도 하지만 이와 같은 것은 어디에서 얻어진 것은 아니다. 본래부터 허공은 공하나 밝은 빛으로 말미암아 임운자재(任運自在)하여 보배에 찬란한 빛이 나타났을 뿐이다. 이 밝은 인연으로 말미암아 보배 속에 감춰진 빛을 볼 수가 있다. 이 보배의 본래 빛은 등불이라는 방편에 의하여 생긴 것이 아니다. 본래 갖추고 있는 빛일 뿐이다. 다만 방편의 빛으로 말미암아 우리들의 눈을 현란하게 하는 것이다.

진언을 수행하는 것도 이와 같다. 본래 모든 혹업을 제하고 나면 당체로 된 법계는 생하거나 멸하거나 더러웁거나 깨끗한 것이 없을 뿐 아니라, 모든 분별을 여의고 나면 이 진언의 체가 곧 이 법계의 체임을 알게 된다. 만약 진언의 본체를 요달하면, 곧 법계와 같아지며 저 태허공과 같아지며 자연히 능히 무상삼매를 얻어서 이 무상삼매로 말미암아 실지가 현전하며 마땅히 법신불과 같은 신해를 생하게 된다. 이러한 실지를 얻기 위하여 중생들은 근기따라 때로는 억겁의 수행을 하기도 하고 때로는 일시적인 수행만으로도 깨달음을 얻는 즉신성불의 과(果)를 얻기도 하는 것이다. 이러한 과를 얻기 위하여 그에 따른 수행이 필요하다.

밀교의 수행법으로는 아자관과 월륜관과 오상성신관 등이 있는 것이다. 이러한 관법은 모두 하나이나 수행자 각각의 근기에 따라 마음에 의지하여 각각의 법을 증득하게 되는 것이다. 그러나 깨달음의 법은 옛날이나 지금이나 또한 미래라도 같은 법신일불(法身一佛)의 법일 뿐이다.

금강정경에서의 실지(心地＝悉地)

《금강정경》에 석가모니불을 일체의성취보살(一切意成就菩薩)로 보고 있다. 일체의성취보살은 범어로 살파실달다(薩婆悉達陀)며, 또한 살파실지보살(薩婆悉地菩薩)이라고 한다. 이 보살은 설산 6년 고행과 정각산의 6년 고행후 니련선하를 건너 필발라수 아래에 이르러 성불 직전의 수행자를 말하는 것이다. 즉 수행하여 불과를 얻기 전에 공관(空觀)에 머물면서 불과만족(佛果滿足)을 생각하는 순간 마왕(魔王)를 항복시키고 진심(眞心)의 본성을 알게 되기 직전을 뜻한다. 《대일경》에서는 여실지자심(如實知自心)의 경지에 오르기 이전의 모습을 말한다. 5상성신관(五相成身觀)이 이때 비로소 원만하게 이루어진다. 《금강정경》에 일체의성취보살이 5상성신관을 하여 그 과를 이루는 장면을 보면, '일체의성취보살이 아스파나가 삼마지에 들어서 심연생구(十緣生句)를 관하여 공(空)의 실재를 증득하고 차제로 모든 부처님의 가지력에 힘입어 경각(驚覺)하여 보현행을 닦아서 정각을 성취하여 곧 5상성불을 이루게 된다' 하였다. 석가모니불을 보살로 불리 울 때 여러 가지 다른 이름이 있다. 이것은 모두 수행의 차제에 따른 것이다. 사바세계에 싯다르타로 탄생하여 출가한 이후 많은 고행을 하였다. 이 고행을 세 단계로 나누면, 설산고행(雪山苦行)과 정각산고행(正覺山苦行)과 니련선하 강가의 고행이다.

① 많은 선지식을 찾는 설산의 6년 고행은 부처님의 설법을 듣는 기간으로써 언어 즉 소리의 법(法)이 성취되는 단계이다. 이때를 어성취(語成就)보살이라 하는 것이요.
② 정각산의 6년 고행은 자신의 몸을 조복 받는 인고(忍苦)의 고행으

로 자유 자재하는 몸이 성취되는 단계이다. 이때를 신성취(身成就)보살이라 하는 것이요.

③ 자신을 보호하던 다섯 비구마저 떠나가고 니련선하를 건너 필발라수 아래 홀로 앉아 마음으로부터 일어나는 번뇌를 항복시켜 영원히 일체 형상법에 집착하지 아니하는 경지를 얻고자 고행하는 이때를 의성취보살이라 하는 것이다. 이로써 법신의 모든 법을 성취하게 된다.

실지로 《금강정경》에서는 신성취(身成就)보살이니 어성취(語成就)보살이니 하는 등의 표현은 없다. 다만 일체의성취보살 만을 말하고 있다. 그러나 이 일체의성취보살 속에는 신성취와 어성취가 숨어 있음을 알아야 할 것이나. 이것이 일체의성취보살이 되는 것이다. 이 뜻은 곧 삼밀이 성취되는 유가상응(瑜伽相應)의 정각을 이루어서 금강수보살이 되었다는 뜻도 된다.

이와 같이 석가모니불은 과거생에 보살로 있으면서 삼세 백겁을 지나도록 수행하여 현생에 비로소 모든 수행을 마치고 증과를 나타내 보이면서 지금까지의 모든 수행의 모습을 화현으로 보여주신 것이다. 이것이 세 종류의 고행모습이다.

일체의성취보살이 멸진정(滅盡定)의 경지에서 루진통(漏盡通)을 얻은 경지가 곧 실지이다. 이러한 실지는 모두 청정한 마음에서 생한 것이라고 《대일경》에서 이미 말하였다. 일체의성취보살이 곧 금강보좌에 앉아 멸진정에 들어서 법에 집착하는 마음을 여의고 법신불의 실지를 얻었으나, 아직 자심의 본성을 완전하게 보지 못했음이라. 다시 제불의 심지(心地)를 수기(受記)함을 입어서 비로소 불과(佛果)를 증하게 되는 것이다. 인가관정(認可灌頂)의 수기가 이처럼 중요한 역할을 하고 있다. 필발라수 아래에서 모든 마왕을 항복시킨다는 것은 곧 마음으로부터 인가관정의 의식을 진행하는 과정이다. 이 과정을 통과하여야 비로소 영원히 마음의 집착을 제어하는 힘이 생겨나게 된다. 이때부터 비록 중생세계인 인지(因地)에 머물면서 과위(果位)에 나아가도 심지(心地)로써 중생을 제도하는 것이 된다. 이것을 밀교에서는 부처가 아닌 신구의(身口意) 삼밀이 성취된 일체의성취보살로써 법신 현증법(顯證法)을 펴는 화도의 자리가 되는 것이다. 그리고 진정한 부처는 육신을 버리는 열반에 의하여 비로소 성취되는 것이다.

신(身)만이 성취되거나 어(語)만이 성취되거나 의(意)만이 성취되어서는 법신의 현증법(顯證法)을 알지를 못하는 것이다. 법을 성취하는 데는 일정한 장소가 있다. 물론 그 중심은 본성이다. 여기서 금강보좌(金剛寶座)에 관하여 알아보자. 각 경론에 여러 가지로 해석한다. 〈구사송〉에 '오직 이 주(洲)중에 금강(金剛)의 자리가 있어 위로는 땅에 다하고 아래로는 금륜(金輪)에 의지함이라. 일체보살들이 장차 정각에 오르려면, 모두 이 좌상에 앉아서 금강유정(金剛瑜定)을 들어가야 하느니라.' 하였다. 또 〈서역기〉에 '마갈타국 필발라수 아래 금강보좌가 있다. 과거 모든 부처님들이 이 자리에서 모두 정각을 이루었느니라.' 하였다. 이와 같이 성불의 경지에 들어가는 관문이 곧 금강보좌이다. 금강보좌는 꼭 물건만을 가지고 논하는 것은 아니다. 시간도 중생도 모두 금강보좌가 될 수 있다.

방거사 가족의 금강보좌

금강보좌를 보면, 방(龐)거사는 원래는 대부호(大富豪)였다. 청원(靑原)의 문하에서 불법을 배우다가 깨달은 바가 있어 자신의 전 재산을 배에 싣고 동정호(洞庭湖) 속에 모두 던져버리고 돗자리 장사를 하면서 그날그날 생계를 유지하였다. 만년에 호북 양주 땅에서 토굴을 집 삼아 공부할 때의 일이다. 어느 날 토굴에서 수행하다가 늘 시봉으로 따라다니는 딸 영조(靈照)에게 부탁하기를, '저 창밖에 서서 해를 잘 지켜보다가 해그림자가 정오에 이르면 나에게 알려다오' 하였다. 방 거사는 다시 토굴에 들어가 좌선삼매에 들었다. 아버지의 뜻을 알아차린 딸 영조는 해 그림자가 정오에 이르렀을 때 아버지를 향하여 말하기를 '아버지 잠시 나와 보세요. 정오가 되었는데 오늘은 일식을 하는군요.' 하였다. 이 말을 들은 방 거사가 밖으로 나온 사이 딸은 재빨리 토굴로 들어가 지금까지 방 거사가 수행하던 반석 위에 앉아서 멸진정의 묵정(黙定)에 들어 깨달음을 얻고 그 자리에서 법신의 세계로 환원하여 갔다. 밖에 나온 방 거사는 아무런 일도 없음을 확인하고 토굴 속으로 들어갔다. 자신보다도 먼저 딸이 득도하였다. 이것을 보고 속았다는 것을 알았으나 이미 때는 늦었던 것이다. 거사는 딸의 다비를 마치고 일주일이 되었을 때 고을 태수 우적이 찾아왔다. 방 거사는 태수의 무릎을 슬그머니 비고 그의 얼굴을 응시하다가 벌떡 일어나 '허공 꽃의 그림자는 떨어지고 아지랑이의 파도는 물결 치도다' 하고는 영구히 침묵하고 입적(入寂)을 하였다. 태수는 이 소식을 황무지를 개간하고 있는 방 거사의 아들에게 전하였다. 소식을 전해들은 아들은 '아 그렇습니까? 먼저 가셨군요' 담담히 남의 일처럼 말하고는 괭이를 짚고 그 자리에 서서 입망(入亡) 하였다. 태수는 어이가 없어서 방 거사 부인에게 다시 알렸다. 소식을 들은 부인은 '못난 자식 같으니 못나도 분수가 있어야지 어찌 이렇게 여러 사람을 괴롭히는가!' 하고는 태연하게 이들이 입망한 곳에 가서 시신을 거두어 화장하고는 인연 있는 모든 사람에게 하직인사를 고하고는 뒤 산으로 올라가 종적을 감추고 말았다. 후세 사람들은 방 노파가 어느 큰 바위 앞에 이르니, 바위가 갈라지자 방 노파는 그 속으로 사라지고 바위는 원래대로 아물었다고 한다. 이것이 무봉탑(無縫塔)이다. 토굴의 반석이나 태수의 무릎이나 들밭이나 무봉탑(無縫塔) 등이 곧 성불의 금강보좌가 된다.

성불의 장소가 금강보좌라면 성불의 시간에도 금강보좌가 있다. 싯다르타가 태양의 시작을 알리는 마지막 샛별을 본 것이나, 방 거사의 태양의 빛이 한낮에 이르는 가장 밝은 것 등이 이것이다. 샛별이 마지막 빛을 발하는 시간은 마지막으로 가장 어두운 시간일 것이다. 가장 어두운 것은 밝음의 시작이기 때문이다. 성불이라는 것도 중생세계의 가장 어두운 세계에서 가장 밝은 세계로 나아 가는 하나의 관문인 것이다.

일체의성취보살은 이와 같이 성불하기 전 시간과 금강보좌인 공간과 신구의가 상응하는 인간 등 삼간(三間)이 가장 원만히 성취한 보살을 가리키는 말이다. 실지와 심지의 경지는 모두 공관(空觀)을 철저히 깨달아야 한다는 것이다. 공관에 대하여 일체의성취보살만이 깨달은 것이 아니라, 방 거사도 태수에게 읊어준 게송에서 허공 꽃과 아지랑이 등은 《대일경》의 십연생구도 모두 공(空)의 비유 중 하나이다. 즉 꼭두각시, 아지랑이, 꿈, 그림자, 건달바성, 메아리, 물에 비친 달 그림자, 물거품, 허공 꽃, 불 바퀴 등은 모두 인연에 의하여 생긴 것이다. 이것을 관하는 것이 공관(空觀)이다. 이 인연에 의하여 생겨난 공관을 증득한 다음 만 가지 법은 모두 마음에서 전개되었다고 관하는 심관(心觀)의 수행을 할 수 있다. 이 관을 통과하면 다시 마음과 제법이 하나도 아니오, 둘도 아니며 같지도 않고 다르지도 않아서 범부의 정(情)을 여의어 불가사의하다고 관하는 불사의관(不思議觀)에 들어갈 수가 있다. 이 세 가지가 성취되면 진정한 법신불과 하나가 되는 경지인 즉신성불을 이룬다. 이것이 모두 삼밀작용이다.

6년 고행에 관하여

부처님의 6년 고행을 역사적 사실로만 논할 수 없다. 인도(印度)는 역사의 기록이 없는 나라이다. 다만 법신불이 중생을 교화하기 위하여 이 땅에 오신 진의(眞意)를 알아야 할 것이다. 모든 것이 중생들에게 보여주고자 하는 하나의 방편임에는 틀림없다. 우리들은 그 방편의 내용을 확실하게 알아야 한다. 화신 석가모니불을 역사적인 사실만으로 이해하려고 하면 법신불의 본의를 잃어버릴 수가 있다. 정반왕의 40세가 넘어서 싯다르타가 태어난다. 그리고 29세에 출가를 한다면 이때 정반왕의 나이는 70을 바라보게 된다. 고령인 아버지를 두고 출가한다는 것은 그리 쉬운 일이 아니다. 그러므로 29세 출가가 아니라 19세 출가일 것이다. 당시에는 일찍 결혼을 하는 시절이라 싯다르타도 일찍 가정을 이루어 라후라를 얻었을 것이다. 갓 태어난 라후라가 어머님 품에 안겨 있는 모습을 보고 출가한다는 장면이 나온다. 그리고 성불한 이후 라후라가 출가를 하였을 때 하루 한끼만 먹던 공양을 아침에 죽을 먹도록 권유하여 율

법이 제정 된 것도 어린 라후라의 성장을 생각하였던 것이다. 이러한 모든 정황들을 살펴보면, 19세 출가 12년 고행 31세 성도 49년 설법이 교화의 법으로 보는 것이 타당할 것이다. 《화엄경》이 모든 경전의 시나리오가 된다는 것도 역사적인 사실로 이해되는 것이 아니다. 깨달음의 경지에서 보아야 할 것이다. 역사를 연구하는 입장에서 다시 한 번 생각을 하여야 할 것이다.

제 16 강
수행증과

21) 마음을 결정하여야 정진 공덕이 쉽게 일어난다

《논문(論文)》

凡今之人은 若心決定하야 如敎修行하면 不起于座에 三摩地가 現前하고 應於是成就本尊之身이니라 故로 大毗盧遮那經供養次第 法에 云호되 若無勢力廣益인댄 住法하야 但觀菩提心하라 佛이 說 此中具萬行하야 滿足淨白純淨法也니라하시니

《역(譯)》

무릇 이제 사람은 만약 마음을 결정하여 가르침과 같이 닦아 행하면, 앉아 일어나기 전에 삼마지 현전하고, 이에서 본존의 몸을 성취하느니라. 그러므로 《대비로자나경 공양차제법》에 이르되,
"만약 세력으로 널리 증익 할 수 없거든
법에 주 하여 다만 보리심만 관하라
불이 이 가운데 만행을 갖추고
정백하고 순정한 법을 만족한다"
고 설하시었느니라.

《의역(意譯)》

　　진언을 수행하는 자는 먼저 보리심을 발하고 대자비심을 근본으로 하여 분심(忿心)을 일으켜 성불하고자 마음으로 결정하여 정진하되 삼밀관행으로 법신불의 법과 같이 수행하면, 수행하는 그 순간 삼마지보리심이 성취되고 곧 중생 본래의 몸은 곧 법신의 몸을 이루게 되느니라. 그러므로《대일경》제7〈공양차제법품〉에 '만약 세간의 어떠한 힘으로도 중생 살림살이를 이익하게 할 수 없거든, 오로지 법신불의 진실법에 주하여 삼밀관행으로 보리심만 관하라. 그러면 법신 비로자나불이 이 가운데 법신불의 화현이신 문수보살의 지혜행을 바탕으로, 보현보살의 행원행을 보이셨다. 수행자로 하여금 법신불의 가지력을 입게 하여 가장 깨끗한 법신불의 청정성과 근본심인 공능성의 진실한 법을 중생들의 원에 따라 모두 만족하게 하시느니라' 하였다.

《강설(講說)》

마음을 결정하여아 정진 공덕이 쉽게 일어난다

　　삼마지보리심에 대한 수행자가 얻어지는 경지를 밝혀 법신불로부터 인증(認證)을 받는 부분이다. 지금까지는 대승경전을 나열하여 인증하였다. 여기서는 현교에서는 논하지 아니하는 삼마지보리심의 경지를 수행자의 마음에 비유하면서 인증하고자 하는 것이다.

　　마음을 결정한다는 뜻은 진언을 수행자는 불성근본(佛性根本)의 보리심, 중생업의 자비심, 인과를 알지 못한 분노심(忿怒心), 불퇴전의 용맹심, 구경진실(究竟眞實)의 방편심을 알아 법신 비로자나불로부터 해탈, 열반, 성불의 삼종공덕을 얻는 가르침을 따르게 하는 제일 좋은 수행법인 삼밀관행을 닦게 하는 근본 되는 마음을 말한다.

부처님의 가르침은 언어 문자로 된 교설〈敎〉과 그 내용인 이치〈理〉와 이치에 따른 실천수행〈行〉과 수행에 의하여 얻어지는 증과〈證〉 등 넷으로 구분한다. 이 가운데 실천수행에는 많은 수행방법이 있다. 이러한 방법 등은 모두 중생근기에 따라 다르다. 그중에 제일 무난하여 누구나 수행할 수 있는 것이 곧 염송을 기본으로 하는 삼밀관행법이다. 삼밀관행법은 일상생활 자체가 법신불의 설법이기 때문에 특별히 가리는 것이 없다. 언제 어느 때 누구나 마음만 결정되면 항상 할 수 있는 것이 진언을 염송하는 수행이다.

삼밀관행에 의하여 쉽게 공덕을 얻으려면 산마지보리심을 이루어 삼매에 들어가야 한다. 삼매에 들어가는데 다섯 가지 마음이 준비되어있어야 한다.

① 중생은 누구나 법신불의 근본성인 불성을 지니고있다는 것을 알고 언제든지 부처님의 경지에 오를 수 있는 능력을 지닌 불성근본(佛性根本)의 보리심을 일으켜야 한다.
② 중생들이 본래의 자신의 면목을 알지 못하고 윤회의 틀에서 고통받고 있음을 관하여 이러한 중생을 애민하게 생각하는 중생업의 자비심을 가져야 한다.
③ 중생들의 행위는 락보다는 고통의 업을 많이 받는다는 인과의 이치를 깨닫지 못하고 헛된 세월만을 보내고 있는 것에 대한 분노심

을 일으켜야 한다.

④ 한번 수행의 문에 들어서면 물러설 줄 모르는 불퇴전의 용맹심을 가져야 한다.

⑤ 삼라만상의 모든 법은 모두 법신 비로자나불의 구경진실의 방편심에서 나온 것인 줄 아는 마음이다.

이러한 다섯 마음이 갖추어지면 곧 삼마지보리심의 삼매인 왕삼매에 들어가 그 본래의 면목을 보아 곧 본존인 법신의 몸과 동일한 불신을 성취하게 되는 것이다. 이것이 곧 즉신성불의 가르침이다.

이러한 수행의 내용이 가장 잘 나타낸 부분이 《대일경》중에 제7권이 〈공양차제법〉이다. 전6권이 사상적(思想的) 방면을 설한 것이라면 제7권은 공양법으로써 의식적(儀式的) 방면을 설한 경이다. 이 경에 대하여는 선무외삼장이 일행선사와 함께 번역하고 주석을 달았다. 주석 중에는 현존하는 것은 신라의 불가사의(不可思議) 의하여 주석한 것이 오늘까지 전하여지고 있다. 그 내용은 중생들이 현실 생활에서 많은 노력을 하고, 또한 부처님께 정성을 쏟아도 얻지 못하는 부분이 있기 마련이다. 그러한 부분도 법신불의 구경진실의 방편법인 삼마지보리심을 삼밀관행을 행해야한다.

불보살은 항상 중생을 위해 존재한다.

법신 비로자나불이 중생을 교화하는 원력(願力)을 세웠으나 중생들의 근기로는 부처님을 상대할 수 없음을 알고 중생들의 근기에 따른 보살신으로 나타나서 교화하게 된다. 사바세계에 가장 많이 나타나는 보살신이 관세음보살, 문수보살, 보현보살, 지장보살 등이다.

관세음보살은 중생 세계의 현실 생활에 부족함을 채워주는 보살로써 수행자가 진언을 염송하는 중에 내포하여 있는 마음의 소리를 듣고 그 소리가 지닌 모든 원을 들어주시는 보살이다.

문수보살은 깨달음을 주는 지혜의 보살로써 중생들이 인과의 이치를 모르고 중생 생활이 전부인 것으로 알고 해탈의 수행문을 멀리하는 자에게 그 어리석음을 깨우쳐 성불의 길로 인도하는 보살이다. 이 보살은 중국에서는 산서성(山西省) 오대산(五臺山)에서 1만 보살과 함께 있다고 하며, 우리나라에서도 오대산 계신다고 하는 보살이다. 중국의 무착 스님이나 신라의 원효나 의상 등이 관음보살과 문수보살을 친근하기 위하여 오대산에 들어가 정진하는 모습들이 있다.

보현보살은 중생들의 행원을 보이어서 얻고자 하는 모든 원을 성취시켜주는 보살이다. 문수보살이 지덕(智德)과 체덕(體德)을 맡은 보살이라면 보현보살은 이덕(理德), 정적(定德), 행덕(行德)을 맡은 보살로써 밀교에서는 금강살타보살을 뜻하기도 한다.

지장보살은 도리천에서 석존의 부촉을 받고 매일 새벽 항하사의 정(定)에 들어 육도를 윤회하는 중생들의 모든 고통에서 해탈시켜주시는 대자비의 보살이다.

이러한 보살 중에 특히 만행의 보현보살을 인용한 것은 법신 비로자나불의 성품 중에 청정성과 공능의 자성성을 가장 잘 나타내는 보살이기 때문이다. 이와 같이 수행자로 하여금 모든 것을 만족하게 하시는 보살이기 때문에 공양차제법의 보살 공능을 증거 들어 법신불의 참모습을 보게 하는 것이다.

법신불의 참모습을 보면, 중생들의 마음에 있으면 자성법신이 되고, 중생들이 사는 국토에 나타나면 법계법신이 되는 것이다. 이 외에도 많은 화신의 보살들이 출생하여 중생들로 하여금 정법의 문으로 들게하여 그 법을 배우고 실천 수행하게 하여 모든 고를 여의고 해탈의 경지에 오르게 하는 것이다. 이러한 보살들은 모두 법신불의 화현한 보살들이다. 회당 대종사께서《실행론》에 '법신부처 이외에는 다시 부처 없는지라' 말씀하신 것도 이와 같은 뜻이다. 석가모니불도 중생을 교화하기 위하여 나타나신 법신의 화현신이다. 법신불을 교주로 하는 밀교에서는 석가 역시 의성취보살이라 한다. 법신불에 의한 많은 화현신이 있지만, 그 중에 가장 법신불과 닮은꼴이 석가이기 때문에 그분에게만 부처라는 칭호를 주고 다른 분들에게는 보살이란 칭호를 한다.

22) 본래의 모습으로 돌아가는 것

《논문(論文)》

此菩提心은 能包藏一切諸佛의 功德法하니라 故로 若修證하야 出現하면 則爲一切導師요 若歸本하면 則是密嚴國土라 不起于座에 能成一切佛事리니 讚菩提心하야 曰호되
若人求佛慧하야 通達菩提心하면
父母所生身으로 速證大覺位하나니라하니라

《역(譯)》

보리심은 능히 일체 제불 공덕의 법을 포장한 연고니라. 만약 수증하여 출현하면 곧 일체의 도사가 되느니라. 만약 본래에 돌아가면 곧 이것이 밀엄국토라. 앉아서 일어나기 전에 능히 일체의 불사를 이루게 되므로 보리심을 찬하여 가로되,
만약 사람 불혜 구해 보리심에 통달하면,
부모 소생 이 몸으로, 속히 대각위 증득한다."

《의역(意譯)》

이와 같이 삼마지보리심은 능히 일체 제불이 가지고 있는 공덕의 법을 포장한 것이다. 만약 중생들의 마음속으로 출현하면, 곧 일체중생을 불법의 세계로 잘 인도하는 자성법신으로써의 대도사가 되심이요. 만약 밖으로 돌아가면, 곧 이것이 법신불의 세계인 청정국토며, 곧 밀엄정토가 됨이라. 삼매 중에서 깨어나기 전에 능히 법신불의 근본서원인 일체중생을 모두 부처님의 세계로 나아가게 하는 참 불사를 이루게 된다. 이것은 모두 삼마지보리심을 의지한 삼밀수행이라. 그러므로 삼마지보리심을 찬탄하여 이르기를, '만약 삼밀 관행의 수행자가 법신불의 참다운 지혜인 법계체성지를 얻고 신해지(信解地)의 경지에 나아가게 되면 이것은 자연히 삼마지보리심에 통달하여 부모로부터 물려받은 이 몸 이대로 속히 즉신성불을 하게 되느니라' 하셨느니라.

《강설(講說)》

보리심은 일체 제불의 공덕법을 포장한다

이 논을 회향하는 부분이다. 삼마지보리심을 수행하여 얻어진 과를 밝히면서 그중에 일체 불과 국토에 나타나는 현상들을 논하면서 그때그때의 공능을 말한다. 일체를 포장한다는 것은 내면에 있는 불성을 중생심으로 가리우고 있다. 이것도 포장함이 되고 삼라만상 속에 불성이 존재 하면서 법신불의 당체법문이 숨어 있기 때문에 이것 역시 포장 된 것이다. 불성과 당체법은 중생심과 국토에 모두 감추어져 있다는 것이다. 이것을 포장이라는 것으로 이 논에서 표현하고 있다.

수행 증과(證果)는 무엇인가?

수행 증과에 두 가지 있다. 하나는 중생의 심성(心性)과 관계되는 것이요, 다른 하나는 중생들이 살아가는 국토와 관계가 있다. 보살 수행목적 중에 위로는 보리(菩提)를 구하고 아래로는 중생을 제도한다는 것도 이와 같다. 위로 보리를 구하는 것은 해탈(解脫)과 열반(涅槃)과 성불(成佛)을 이루는 것이요, 아래로 중생을 제도한다는 것은 우리가 살고 있는 이 땅을 불국정토로 만든다는 것이니 현세정하이다. 나와 인연 있는 중생이 보살위를 얻으면 국토가 보살위를 얻게 되고, 나와 인연 있는 중생이 불위를 얻으면 이 땅도 밀엄정토를 이루게 된다.

일체의 도사(導師)란 무엇인가

중생을 불국토로 이주시키기 위하여 헌신적 노력을 하는 분으로 먼저 자신이 수행하여 불과이든 보살위든 얻은 연후에 중생들의 그 근기를 잘 알아서 인도하는 스승을 말한다. 중생을 부처님의 세계로 인도하는 데는 말로써 이루어지는 것이 아니라, 실지 행동을 보여야 한다. 행동을 보인다는 것은 삼밀관행을 실천하여 그 정진에서 곧 불위(佛位)에 드는 과를 얻어야 하고, 또한 제도를 받을 수 있는 사람도 같은 경지에 이를 수 있는 인이 있어야 한다. 이것은 유유상종한다는 원리이다. 내가 그 경지를 얻지 못하고 남을 인도한다는 것은 일시적으로는 인도가 되는지 모르겠으나 영원한 인도는 인도자나 인도를 받는 자가 같은 경지에 있지 않으면 이루어지지 않는다. 서로가 이루어지지 않는 것은 서로가 가진 차이점 때문이다. 한 사람은 남을 위하는 자비심이 있고 다른 한 사람은 아직 자비심이 없는 순수성만 지닌 수행자이다.

본래의 모습에 돌아가는 것

법신의 본체불(本體佛)은 수행을 가자하여 얻어지는 것이 아니다. 본래무일물(本來無一物)인데 무엇을 가자하고 무엇을 빼버릴 수 있겠는가? 그러나 중생들은 본래의 자기 모습을 알지 못하기 때문에 방편법을 가자하여 그 모습을 볼 수 있다. 이것이 수행이다. 중생들이 수행한다는 것은 다만 본분(本分)을 찾는데 그치는 것이 아니라, 그 본분의 위를 알게 하는 것이다. 본분의 위는 중생 그대로가 본분의 위를 찾기만 한다면, 아직 번뇌의 소산이 남아 있기 때문에 본분의 명을 다하였다 할 수가 없기 때문에 방편의 수행을 한다는 것이다. 중생의 마음에 분별심이 있는가 없는가에 따라 그 본의를 알게 된다. 행주좌와 어묵동정이 그대로 법신불의 자비행이요. 법신불의 원력의 행인 것이다. 앉아있는 자세가 그대로 불사(佛事)요, 걸어가는 자세가 곧 불사(佛事)의 행위요, 말하는 그것이 불사의 설법이요, 고요함이 곧 법신의 청정국토요, 움직임이 법신불의 활동상이다. 어느 하나 법신불의 동작과 행위와 활동이 아닌 것이 없건마는 번뇌로 생활하는 어두운 중생은 별도의 법신불의 경계가 있는 것처럼 생각하고 있다. 이것이 어리석음이 극에 달했다 한다. 이와 같은 모든 경지를 여읜 삼마지보리심이 보리심 가운데 제일이라. 그러므로 현교(顯敎)에서는 설하지 않고 있다.

밀교의 모든 논에서 삼마지보리심을 찬탄하고 있다. 그 찬탄의 게송을 보면, 먼저 밀교(密敎)의 성불의 목적인 즉신성불에 대하여 밝히고, 나아가 그 공능(功能)을 설하여 깨달음의 길로 인도하는 것이다. 이것이 밀교의 진정한 수행에 따른 교리해설(敎理解說)인 것이다.

金剛頂瑜伽中發阿耨多羅三藐三菩提心論 一卷 終

혜정 정사(최종웅)

1975년 대한불교진각종에 입문하여 스승의 길에 들어 유가·탑주·밀각·행원·지륜심인당 등에서 교화하였다. 교육원장을 거쳐 유지재단 대표이사, 학교법인 회당학원 대표이사, 사회복지법인 대표이사, 회당학회장 등 종단의 주요 보직을 거치고 제28대 통리원장을 역임하였다. 세계불교도우의회(W.F.B) 오계파지 위원장으로 활동하기도 하였다. 2011년 방글라데시 승원으로부터 '아띠샤 디빵가라 평화황금대상(Atish Dipankar Peace Gold Award)'을 수상하였으며, 스리랑카정부로부터 '사사나 마마까(Sasana Mamaka) 존자' 창호를 수득하였으며, 위덕대학교에서 명예철학박사학위를 수득하였다. 저서로는 《남인도 북인도를 가다》, 《대승장엄보왕경》, 《대일경 주심품 이야기》, 《밀교강좌》, 《마음의 등불》, 《밀교 보리심론》, 《밀교 진언수행 이야기》, 《인간, 석가모니를 만나다》, 《유마힐소설경》 등이 있다.

티베트 불교의 팔길상(八吉祥) 중 '끝없이 이어지는 인연의 고리' 문양

한 생명이 살아가기 위해서는 끝없는 인연의 고리로, 우주 끝까지 연결되어 있음을 나타낸다. 인연의 고리는 수행의 길을 가면서는 본래 비어있음과 인연법이 떨어질 수 없음을 나타내고 깨달음에 이르러서는 지혜와 자비가 온전히 하나가 됨을 나타낸다.

밀교 보리심론
밀교적 생활의 지혜

저본	2000년 1월 1일
초판 1쇄	2022년 4월 25일

지은이	최종웅(혜정·惠淨)
펴낸이	오종욱
펴낸곳	올리브그린
	경기도 파주시 회동길 146길 아시아출판문화정보센터 202호
	olivegreen_p@naver.com
	전화 070-6238-8991 / 팩스 0505-116-8991
가격	20,000원
ISBN	978-89-98938-44-4 (03220)

· 이 책은 올리브그린이 저작권자와의 계약에 따라 발행한 것이므로, 이 책 내용의 일부 또는 전부를 사용하려면 반드시 올리브그린의 동의를 받아야합니다.
· 잘못된 책은 바꿔드립니다.